L'ORACLE
COMPLET ET INFAILLIBLE
DU
BEAU SEXE

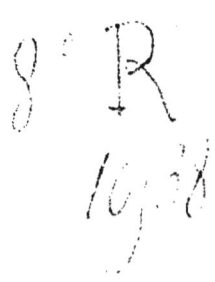

ZODIAQUE MAGIQUE
OU
L'ORACLE
COMPLET ET INFAILLIBLE
DU
BEAU SEXE
DONNANT
3,520 Réponses à 220 Questions
SUR
LE PASSÉ, LE PRÉSENT ET L'AVENIR
DES
PERSONNES DE TOUS AGES ET DE TOUTES CONDITIONS
D'APRÈS LES HOROSCOPES DES PLUS CÉLÈBRES ASTROLOGUES
SUIVI DE
L'ART FACILE DE SE TIRER LES CARTES
PAR
ASMODÉE

DÉPÔT LÉGAL — Seine — N° 4356 — 1891

NOUVELLE ÉDITION

PARIS
CHEZ LES MARCHANDS DE NOUVEAUTÉS
Tous droits réservés.

FIGURES, NOMS & RAPPORTS MENSUELS
DES
DOUZE SIGNES DU ZODIAQUE

Le *Verseau*, constellation de janvier.

Les *Poissons* — février.

Le *Bélier* — mars.

Le *Taureau* — avril.

Les *Gémeaux* — mai.

L'*Écrevisse* — juin.

Le *Lion* — juillet.

La *Vierge* — août.

La *Balance* — septembre.

Le *Scorpion* — octobre.

Le *Sagittaire* — novembre.

Le *Capricorne* — décembre.

Les anciens Astrologues tiraient leurs horoscopes d'après l'inspection des Astres, et prédisaient un avenir heureux ou néfaste, suivant la constellation du mois dans lequel on était né.

INVITATION

Naïves *Jouvencelles* ! rageuses *Vieilles Filles* ! chastes *Épouses* ! tendres *Mamans* ! Veuves inconsolables ou qui ne demandez qu'à être consolées ! vaillantes *Ménagères* ou frivoles *Cocottes* !

Et vous aussi, *Messieurs*, qui désirez connaître vos destins présents et futurs !

Compulsez ces feuillets légers, où se révèlent les arcanes du bon petit diable **Asmodée** !...

Sans être nullement *sorcier*, ce joyeux conseiller (dont le but, avant tout, est de vous divertir), se fait fort de répondre à toutes vos questions d'une façon catégorique, si vous l'interrogez *loyalement* sur des sujets bien en rapport avec votre position sociale.

Mais si vous lui tendez des pièges, dame ! il se gaussera de vous par d'incohérentes répliques.

« A sotte demande, sotte réponse !... »

Parfois taquin, jamais méchant, s'il vous décoche *ex abrupto* quelque épigramme un peu caustique, riez-en de bon cœur, au lieu de vous fâcher...

Quelles que soient, d'ailleurs, ses prédictions, vous pouvez en tirer des leçons profitables :

Vous présage-t-il un malheur ?... sans vous en attrister, redoublez de courage et de prudence afin de conjurer les caprices du Sort.

Au contraire, vous annonce-t-il le succès, la fortune ? loin de vous endormir dans une oisive sécurité, faites tout pour vous rendre dignes de cette heureuse perspective et pour favoriser sa réalisation :

« Aide-toi, le Ciel t'aidera !... »

Au Boudoir comme à la Mansarde, crédules ou sceptiques, en dépit des railleurs, faites-vous de l'**Oracle** un agréable amusement... Sachez que, de tout temps, des gens d'esprit, des savants même ont pris plaisir à se distraire par ces inoffensives et curieuses consultations...

Sans crainte donc, parlez, très aimables Clientes !... Quant à vous, chers Messieurs, vous n'aurez qu'à traduire au *masculin* vos demandes et nos réponses, et vous serez servis aussi à votre entière satisfaction par votre dévoué

ASMODÉE.

MANIÈRE DE CONSULTER L'ORACLE

1° Choisissez (*pages* IX à XXII), une des demandes du **Questionnaire,** et retenez son **numéro ;**

2° Fermez les yeux, puis avec une pointe, piquez (*page* XXIII), dans le **Cadran zodiacal,** et notez bien le signe touché ;

3° Reportez-vous (*pages* XXV à XXXVIII), aux **Tableaux indicateurs,** et descendez la première colonne, jusqu'au **numéro** de la demande;

4° De ce point, suivez de gauche à droite la ligne *horizontale* jusqu'à la colonne *verticale,* qui porte en tête votre signe ; vous avez alors, sous le doigt, le chiffre du folio où se trouve la **Réponse** (*pages* 1 à 220) ;

5° Feuilletez, jusqu'audit folio, et la phrase qui sera sur la ligne de votre signe devra répondre à la demande.

EXEMPLE :

Si vous avez choisi la question **N° 27** :
Dois-je accorder... ce qu'il demande?...

Et si vous avez tiré le signe (le *Soleil*), la ligne **27** du **Tableau indicateur**, suivie jusqu'à la colonne qui porte en tête le même signe, vous renvoie au folio **36**, où, en face du signe ci-dessus, la réponse sera :

Oui, s'il est ton mari !...

Si, pour la même demande, vous aviez piqué la figure ☾ (la *Lune*), le **Tableau** vous indiquerait le folio **41**, où vous auriez pour réponse :

Quand il l'aura, il te méprisera.

OBSERVATION

Sous peine de ne recevoir que des réponses sans à-propos, il est urgent (nous le répétons), de bien retenir, et d'inscrire, au besoin, sur un papier le numéro de la question et le signe tiré.

Si l'on s'acharnait à demander à l'**Oracle** trois à quatre fois de suite la même chose, on s'exposerait aux mêmes déceptions.

QUESTIONNAIRE

1. Qu'est-ce que l'Amour ?
2. Qu'est-ce que l'Honneur ?
3. Suis-je belle ?
4. Suis-je spirituelle ?
5. Quel est mon âge ?
6. Quel est mon caractère ?
7. Sais-je plaire ?
8. Ai-je des talents ?
9. Quel est mon grand défaut ?
10. Quelle est ma qualité dominante ?
11. Me croit-on naïve ?
12. Resterai-je longtemps sage ?
13. Serai-je bientôt courtisée ?
14. Mon cœur est-il libre ?
15. Dois-je résister ?

16 Lequel choisir ?

17 Suis-je surveillée ?

18 Me soupçonne-t-on ?

19 Pourquoi son dédain ?

20 Faut-il faire des confidences ?

21 Dois-je avouer ma faute à mes parents ?

22 M'aime-t-il bien ?

23 Est-il loyal ?

24 Veut-il m'épouser ?

25 Le bonhomme est-il généreux ?

26 Sait-il qu'il me plait ?

27 Dois-je accorder... ce qu'il demande ?

28 Est-ce ma dot qu'il recherche ?

29 Où est-il ? Que fait-il ?

30 Faut-il l'encourager ?

31 Reviendra-t-il bientôt ?

QUESTIONNAIRE

32 Suis-je la préférée ?

33 Dois-je répondre à sa lettre ?

34 Fais-je bien de me marier ?

35 Dois-je épouser le militaire ?

36 Dois-je épouser le veuf ?

37 Dois-je épouser le jeune ou le vieux ?

38 Dois-je épouser le brun ou le blond ?

39 Dois-je épouser celui qu'on me propose ?

40 Serai-je bientôt mère ?

41 Le blond m'aime-t-il plus que le brun ?

42 Qui m'aura du vieux ou du jeune ?

43 Faut-il le tromper ?

44 Pourquoi boude-t-il ?

45 Que faire pour le captiver ?

46 Comment faire taire les cancans ?

47 Comment est celui que j'aime ?

48 A-t-il des maîtresses ?

49 Dois-je le pardonner ?

50 Dit-on du mal de moi ?

51 Resterai-je vieille fille ?

52 Qu'ai-je à craindre le plus ?

53 Ferai-je un héritage ?

54 Épouserai-je celui que j'aime ?

55 Dois-je changer de position ?

56 L'or fait-il le bonheur ?

57 Qui aimerai-je ?

58 Serai-je regrettée ?

59 Ai-je des ennemis ?

60 Suis-je trahie ?

61 Que pense-t-on de moi ?

62 Combien aurai-je d'amoureux ?

63 A-t-on pardonné ma faute ?

64 Quelles suites aura ma faiblesse ?

65 Que faire dans mon abandon ?

66 Comment me venger ?

67 Faut-il faire un esclandre ?

68 Que faire de l'enfant ?

69 D'où vient mon chagrin ?

70 Recevrai-je des reproches ?

71 Faut-il lui en adresser ?

72 Doute-t-il de ma vertu ?

73 Ai-je bien placé ma confiance ?

74 Connaît-on mon secret ?

75 Comment guérir mon cœur ?

76 Comment va celui que j'aime ?

77 Quand viendra-t-il ?

78 M'embrassera-t-il ce soir ?

79 Quel état fera mon mari ?

80 Sera-t-il beau ou laid ?

81 Sera-t-il brun ou blond ?

82 Sera-t-il riche ou gueux ?

83 Sera-t-il avare ou prodigue ?

84 Sera-t-il sot ou rusé ?

85 Sera-t-il grand ou petit ?

86 Sera-t-il jeune ou vieux ?

87 Sera-t-il déçu le jour des noces ?

88 M'aimera-t-il toujours de même ?

89 Quel sera son caractère ?

90 Qui de nous portera la culotte ?

91 Aurai-je beaucoup d'enfants ?

92 Serai-je heureuse en ménage ?

93 Quelle sera la fortune de mon mari ?

94 Ma famille consentira-t-elle ?

95 Serai-je bonne ménagère ?

96 Obtiendrai-je ce que je veux ?

97 Ferai-je un bon mariage ?

98 Mon projet réussira-t-il ?

99 Suis-je dévote ?

100 Quelle sera ma belle-mère ?

101 Que ferai-je une fois mariée ?

102 Qu'ai-je fait avant ?

103 Aurai-je des amants ?

104 Pourquoi sommes-nous sans enfants ?

105 Quand finiront mes peines ?

106 Quand cesserai-je d'aimer ?

107 Quelle sera ma surprise la nuit des noces ?

108 Pourquoi sommes-nous malheureux ?

109 Mon mari sera-t-il despote ou aimable ?

110 A-t-il eu d'autres femmes avant moi ?

111 Ai-je des rivales ?

112 Qui m'aime plus : l'amant ou le mari ?

113 Serai-je bientôt veuve ?

114 Mon argent est-il bien placé ?

115 Vivrai-je longtemps ?

116 Quel sort me réserve l'avenir ?

117 Recevrai-je un bon accueil ?

118 Jouirai-je d'une bonne santé ?

119 Quelle sera ma vieillesse ?

120 Aurai-je des querelles ?

121 Me marierai-je plusieurs fois ?

122 Ferai-je un bon accouchement ?

123 Combien aurai-je d'enfants ?

124 Trouverai-je un trésor ?

125 Recevrai-je une lettre ?

126 Ce voyage se fera-t-il ?

127 Aurai-je une surprise agréable ?

128 Où me conduiront mes folies ?

129 Qu'adviendra-t-il si je cède ?

130 Irai-je au rendez-vous ?

131 Gagnerai-je au jeu ?

132 Serai-je souvent malade ?

133 Comment finira mon roman ?

134 Quitterai-je mes parents ?

135 Déménagerai-je bientôt ?

136 Recevrai-je un cadeau ?

137 Gagnerai-je mon procès ?

138 Garderai-je longtemps mes charmes ?

139 La mort me délivrera-t-elle ?

140 Irai-je au bal ?

141 Faut-il aller au spectacle ?

142 Songe-t-il à moi ?

143 Mon rêve se réalisera-t-il ?

144 Tiendra-t-il sa promesse ?

145 Serai-je toujours célibataire ?

146 Ai-je une amie sincère ?

147 Surmonterai-je les obstacles ?

148 Connais-je qui m'épousera ?

149 Me croit-on bonne à marier ?

150 Mes rivales me valent-elles ?

151 Dois-je changer de vie ?

152 Serai-je heureuse en amour ?

153 Faut-il renoncer au monde ?

154 Aurai-je des peines de cœur ?

155 Qu'y aura-t-il de marquant dans ma vie ?

156 Comment nous raccommoderons-nous ?

157 Serai-je une grande pécheresse ?

158 Me méprisera-t-on ?

159 Aurai-je des remords ?

160 Notre brouille durera-t-elle ?

161 Les on-dit sont-ils faux ou vrais ?

162 Perdrai-je ma fortune ?

163 Sera-t-il discret et prudent ?

164 Dois-je suivre les conseils ?

165 Serons-nous heureux en affaires ?

166 Faut-il conclure le marché ?

167 De quel côté me viendra la fortune ?

168 Parviendrai-je à me corriger ?

169 Dois-je rire ou pleurer ?

170 Brillerai-je dans le monde ?

171 Sera-t-il de même au retour ?

172 Le changement me réussira-t-il ?

173 Faut-il dire oui ou non ?

174 Comment avoir la paix chez nous ?

175 M'aimera-t-il encore après ?...

176 Le danger est-il évité ?

177 Doute-t-il que l'enfant soit de lui ?

178 Oracle, redis-moi mon passé ?

179 Mon mariage désolera-t-il X...?

180 Faut-il renoncer à le voir ?

181 Comment lui parler en cachette ?

182 Mon entourage est-il convenable ?

183 Serai-je volée ?

184 Combien durera mon bonheur ?

185 Dois-je acheter ce que je pense ?

186 Comment corriger mon mari ?

187 Comment découvrir ce que je pense ?

188 Quel sexe aura mon premier ?

189 Le conscrit sera-t-il réformé ?

190 Quel numéro tirera-t-il ?

191 Mes enfants m'assisteront-ils ?

192 Comment les élèverai-je ?

193 S'établiront-ils richement ?

194 Ai-je à craindre hommes ou femmes ?

195 Le détenu sera-t-il libéré ?

196 Suis-je aimée autant que j'aime ?

197 Quel est le meilleur mari ?

198 Comment garder tous mes galants ?

199 La coquetterie me réussira-t-elle ?

200 Mon honnêteté sera-t-elle reconnue ?

201 L'amour me fera-t-il bien ou mal ?

202 Faut-il être indulgente ou sévère ?

203 Ai-je raison d'être jalouse ?

204 Mon mari me pardonnera-t-il ?

205 Irai-je en prison ?

206 Faut-il prêter la somme ?

207 Me la rendra-t-on ?

208 Mes dettes seront-elles payées ?

209 Lui serai-je fidèle ?

210 Qui m'a volée ?

211 Mes domestiques sont-ils honnêtes ?

212 Mes maîtres sont-ils contents de moi ?

213 Vaut-il mieux travailler ?

214 Obtiendrai-je l'emploi que je sollicite ?

215 Quitterai-je le toit paternel ?

216 Dois-je préférer la campagne ?

217 Ma position sera-t-elle meilleure ?

218 Son repentir est-il sincère ?

219 Désire-t-on ma mort ?

220 Comment mourrai-je ?

CADRAN ZODIACAL

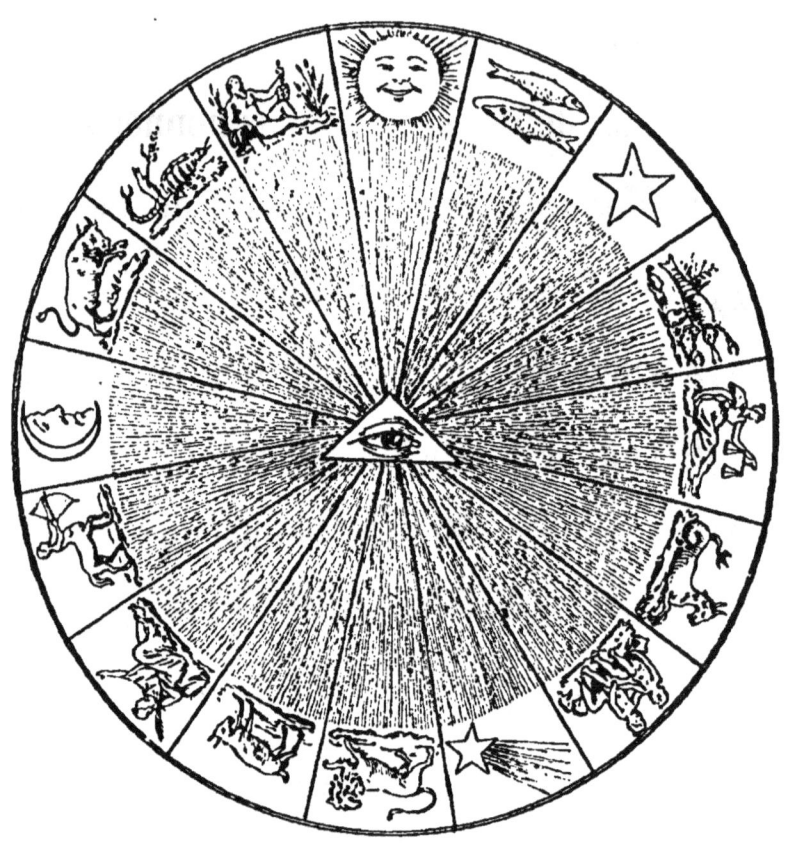

N. B. — Prendre le signe du rayon où l'on a piqué.

Quand la pointe porte dans le triangle central, on choisit le Soleil.

Bien remarquer la forme du signe touché, et ne pas le confondre avec un autre.

Pour plus de commodité, cette feuille peut être coupée et collée sur carton.

TABLEAUX INDIQUANT LES PAGES OU L'ON TROUVE LES RÉPONSES

qui concordent avec les numéros des questions et les signes touchés au cadran.

Numéros des QUESTIONS	☀	☽	☆	☄	♈	♓	♉	♊	♋	♌	♍	♏	♐	♑	♒
1	10	15	20	25	30	35	40	45	50	55	60	65	70	75	80	85
2	11	16	21	26	31	36	41	46	51	56	61	66	71	76	81	86
3	12	17	22	27	32	37	42	47	52	57	62	67	72	77	82	87
4	13	18	23	28	33	38	43	48	53	58	63	68	73	78	83	88
5	14	19	24	29	34	39	44	49	54	59	64	69	74	79	84	89
6	15	20	25	30	35	40	45	50	55	60	65	70	75	80	85	90
7	16	21	26	31	36	41	46	51	56	61	66	71	76	81	86	91
8	17	22	27	32	37	42	47	52	57	62	67	72	77	82	87	92
9	18	23	28	33	38	43	48	53	58	63	68	73	78	83	88	93
10	19	24	29	34	39	44	49	54	59	64	69	74	79	84	89	94
11	20	25	30	35	40	45	50	55	60	65	70	75	80	85	90	95
12	21	26	31	36	41	46	51	56	61	66	71	76	81	86	91	96

Numéros des questions	☀	☾	☆	☄	🐟	🐠	🐂	👥	🐕	🦁	👤	🛷	🐎	🐟
13	22	27	32	37	42	47	52	57	62	67	72	77	82	87	92	97
14	23	28	33	38	43	48	53	58	63	68	73	78	83	88	93	98
15	24	29	34	39	44	49	54	59	64	69	74	79	84	89	94	99
16	25	30	35	40	45	50	55	60	65	70	75	80	85	90	95	100
17	26	31	36	41	46	51	56	61	66	71	76	81	86	91	96	101
18	27	32	37	42	47	52	57	62	67	72	77	82	87	92	97	102
19	28	33	38	43	48	53	58	63	68	73	78	83	88	93	98	103
20	29	34	39	44	49	54	59	64	69	74	79	84	89	94	99	104
21	30	35	40	45	50	55	60	65	70	75	80	85	90	95	100	105
22	31	36	41	46	51	56	61	66	71	76	81	86	91	96	101	106
23	32	37	42	47	52	57	62	67	72	77	82	87	92	97	102	107
24	33	38	43	48	53	58	63	68	73	78	83	88	93	98	103	108
25	34	39	44	49	54	59	64	69	74	79	84	89	94	99	104	109
26	35	40	45	50	55	60	65	70	75	80	85	90	95	100	105	110
27	36	41	46	51	56	61	66	71	76	81	86	91	96	101	106	111
28	37	42	47	52	57	62	67	72	77	82	87	92	97	102	107	112

Numéro des questions	☀	☾	☆	☄	♈	♉	♊	♋	♌	♍	♎	♏	♐	♑	♒
29	38	43	48	53	58	63	68	73	78	83	88	93	98	103	108	113
30	39	44	49	54	59	64	69	74	79	84	89	94	99	104	109	114
31	40	45	50	55	60	65	70	75	80	85	90	95	100	105	110	115
32	41	46	51	56	61	66	71	76	81	86	91	96	101	106	111	116
33	42	47	52	57	62	67	72	77	82	87	92	97	102	107	112	1
34	43	48	53	58	63	68	73	78	83	88	93	98	103	108	113	2
35	44	49	54	59	64	69	74	79	84	89	94	99	104	109	114	3
36	45	50	55	60	65	70	75	80	85	90	95	100	105	110	115	4
37	46	51	56	61	66	71	76	81	86	91	96	101	106	111	116	5
38	47	52	57	62	67	72	77	82	87	92	97	102	107	112	1	6
39	48	53	58	63	68	73	78	83	88	93	98	103	108	113	2	7
40	49	54	59	64	69	74	79	84	89	94	99	104	109	114	3	8
41	50	55	60	65	70	75	80	85	90	95	100	105	110	115	4	9
42	51	56	61	66	71	76	81	86	91	96	101	106	111	116	5	10
43	52	57	62	67	72	77	82	87	92	97	102	107	112	1	6	11
44	53	58	63	68	73	78	83	88	93	98	103	108	113	2	7	12

Numéros des QUESTIONS	☀	☽	☆	★	🐕	🐟	🐂	🐃	👥	🦁	♍	🧜	🐊	🦌	🐋
45	54	59	64	69	74	79	84	89	94	99	104	109	114	3	8	13
46	55	60	65	70	75	80	85	90	95	100	105	110	115	4	9	14
47	56	61	66	71	76	81	86	91	96	101	106	111	116	5	10	15
48	57	62	67	72	77	82	87	92	97	102	107	112	1	6	11	16
49	58	63	68	73	78	83	88	93	98	103	108	113	2	7	12	17
50	59	64	69	74	79	84	89	94	99	104	109	114	3	8	13	18
51	60	65	70	75	80	85	90	95	100	105	110	115	4	9	14	19
52	61	66	71	76	81	86	91	96	101	106	111	116	5	10	15	20
53	62	67	72	77	82	87	92	97	102	107	112	1	6	11	16	21
54	63	68	73	78	83	88	93	98	103	108	113	2	7	12	17	22
55	64	69	74	79	84	89	94	99	104	109	114	3	8	13	18	23
56	65	70	75	80	85	90	95	100	105	110	115	4	9	14	19	24
57	66	71	76	81	86	91	96	101	106	111	116	5	10	15	20	25
58	67	72	77	82	87	92	97	102	107	112	1	6	11	16	21	26
59	68	73	78	83	88	93	98	103	108	113	2	7	12	17	22	27
60	69	74	79	84	89	94	99	104	109	114	3	8	13	18	23	28

Numér. des QUESTIO	☉	☽	★	☄											
61	70	75	80	85	90	95	100	105	110	115	4	9	14	19	24	29
62	71	76	81	86	91	96	101	106	111	116	5	10	15	20	25	30
63	72	77	82	87	92	97	102	107	112	1	6	11	16	21	26	31
64	73	78	83	88	93	98	103	108	113	2	7	12	17	22	27	32
65	74	79	84	89	94	99	104	109	114	3	8	13	18	23	28	33
66	75	80	85	90	95	100	105	110	115	4	9	14	19	24	29	34
67	76	81	86	91	96	101	106	111	116	5	10	15	20	25	30	35
68	77	82	87	92	97	102	107	112	1	6	11	16	21	26	31	36
69	78	83	88	93	98	103	108	113	2	7	12	17	22	27	32	37
70	79	84	89	94	99	104	109	114	3	8	13	18	23	28	33	38
71	80	85	90	95	100	105	110	115	4	9	14	19	24	29	34	39
72	81	86	91	96	101	106	111	116	5	10	15	20	25	30	35	40
73	82	87	92	97	102	107	112	1	6	11	16	21	26	31	36	41
74	83	88	93	98	103	108	113	2	7	12	17	22	27	32	37	42
75	84	89	94	99	104	109	114	3	8	13	18	23	28	33	38	43
76	85	90	95	100	105	110	115	4	9	14	19	24	29	34	39	44

Numéros des QUESTIONS	☀	☾	☆	☄	♒	♓	♈	♉	♊	♋	♌	♍	♎	♏	♐
77	86	91	96	101	106	111	116	5	10	15	20	25	30	35	40	45
78	87	92	97	102	107	112	1	6	11	16	21	26	31	36	41	46
79	88	93	98	103	108	113	2	7	12	17	22	27	32	37	42	47
80	89	94	99	104	109	114	3	8	13	18	23	28	33	38	43	48
81	90	95	100	105	110	115	4	9	14	19	24	29	34	39	44	49
82	91	96	101	106	111	116	5	10	15	20	25	30	35	40	45	50
83	92	97	102	107	112	1	6	11	16	21	26	31	36	41	46	51
84	93	98	103	108	113	2	7	12	17	22	27	32	37	42	47	52
85	94	99	104	109	114	3	8	13	18	23	28	33	38	43	48	53
86	95	100	105	110	115	4	9	14	19	24	29	34	39	44	49	54
87	96	101	106	111	116	5	10	15	20	25	30	35	40	45	50	55
88	97	102	107	112	1	6	11	16	21	26	31	36	41	46	51	56
89	98	103	108	113	2	7	12	17	22	27	32	37	42	47	52	57
90	99	104	109	114	3	8	13	18	23	28	33	38	43	48	53	58
91	100	105	110	115	4	9	14	19	24	29	34	39	44	49	54	59
92	101	106	111	116	5	10	15	20	25	30	35	40	45	50	55	60

Numéros des questions	☉	☾	☆	☄	🐂	🐟										
93	102	107	112	1	6	11	16	21	26	31	36	41	46	51	56	61
94	103	108	113	2	7	12	17	22	27	32	37	42	47	52	57	62
95	104	109	114	3	8	13	18	23	28	33	38	43	48	53	58	63
96	105	110	115	4	9	14	19	24	29	34	39	44	49	54	59	64
97	106	111	116	5	10	15	20	25	30	35	40	45	50	55	60	65
98	107	112	1	6	11	16	21	26	31	36	41	46	51	56	61	66
99	108	113	2	7	12	17	22	27	32	37	42	47	52	57	62	67
100	109	114	3	8	13	18	23	28	33	38	43	48	53	58	63	68
101	110	115	4	9	14	19	24	29	34	39	44	49	54	59	64	69
102	111	116	5	10	15	20	25	30	35	40	45	50	55	60	65	70
103	112	1	6	11	16	21	26	31	36	41	46	51	56	61	66	71
104	113	2	7	12	17	22	27	32	37	42	47	52	57	62	67	72
105	114	3	8	13	18	23	28	33	38	43	48	53	58	63	68	73
106	115	4	9	14	19	24	29	34	39	44	49	54	59	64	69	74
107	116	5	10	15	20	25	30	35	40	45	50	55	60	65	70	75
108	1	6	11	16	21	26	31	36	41	46	51	56	61	66	71	76

Numéros des questions	☀	☾	☆	✩	🐟	🐟	🐂	🐗	🦁	🦁	🦁	👥	🐐	🐏	🐟🐟
109	2	7	12	17	22	27	32	37	42	47	52	57	62	67	72	77
110	3	8	13	18	23	28	33	38	43	48	53	58	63	68	73	78
111	4	9	14	19	24	29	34	39	44	49	54	59	64	69	74	79
112	5	10	15	20	25	30	35	40	45	50	55	60	65	70	75	80
113	6	11	16	21	26	31	36	41	46	51	56	61	66	71	76	81
114	7	12	17	22	27	32	37	42	47	52	57	62	67	72	77	82
115	8	13	18	23	28	33	38	43	48	53	58	63	68	73	78	83
116	9	14	19	24	29	34	39	44	49	54	59	64	69	74	79	84
117	125	130	135	140	145	150	155	160	165	170	175	180	185	190	195	200
118	126	131	136	141	146	151	156	161	166	171	176	181	186	191	196	201
119	127	132	137	142	147	152	157	162	167	172	177	182	187	192	197	202
120	128	133	138	143	148	153	158	163	168	173	178	183	188	193	198	203
121	129	134	139	144	149	154	159	164	169	174	179	184	189	194	199	204
122	130	135	140	145	150	155	160	165	170	175	180	185	190	195	200	205
123	131	136	141	146	151	156	161	166	171	176	181	186	191	196	201	206
124	132	137	142	147	152	157	162	167	172	177	182	187	192	197	202	207

N.ros des questions	☀	☾	★	★	🐎	🐟	🐂	🐖	👥	🐾	🐇	👤	👤	🐕	🦌	♑
125	133	138	143	148	153	158	163	168	173	178	183	188	193	198	203	208
126	134	139	144	149	154	159	164	169	174	179	184	189	194	199	204	209
127	135	140	145	150	155	160	165	170	175	180	185	190	195	200	205	210
128	136	141	146	151	156	161	166	171	176	181	186	191	196	201	206	211
129	137	142	147	152	157	162	167	172	177	182	187	192	197	202	207	212
130	138	143	148	153	158	163	168	173	178	183	188	193	198	203	208	213
131	139	144	149	154	159	164	169	174	179	184	189	194	199	204	209	214
132	140	145	150	155	160	165	170	175	180	185	190	195	200	205	210	215
133	141	146	151	156	161	166	171	176	181	186	191	196	201	206	211	216
134	142	147	152	157	162	167	172	177	182	187	192	197	202	207	212	217
135	143	148	153	158	163	168	173	178	183	188	193	198	203	208	213	218
136	144	149	154	159	164	169	174	179	184	189	194	199	204	209	214	219
137	145	150	155	160	165	170	175	180	185	190	195	200	205	210	215	220
138	146	151	156	161	166	171	176	181	186	191	196	201	206	211	216	117
139	147	152	157	162	167	172	177	182	187	192	197	202	207	212	217	118
140	148	153	158	163	168	173	178	183	188	193	198	203	208	213	218	119

Numéros des questions	☉	☽	☆	♈	♉	♊	♋	♌	♍	♎	♏	♐	♑	♒	♓
141	149	154	159	164	169	174	179	184	189	194	199	204	209	214	219	120
142	150	155	160	165	170	175	180	185	190	195	200	205	210	215	220	121
143	151	156	161	166	171	176	181	186	191	196	201	206	211	216	117	122
144	152	157	162	167	172	177	182	187	192	197	202	207	212	217	118	123
145	153	158	163	168	173	178	183	188	193	198	203	208	213	218	119	124
146	154	159	164	169	174	179	184	189	194	199	204	209	214	219	120	125
147	155	160	165	170	175	180	185	190	195	200	205	210	215	220	121	126
148	156	161	166	171	176	181	186	191	196	201	206	211	216	117	122	127
149	157	162	167	172	177	182	187	192	197	202	207	212	217	118	123	128
150	158	163	168	173	178	183	188	193	198	203	208	213	218	119	124	129
151	159	164	169	174	179	184	189	194	199	204	209	214	219	120	125	130
152	160	165	170	175	180	185	190	195	200	205	210	215	220	121	126	131
153	161	166	171	176	181	186	191	196	201	206	211	216	117	122	127	132
154	162	167	172	177	182	187	192	197	202	207	212	217	118	123	128	133
155	163	168	173	178	183	188	193	198	203	208	213	218	119	124	129	134
156	164	169	174	179	184	189	194	199	204	209	214	219	120	125	130	135

Numéros des Questions	☉	☽	☆	✶	🐟	〰	🐂	👥	🦁	🐚	⚖	🦂	🐐	♒
157	165	170	175	180	185	190	195	200	205	210	215	220	121	126	131	136
158	166	171	176	181	186	191	196	201	206	211	216	117	122	127	132	137
159	167	172	177	182	187	192	197	202	207	212	217	118	123	128	133	138
160	168	173	178	183	188	193	198	203	208	213	218	119	124	129	134	139
161	169	174	179	184	189	194	199	204	209	214	219	120	125	130	135	140
162	170	175	180	185	190	195	200	205	210	215	220	121	126	131	136	141
163	171	176	181	186	191	196	201	206	211	216	117	122	127	132	137	142
164	172	177	182	187	192	197	202	207	212	217	118	123	128	133	138	143
165	173	178	183	188	193	198	203	208	213	218	119	124	129	134	139	144
166	174	179	184	189	194	199	204	209	214	219	120	125	130	135	140	145
167	175	180	185	190	195	200	205	210	215	220	121	126	131	136	141	146
168	176	181	186	191	196	201	206	211	216	117	122	127	132	137	142	147
169	177	182	187	192	197	202	207	212	217	118	123	128	133	138	143	148
170	178	183	188	193	198	203	208	213	218	119	124	129	134	139	144	149
171	179	184	189	194	199	204	209	214	219	120	125	130	135	140	145	150
172	180	185	190	195	200	205	210	215	220	121	126	131	136	141	146	151

Numéros des questions	☀	☾	★	☆	🐟	🐠	🐂	👤	🐕	🦁	🧜	🐉	🐏	🐢
173	181	186	191	196	201	206	211	216	117	122	127	132	137	142	147	152
174	182	187	192	197	202	207	212	217	118	123	128	133	138	143	148	153
175	183	188	193	198	203	208	213	218	119	124	129	134	139	144	149	154
176	184	189	194	199	204	209	214	219	120	125	130	135	140	145	150	155
177	185	190	195	200	205	210	215	220	121	126	131	136	141	146	151	156
178	186	191	196	201	206	211	216	117	122	127	132	137	142	147	152	157
179	187	192	197	202	207	212	217	118	123	128	133	138	143	148	153	158
180	188	193	198	203	208	213	218	119	124	129	134	139	144	149	154	159
181	189	194	199	204	209	214	219	120	125	130	135	140	145	150	155	160
182	190	195	200	205	210	215	220	121	126	131	136	141	146	151	156	161
183	191	196	201	206	211	216	117	122	127	132	137	142	147	152	157	162
184	192	197	202	207	212	217	118	123	128	133	138	143	148	153	158	163
185	193	198	203	208	213	218	119	124	129	134	139	144	149	154	159	164
186	194	199	204	209	214	219	120	125	130	135	140	145	150	155	160	165
187	195	200	205	210	215	220	121	126	131	136	141	146	151	156	161	166
188	196	201	206	211	216	117	122	127	132	137	142	147	152	157	162	167

Numéros des questions	☀	☾	☆	☆	♋	♓	♑	♉	♌	♐	♍	♎	♏	♒	♈
189	197	202	207	212	217	118	123	128	133	138	143	148	153	158	163	168
190	198	203	208	213	218	119	124	129	134	139	144	149	154	159	164	169
191	199	204	209	214	219	120	125	130	135	140	145	150	155	160	165	170
192	200	205	210	215	220	121	126	131	136	141	146	151	156	161	166	171
193	201	206	211	216	117	122	127	132	137	142	147	152	157	162	167	172
194	202	207	212	217	118	123	128	133	138	143	148	153	158	163	168	173
195	203	208	213	218	119	124	129	134	139	144	149	154	159	164	169	174
196	204	209	214	219	120	125	130	135	140	145	150	155	160	165	170	175
197	205	210	215	220	121	126	131	136	141	146	151	156	161	166	171	176
198	206	211	216	117	122	127	132	137	142	147	152	157	162	167	172	177
199	207	212	217	118	123	128	133	138	143	148	153	158	163	168	173	178
200	208	213	218	119	124	129	134	139	144	149	154	159	164	169	174	179
201	209	214	219	120	125	130	135	140	145	150	155	160	165	170	175	180
202	210	215	220	121	126	131	136	141	146	151	156	161	166	171	176	181
203	211	216	117	122	127	132	137	142	147	152	157	162	167	172	177	182
204	212	217	118	123	128	133	138	143	148	153	158	163	168	173	178	183

N° des questions	☉	☽	☆	⭐	🐟	〰	🐂	👥	🦁	🦀	🐎	🏹	🐐	♒
205	212	218	119	124	129	134	139	144	149	154	159	164	169	174	179	184
206	214	219	120	125	130	135	140	145	150	155	160	165	170	175	180	185
207	215	220	121	126	131	136	141	146	151	156	161	166	171	176	181	186
208	216	117	122	127	132	137	142	147	152	157	162	167	172	177	182	187
209	217	118	123	128	133	138	143	148	153	158	163	168	173	178	183	188
210	218	119	124	129	134	139	144	149	154	159	164	169	174	179	184	189
211	219	120	125	130	135	140	145	150	155	160	165	170	175	180	185	190
212	220	121	126	131	136	141	146	151	156	161	166	171	176	181	186	191
213	117	122	127	132	137	142	147	152	157	162	167	172	177	182	187	192
214	118	123	128	133	138	143	148	153	158	163	168	173	178	183	188	193
215	119	124	129	134	139	144	149	154	159	164	169	174	179	184	189	194
216	120	125	130	135	140	145	150	155	160	165	170	175	180	185	190	195
217	121	126	131	136	141	146	151	156	161	166	171	176	181	186	191	196
218	122	127	132	137	142	147	152	157	162	167	172	177	182	187	192	197
219	123	128	133	138	143	148	153	158	163	168	173	178	183	188	193	198
220	124	129	134	139	144	149	154	159	164	169	174	179	184	189	194	199

RÉPONSES DE L'ORACLE

Réponses de l'Oracle

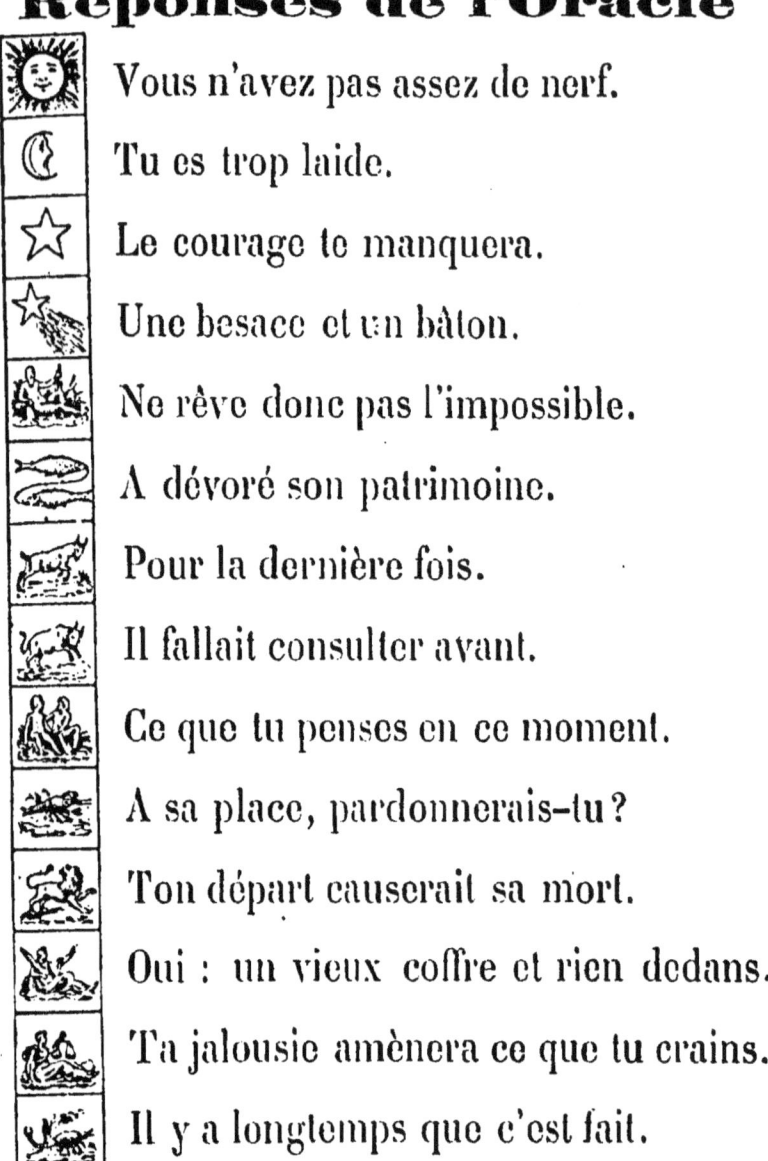

Vous n'avez pas assez de nerf.

Tu es trop laide.

Le courage te manquera.

Une besace et un bâton.

Ne rêve donc pas l'impossible.

A dévoré son patrimoine.

Pour la dernière fois.

Il fallait consulter avant.

Ce que tu penses en ce moment.

A sa place, pardonnerais-tu ?

Ton départ causerait sa mort.

Oui : un vieux coffre et rien dedans.

Ta jalousie amènera ce que tu crains.

Il y a longtemps que c'est fait.

Le brun n'a que six mois à vivre.

Ça dépend de son contenu.

RÉPONSES DE L'ORACLE

Il rigolera tout le temps.

Ton mari le sait bien.

N'affecte pas ce que tu ne ressens pas.

Avec la plus grande joie.

Brusque chez lui, charmant dehors...

Tu l'auras bientôt déniaisé.

Député ou fumiste.

Il court les rues depuis longtemps.

De ne pouvoir payer ton terme.

Il fallait le prévoir avant...

Sois moins méchante, on t'aimera.

Oui, et vous vivrez très heureux.

Donne-lui son congé...

Parce que l'autre t'a embrassée.

Tout le monde te le conseille.

Tu es libre : pourquoi t'enchaîner ?

RÉPONSES DE L'ORACLE

Qu'est-ce que ça te fait?

Quand il te conduira à la Mairie.

Une bonne vieille très indulgente.

Oui, pour le pot-au-feu.

Il sera le maître, et toi la maîtresse.

Il n'a pas encore passé sous la toise.

A vous deux, vous ferez la paire.

En faisant promptement ton choix.

Tu ne t'en émeus pas beaucoup.

Te faire regretter.

On n'est trahi que par ses proches.

Trop de liens t'attachent où tu es.

Pas encore! mais quand on saura...

Ne pas être trop exigeante.

Oui, pour ton deshonneur!

Il te ferait marcher au pas...

RÉPONSES DE L'ORACLE

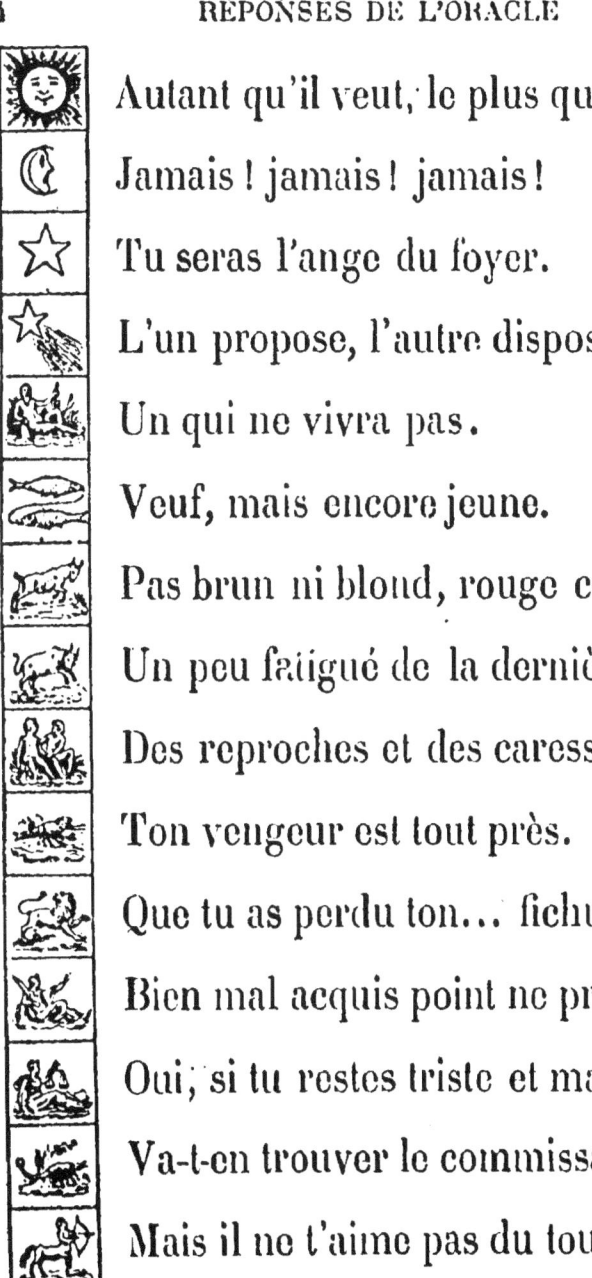

Autant qu'il veut, le plus qu'il peut.

Jamais! jamais! jamais!

Tu seras l'ange du foyer.

L'un propose, l'autre dispose.

Un qui ne vivra pas.

Veuf, mais encore jeune.

Pas brun ni blond, rouge carotte.

Un peu fatigué de la dernière séance.

Des reproches et des caresses.

Ton vengeur est tout près.

Que tu as perdu ton... fichu.

Bien mal acquis point ne prospère.

Oui, si tu restes triste et maussade.

Va-t-en trouver le commissaire.

Mais il ne t'aime pas du tout!

Oui, pour faire endêver X***.

RÉPONSES DE L'ORACLE

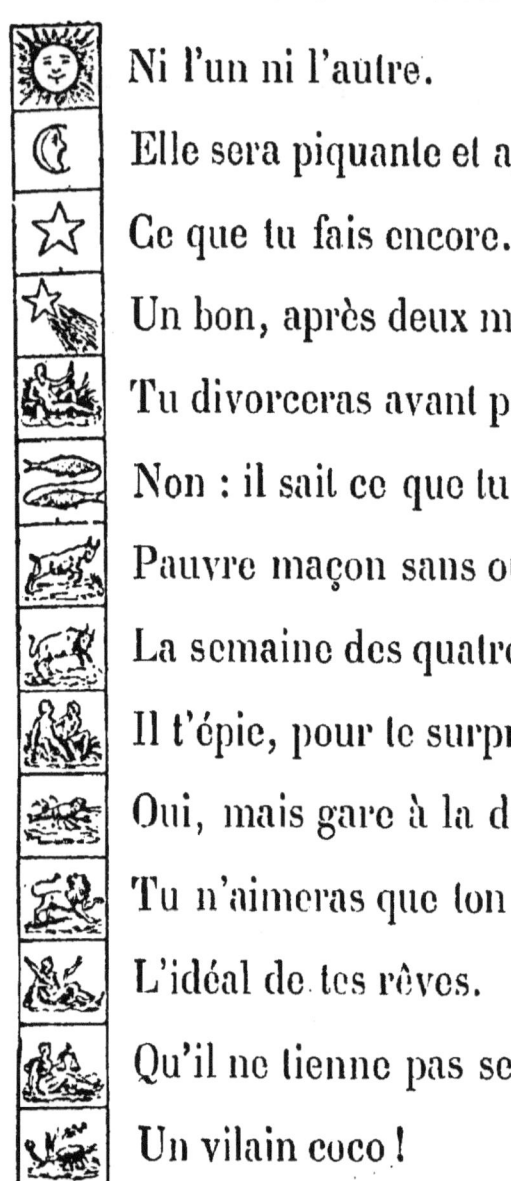

Ni l'un ni l'autre.

Elle sera piquante et agréable.

Ce que tu fais encore.

Un bon, après deux malheureux.

Tu divorceras avant peu.

Non : il sait ce que tu n'as plus.

Pauvre maçon sans ouvrage !

La semaine des quatre jeudis.

Il t'épie, pour te surprendre.

Oui, mais gare à la danse !

Tu n'aimeras que ton époux.

L'idéal de tes rêves.

Qu'il ne tienne pas ses serments.

Un vilain coco !

Que veux-tu qu'ils fassent de toi ?

Tire-les à pile ou face.

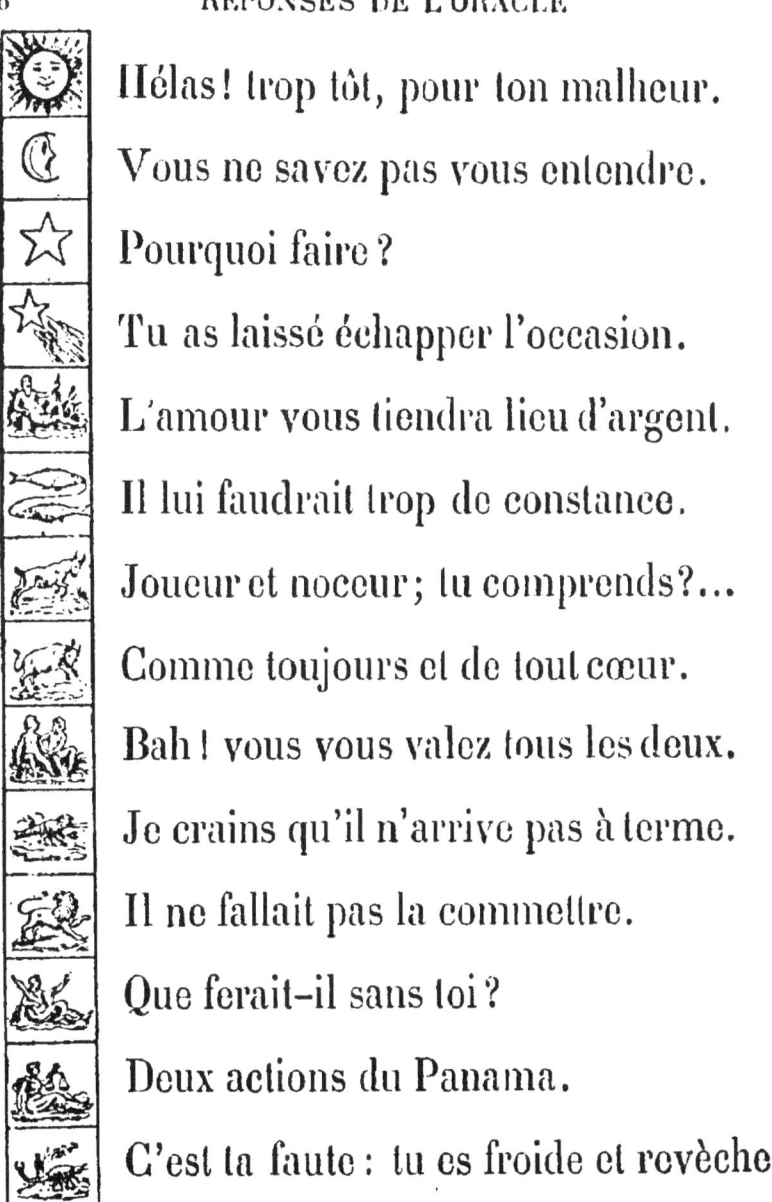

Hélas! trop tôt, pour ton malheur.

Vous ne savez pas vous entendre.

Pourquoi faire?

Tu as laissé échapper l'occasion.

L'amour vous tiendra lieu d'argent.

Il lui faudrait trop de constance.

Joueur et noceur; tu comprends?...

Comme toujours et de tout cœur.

Bah! vous vous valez tous les deux.

Je crains qu'il n'arrive pas à terme.

Il ne fallait pas la commettre.

Que ferait-il sans toi?

Deux actions du Panama.

C'est ta faute : tu es froide et revêche.

Crains le flagrant délit...

Avant un an le blond te ferait veuve.

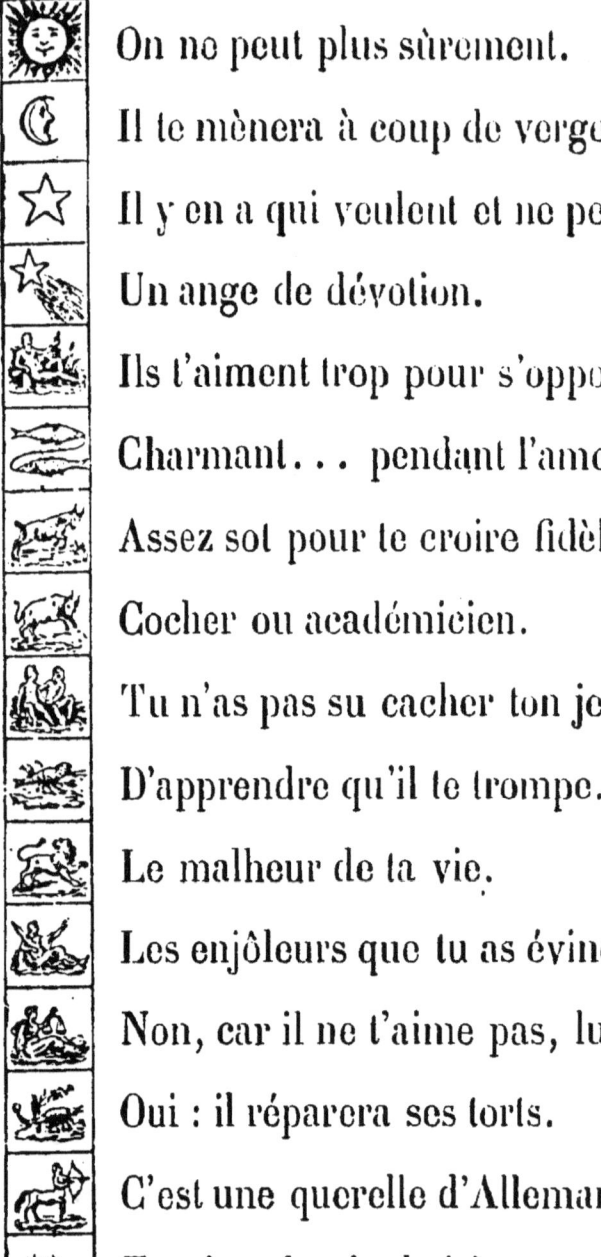

On ne peut plus sûrement.

Il te mènera à coup de verges…

Il y en a qui veulent et ne peuvent.

Un ange de dévotion.

Ils t'aiment trop pour s'opposer.

Charmant… pendant l'amour.

Assez sot pour te croire fidèle.

Cocher ou académicien.

Tu n'as pas su cacher ton jeu.

D'apprendre qu'il te trompe.

Le malheur de ta vie.

Les enjôleurs que tu as évincés.

Non, car il ne t'aime pas, lui.

Oui : il réparera ses torts.

C'est une querelle d'Allemand.

Tu n'as plus à choisir.

Jusqu'à cent quatre ans.

Autant que tu as eu d'autres hommes.

N'as-tu pas un consolateur ?

Un cerbère dans ton ménage.

L'homme ne vit pas seulement de pain.

Ni toi ni lui, mais la servante.

Grand du bas, petit du haut.

La beauté passe, la bonté reste.

Le temps seul pourrait l'apaiser.

De t'être laissée embrasser par un autre.

Te distraire pour l'oublier.

Calme tes vaines craintes.

Oui, tu te marieras bientôt.

Laisse dire, et va ton chemin.

L'entourer de soins délicats.

Je le souhaite de tout cœur !

RÉPONSES DE L'ORACLE

Une vie de délices.

Pas une... mais des douzaines.

Ton cœur battra jusqu'à 80 ans.

Le désespoir d'un malheureux.

On se fera tirer l'oreille.

Trop pour ta position.

Un beau vieillard bien conservé.

Mêlé poivre et sel.

Couci couça!

Oui, sois raide et sévère.

Ce serait te punir toi-même.

Que tu as une langue de vipère.

Du débiteur qui peut payer ses dettes.

Oui, sans t'empêcher d'être... femme.

En cessant tes relations coupables.

Ni l'un ni l'autre ne songent à toi.

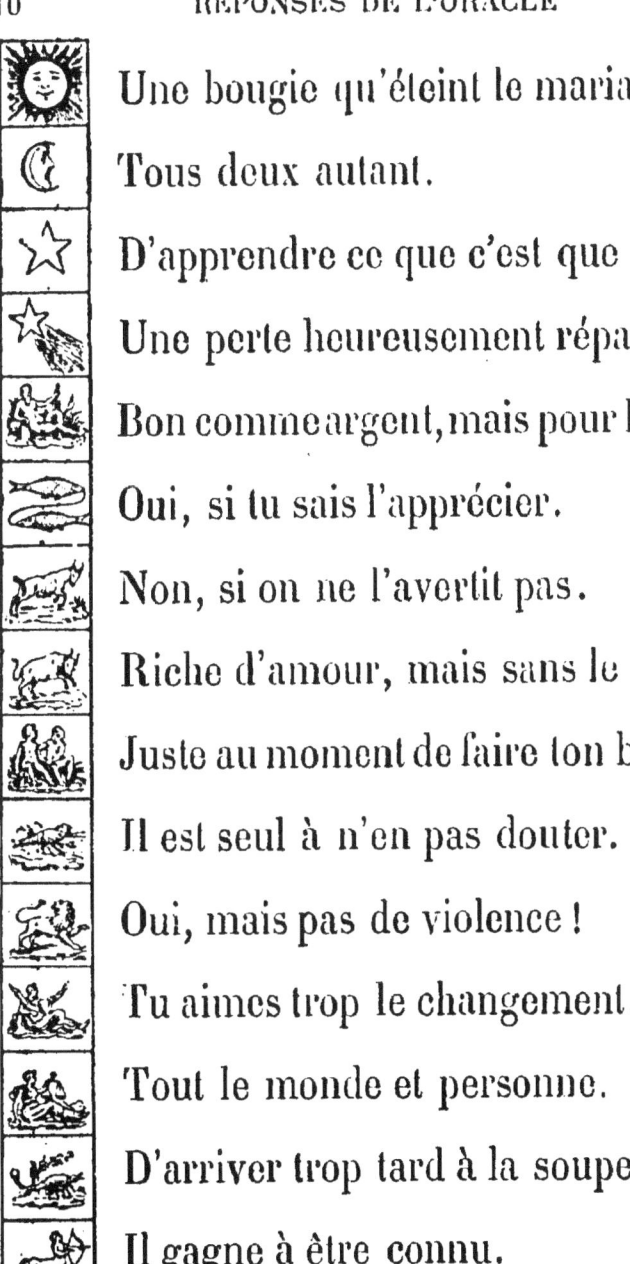

Une bougie qu'éteint le mariage.

Tous deux autant.

D'apprendre ce que c'est que ça...

Une perte heureusement réparée.

Bon comme argent, mais pour le reste...

Oui, si tu sais l'apprécier.

Non, si on ne l'avertit pas.

Riche d'amour, mais sans le sou.

Juste au moment de faire ton bonheur.

Il est seul à n'en pas douter.

Oui, mais pas de violence !

Tu aimes trop le changement.

Tout le monde et personne.

D'arriver trop tard à la soupe.

Il gagne à être connu.

Le premier qui viendra ce soir.

RÉPONSES DE L'ORACLE

Ce qu'une fille doit garder avec soin.

Comment?... à peine mariée!...

Il a tort, et toi encore plus.

Un tout petit : c'est trop pour toi.

Tu es assez habile pour cela.

Son cher trésor, ce sera toi.

Oui : tant que tu seras aimable.

Rien ne lui coûtera pour te plaire.

Oui, un baiser de glace.

C'est un bavard et un vantard.

Porte-le à ton séducteur.

Dieu peut-être, mais lui, non.

Un peu, mais pas longtemps...

Des pavés pour te casser le cou...

Est-ce que tu te gênes pour le faire..?

Oui, si tu veux détruire ton repos...

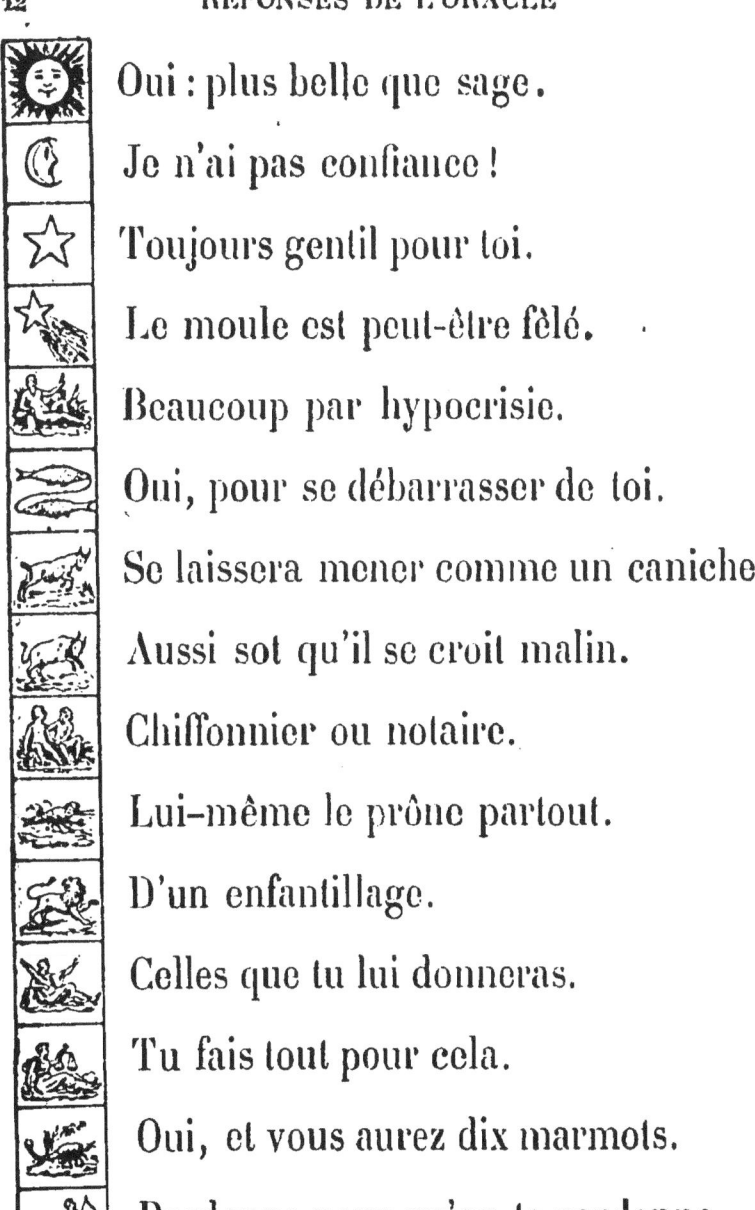

Oui : plus belle que sage.

Je n'ai pas confiance !

Toujours gentil pour toi.

Le moule est peut-être fêlé.

Beaucoup par hypocrisie.

Oui, pour se débarrasser de toi.

Se laissera mener comme un caniche.

Aussi sot qu'il se croit malin.

Chiffonnier ou notaire.

Lui-même le prône partout.

D'un enfantillage.

Celles que tu lui donneras.

Tu fais tout pour cela.

Oui, et vous aurez dix marmots.

Pardonne pour qu'on te pardonne.

Demande-le lui dans l'alcôve

RÉPONSES DE L'ORACLE

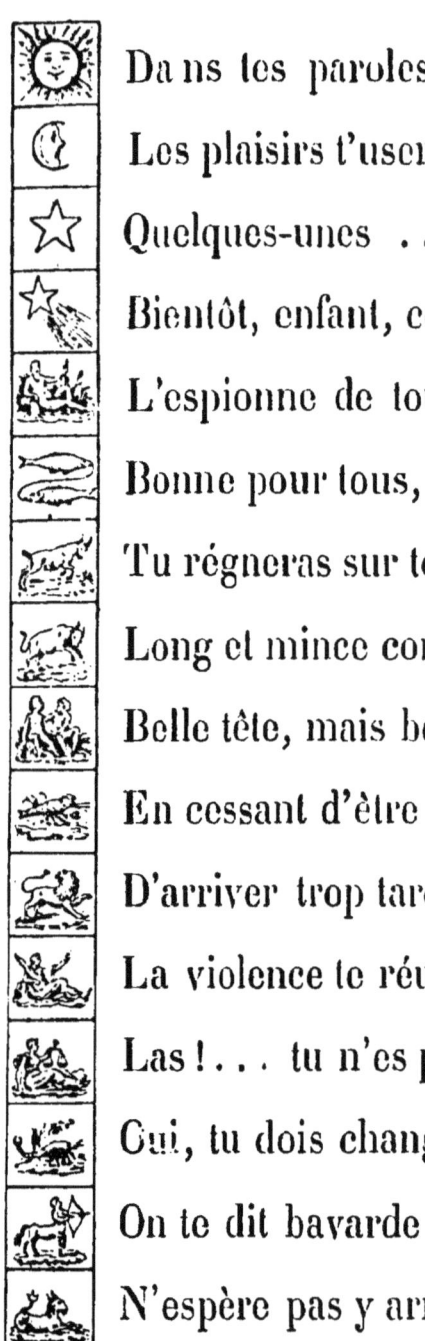

Dans tes paroles seulement.

Les plaisirs t'useront vite.

Quelques-unes .. pour rire.

Bientôt, enfant, courage !

L'espionne de tous tes mouvements.

Bonne pour tous, excepté pour lui.

Tu régneras sur ton esclave.

Long et mince comme une latte.

Belle tête, mais bossu.

En cessant d'être jalouse.

D'arriver trop tard au rendez-vous.

La violence te réussissait mal.

Las !... tu n'es pas la seule.

Oui, tu dois changer de quartier.

On te dit bavarde et méchante.

N'espère pas y arriver.

 A peine au sortir de l'enfance…

 Un enfer perpétuel.

 Interroge tes deux amies.

 Quand Cupidon n'aura plus de flèches.

 De coupables liaisons.

 Si tu n'as pas l'air d'y tenir.

 Un garçon et une fille.

 Vieux avec toi, jeune avec d'autres.

 Beau petit brun, frisé et astiqué.

 C'est un malade imaginaire.

 Oui, mais sans l'irriter…

 Ce serait te montrer blessée.

 Que la vanité te perdra.

 Le bonheur est une richesse.

 Non : dans un an ça changera.

 Ils n'ont pas de prise sur toi.

Un peu cocasse.

L'amour est un enfant trompeur !

L'amant le jour, l'époux la nuit.

Rien ne te surprendra, fûtée !

Un beau rêve réalisé.

Un bon mariage d'amour.

Ta coquetterie gâtera tout.

Non : il ira de surprise en surprise.

Il a fait vœu de... pauvreté.

Dans une heure il sera en gare.

Il ne dit rien, mais il observe.

Tiens-tu donc à une rupture ?

Un blond et un brun.

Dieu seul, et c'est assez !

De manquer le train.

Tu ne pouvais mieux choisir.

Pour plaire, il faut être aimable.

Un joyau qui ne se vend pas.

C'est lui qui t'enterrera...

Il est avare, tu es prodigue.

Une douzaine.

Tu tireras les marrons du feu.

Quatre maisons à Batignolles.

Il sera plus constant que toi.

Saura rester dans un juste milieu.

Ce soir? Non, dans un mois.

Tu peux le suivre aveuglément.

L'aimer et faire ton devoir.

Oui, mais il est trop bon!

En apparence, mais au fond, non!

Un bout de corde de pendu.

Ce n'est pas l'envie qui lui manque.

RÉPONSES DE L'ORACLE 17

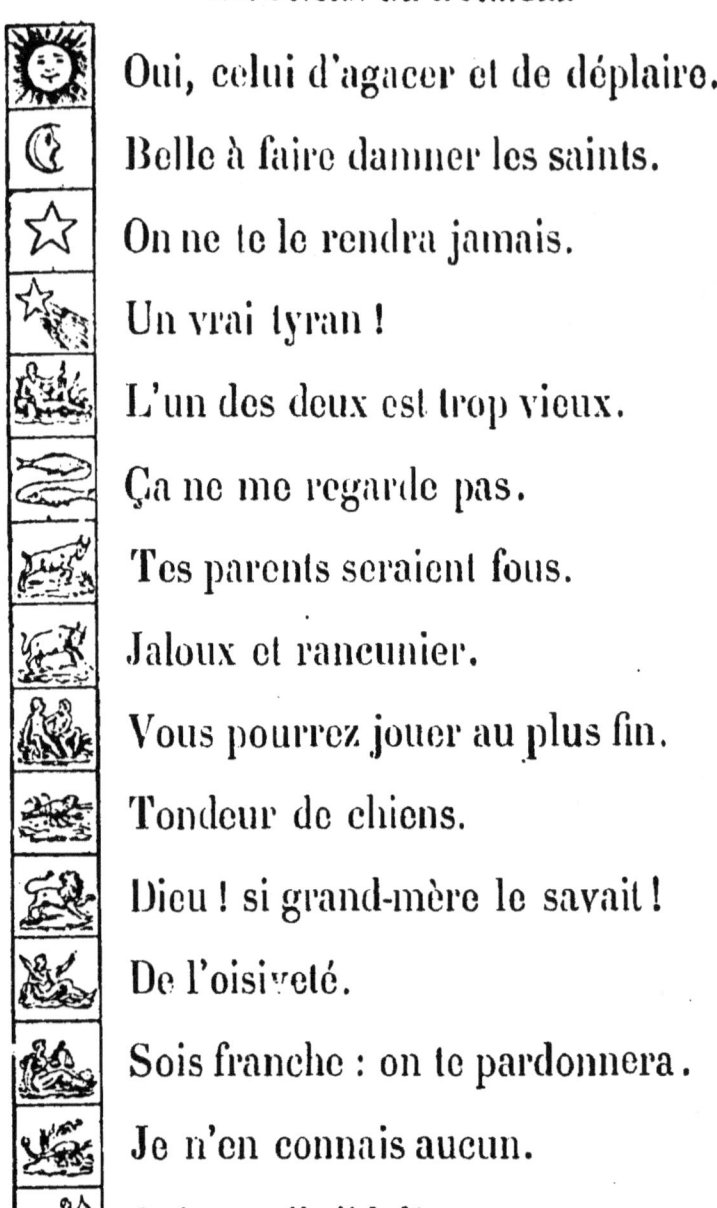

Oui, celui d'agacer et de déplaire.

Belle à faire damner les saints.

On ne te le rendra jamais.

Un vrai tyran !

L'un des deux est trop vieux.

Ça ne me regarde pas.

Tes parents seraient fous.

Jaloux et rancunier.

Vous pourrez jouer au plus fin.

Tondeur de chiens.

Dieu ! si grand-mère le savait !

De l'oisiveté.

Sois franche : on te pardonnera.

Je n'en connais aucun.

Oui, car il t'idolâtre.

Tu souffres depuis trop longtemps.

C'est d'être plus bête que méchante.

Trop pour toi, pas assez pour les autres.

Assez pour n'être pas malheureuse.

Un vrai coq de village.

A la fin de tes jours.

La gardienne de ton honneur.

Oui, en soignant tes enfants.

Il te mènera à la baguette.

Montera sur un banc pour t'embrasser.

Un chic *petit crevé*.

Cesse de lui garder rancune.

Oui, à cause de ta froideur.

Redouble de courage.

Il en meurt d'envie.

Tout arrive à qui sait attendre.

On calomnie la vertu même.

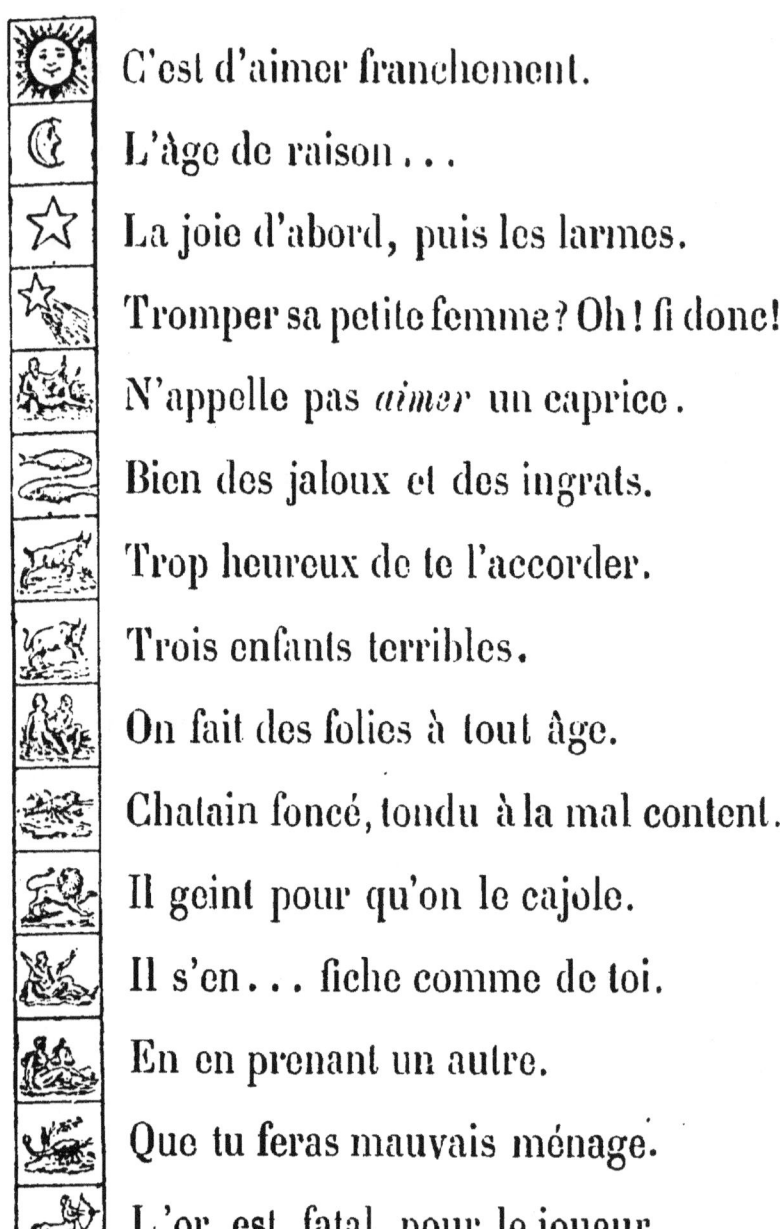

C'est d'aimer franchement.

L'âge de raison...

La joie d'abord, puis les larmes.

Tromper sa petite femme? Oh! fi donc!

N'appelle pas *aimer* un caprice.

Bien des jaloux et des ingrats.

Trop heureux de te l'accorder.

Trois enfants terribles.

On fait des folies à tout âge.

Chatain foncé, tondu à la mal content.

Il geint pour qu'on le cajole.

Il s'en... fiche comme de toi.

En en prenant un autre.

Que tu feras mauvais ménage.

L'or est fatal pour le joueur.

Non : un beau gars t'a remarquée.

Jusqu'à la niaiserie.

Cœur tendre, mais léger.

Tu le sauras bientôt.

Celui que tu aimes le moins.

Maman t'avertira la veille.

Tu t'es fait illusion.

Tu mérites bien d'être heureuse.

Oui : tu auras l'utile et l'agréable.

Le pauvre sot n'y verra que du feu.

Plein d'espérances !

Il te l'écrira dimanche.

Ne fais donc pas la prude !

Ça ne le rendra pas meilleur.

Un tout jeune et un très vieux.

Pour rire ou sérieusement?

Chère enfant ! tu n'as rien à craindre.

RÉPONSES DE L'ORACLE

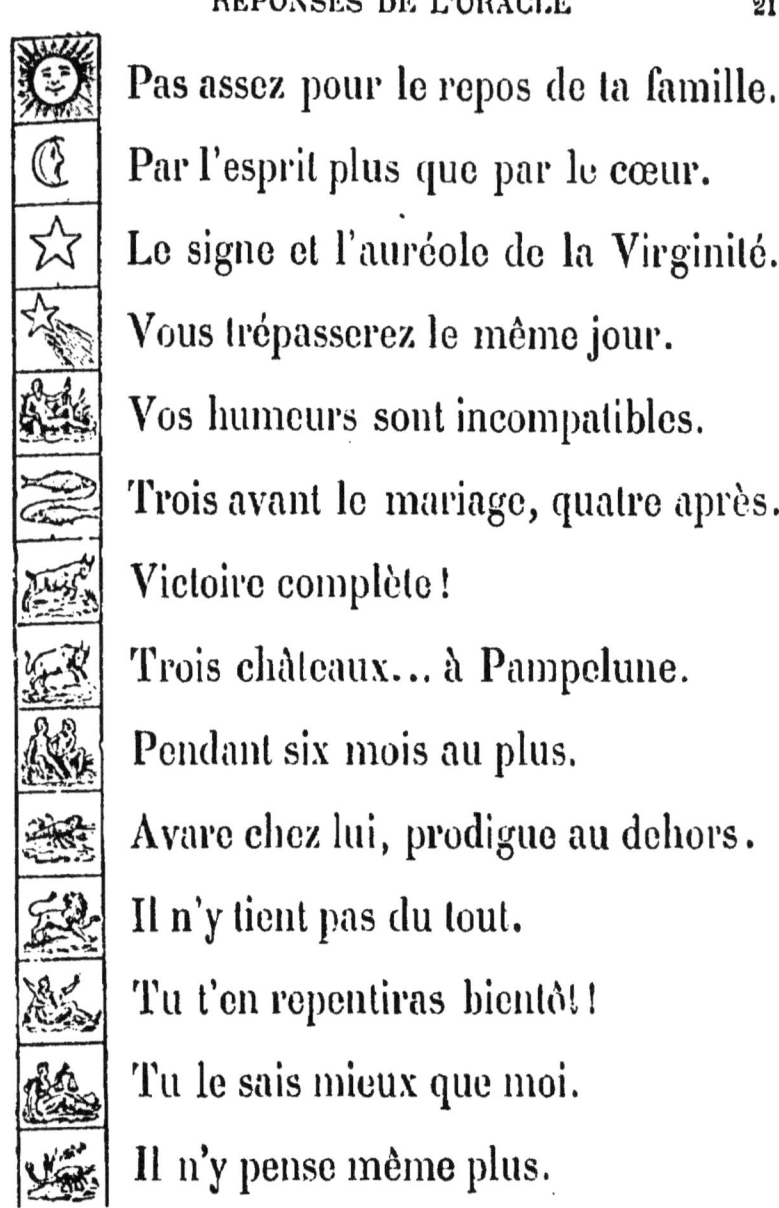

Pas assez pour le repos de ta famille.

Par l'esprit plus que par le cœur.

Le signe et l'auréole de la Virginité.

Vous trépasserez le même jour.

Vos humeurs sont incompatibles.

Trois avant le mariage, quatre après.

Victoire complète !

Trois châteaux... à Pampelune.

Pendant six mois au plus.

Avare chez lui, prodigue au dehors.

Il n'y tient pas du tout.

Tu t'en repentiras bientôt !

Tu le sais mieux que moi.

Il n'y pense même plus.

On ne regrette que ce qu'on aime.

Santé, travail : voilà les vrais trésors

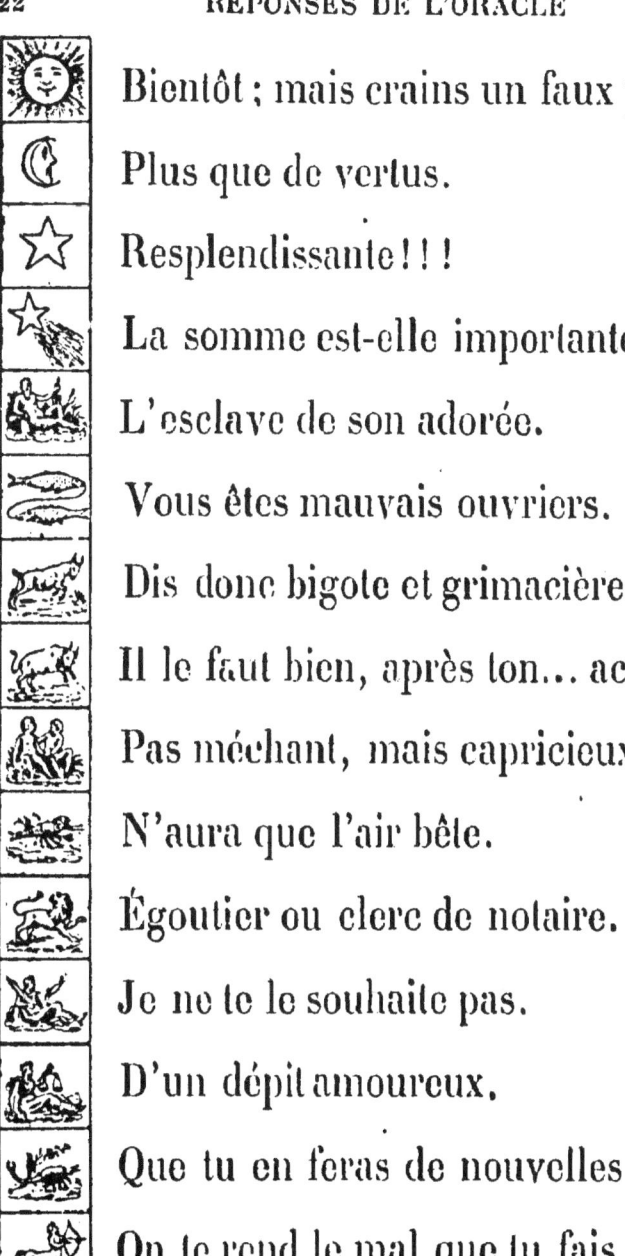

Bientôt ; mais crains un faux pas !

Plus que de vertus.

Resplendissante ! ! !

La somme est-elle importante ?

L'esclave de son adorée.

Vous êtes mauvais ouvriers.

Dis donc bigote et grimacière.

Il le faut bien, après ton... accident...

Pas méchant, mais capricieux.

N'aura que l'air bête.

Égoutier ou clerc de notaire.

Je ne te le souhaite pas.

D'un dépit amoureux.

Que tu en feras de nouvelles.

On te rend le mal que tu fais.

Non !... il est indigne de toi.

Mieux vaudrait qu'il le fût.

D'être bavarde et insolente.

Un vrai petit prodige!

Oui, à moins d'accidents.

Non ; tu es sa seule et unique.

Après l'orage, le beau temps!

Un excellent juge de paix.

Sais-tu seulement coudre un bouton ?

C'est toi qui le déculotteras…

Vos deux nez seront de niveau.

Une belle tête de cire.

De quel ennui est-il question?

D'être insensible à son amour.

Tu as l'autre… pour te consoler.

L'occasion fait le larron.

Oui, et tu gagneras au change.

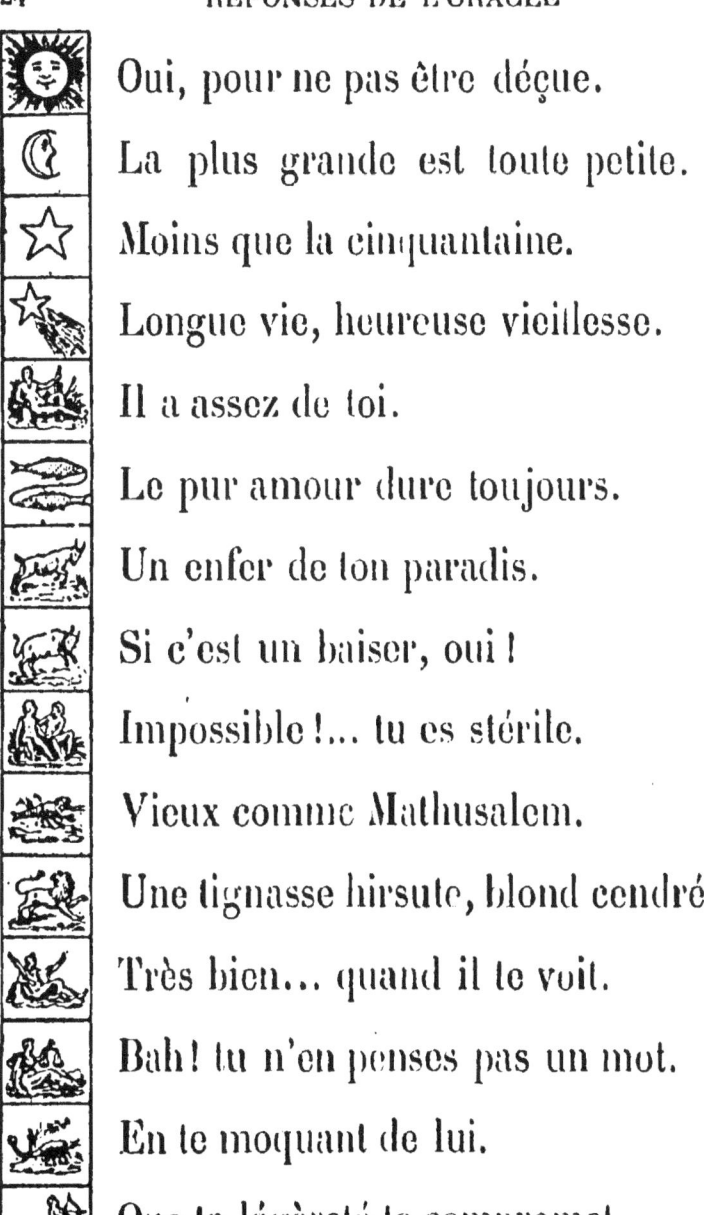

Oui, pour ne pas être déçue.

La plus grande est toute petite.

Moins que la cinquantaine.

Longue vie, heureuse vieillesse.

Il a assez de toi.

Le pur amour dure toujours.

Un enfer de ton paradis.

Si c'est un baiser, oui !

Impossible !... tu es stérile.

Vieux comme Mathusalem.

Une tignasse hirsute, blond cendré.

Très bien... quand il te voit.

Bah ! tu n'en penses pas un mot.

En te moquant de lui.

Que ta légèreté te compromet.

Oui, s'il soulage la misère.

RÉPONSES DE L'ORACLE

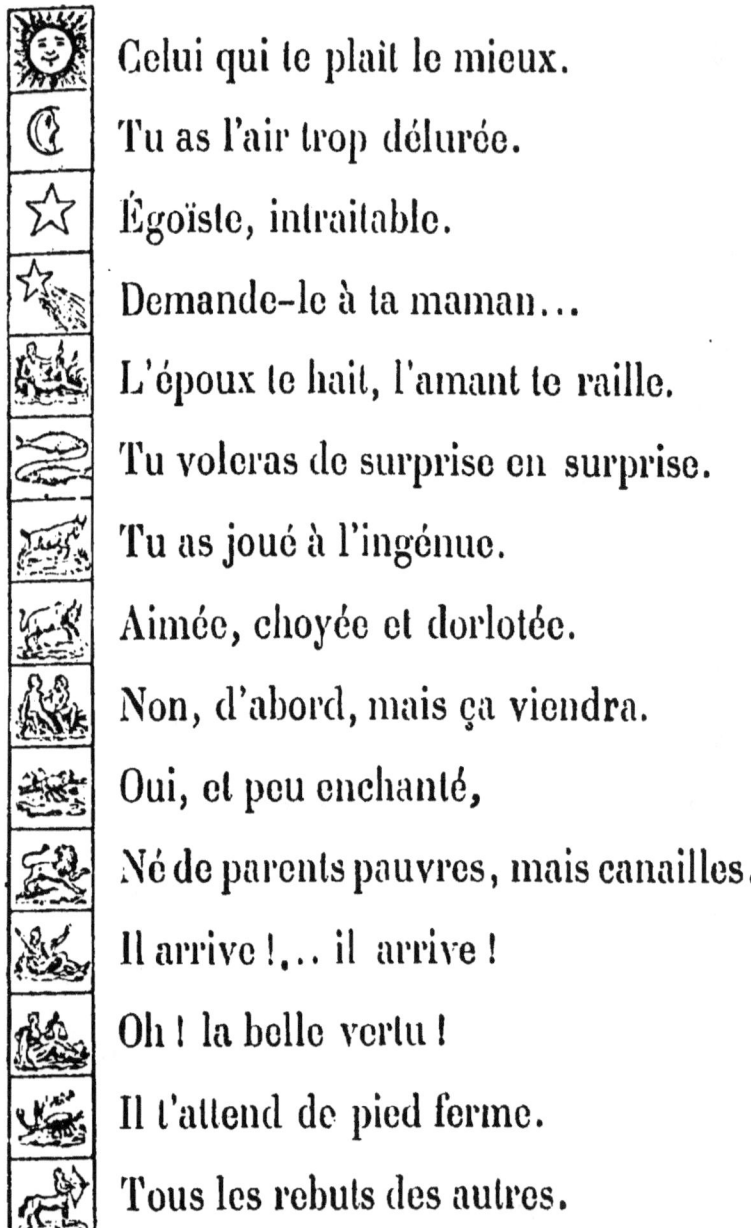

Celui qui te plaît le mieux.

Tu as l'air trop délurée.

Égoïste, intraitable.

Demande-le à ta maman...

L'époux te hait, l'amant te raille.

Tu voleras de surprise en surprise.

Tu as joué à l'ingénue.

Aimée, choyée et dorlotée.

Non, d'abord, mais ça viendra.

Oui, et peu enchanté.

Né de parents pauvres, mais canailles.

Il arrive !... il arrive !

Oh ! la belle vertu !

Il t'attend de pied ferme.

Tous les rebuts des autres.

Tu auras un cœur d'artichaut.

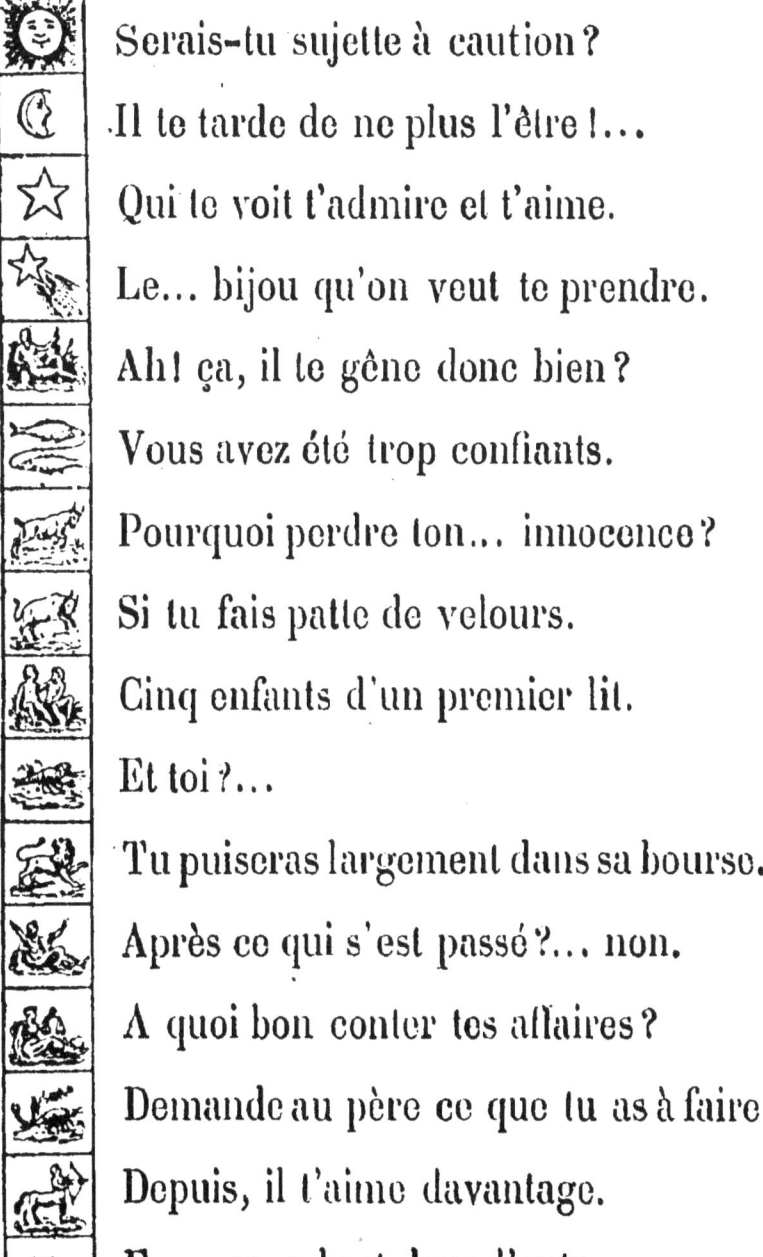

Serais-tu sujette à caution ?

Il te tarde de ne plus l'être !...

Qui te voit t'admire et t'aime.

Le... bijou qu'on veut te prendre.

Ah ! ça, il te gêne donc bien ?

Vous avez été trop confiants.

Pourquoi perdre ton... innocence ?

Si tu fais patte de velours.

Cinq enfants d'un premier lit.

Et toi ?...

Tu puiseras largement dans sa bourse.

Après ce qui s'est passé ?... non.

A quoi bon conter tes affaires ?

Demande au père ce que tu as à faire

Depuis, il t'aime davantage.

En ce monde et dans l'autre...

RÉPONSES DE L'ORACLE

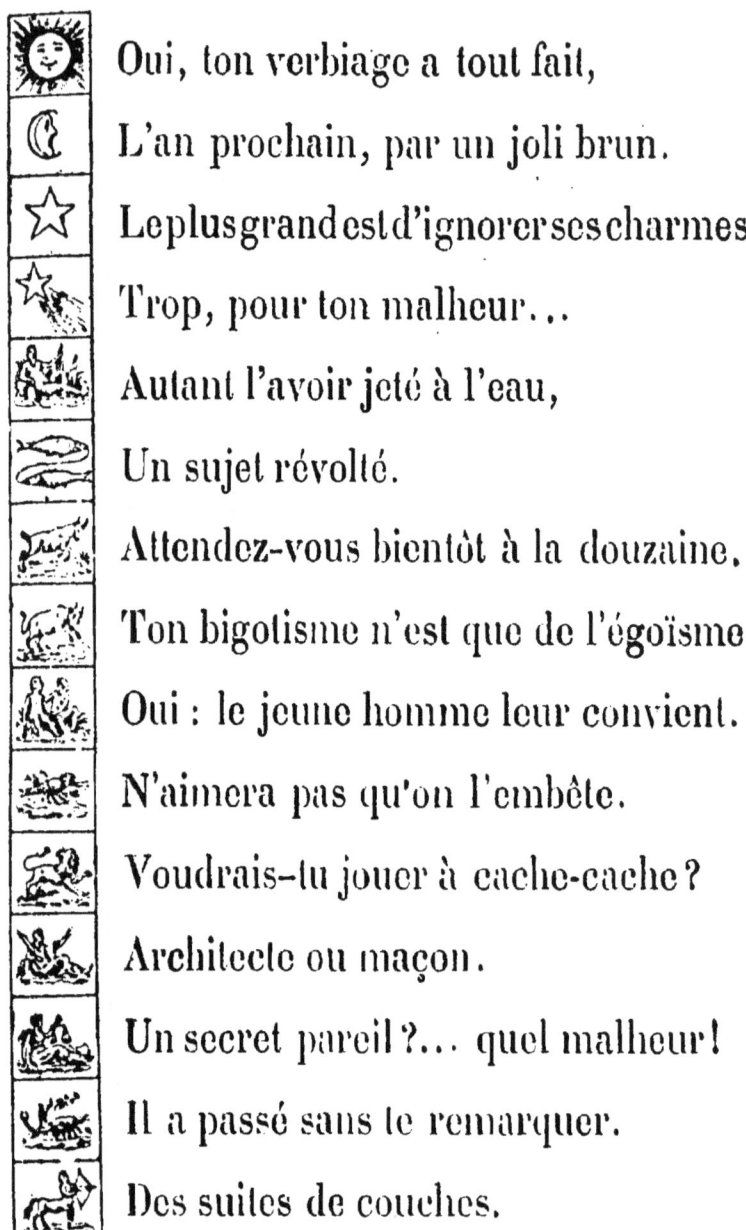

Oui, ton verbiage a tout fait,

L'an prochain, par un joli brun.

Le plus grand est d'ignorer ses charmes.

Trop, pour ton malheur...

Autant l'avoir jeté à l'eau,

Un sujet révolté.

Attendez-vous bientôt à la douzaine.

Ton bigotisme n'est que de l'égoïsme.

Oui : le jeune homme leur convient.

N'aimera pas qu'on l'embête.

Voudrais-tu jouer à cache-cache ?

Architecte ou maçon.

Un secret pareil ?... quel malheur !

Il a passé sans te remarquer.

Des suites de couches.

Oui, mais pas pour longtemps.

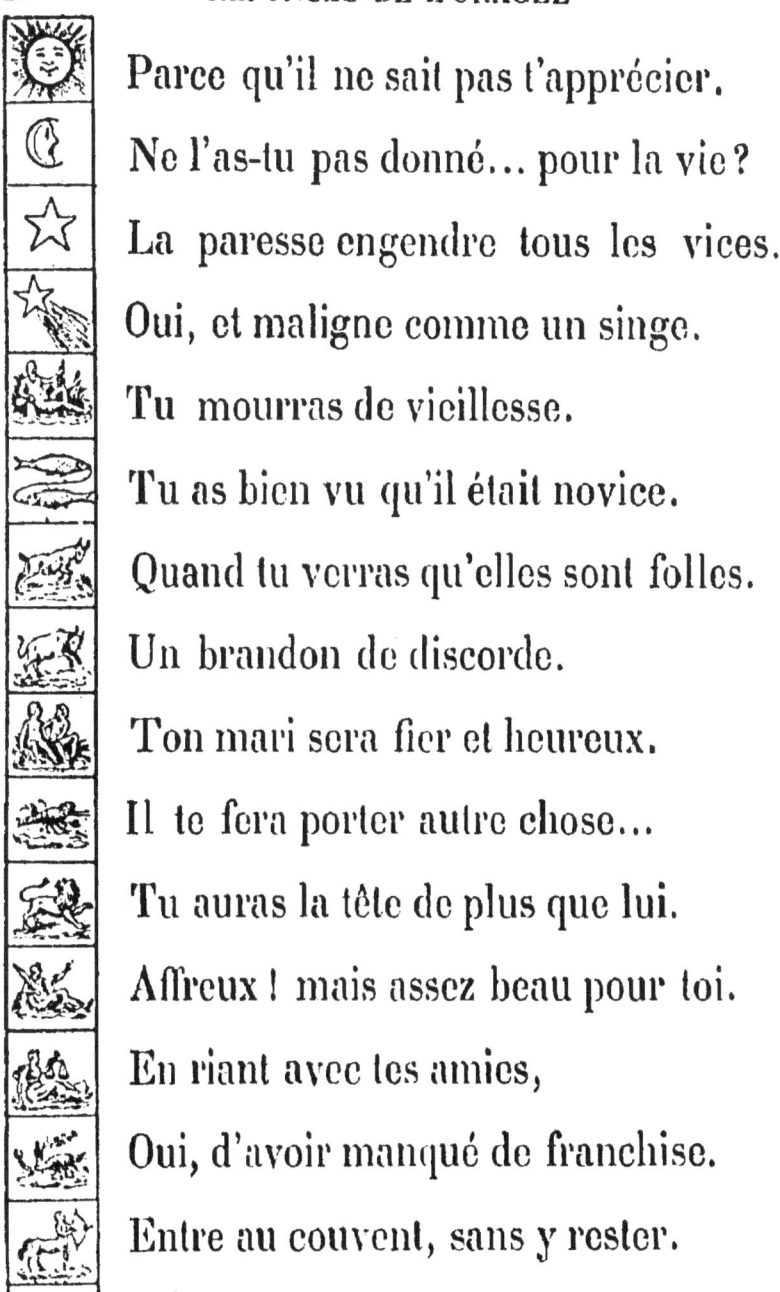

Parce qu'il ne sait pas t'apprécier.

Ne l'as-tu pas donné... pour la vie ?

La paresse engendre tous les vices.

Oui, et maligne comme un singe.

Tu mourras de vieillesse.

Tu as bien vu qu'il était novice.

Quand tu verras qu'elles sont folles.

Un brandon de discorde.

Ton mari sera fier et heureux.

Il te fera porter autre chose...

Tu auras la tête de plus que lui.

Affreux ! mais assez beau pour toi.

En riant avec tes amies,

Oui, d'avoir manqué de franchise.

Entre au couvent, sans y rester.

Tu es trop bonne et trop charmante !

Oh ! pas à lui surtout !

Il y a longtemps que tu as cédé.

Paul la connaît et l'apprécie.

L'âge des souvenirs et des regrets !

La mendicité.

Jadis !... à présent il se range.

Commence d'abord.

Tout ce qu'il ne faudrait pas faire.

On te donnera dix fois plus.

A quarante ans, un gros bébé.

Jeune au physique, vieux au moral.

Un ancien brun devenu gris et chauve.

Un mot de toi le guérirait.

Oui, si ça doit le corriger.

Pas d'éclat ! ou tu es perdue.

Tu ne t'en moques pas mal !

2.

RÉPONSES DE L'ORACLE

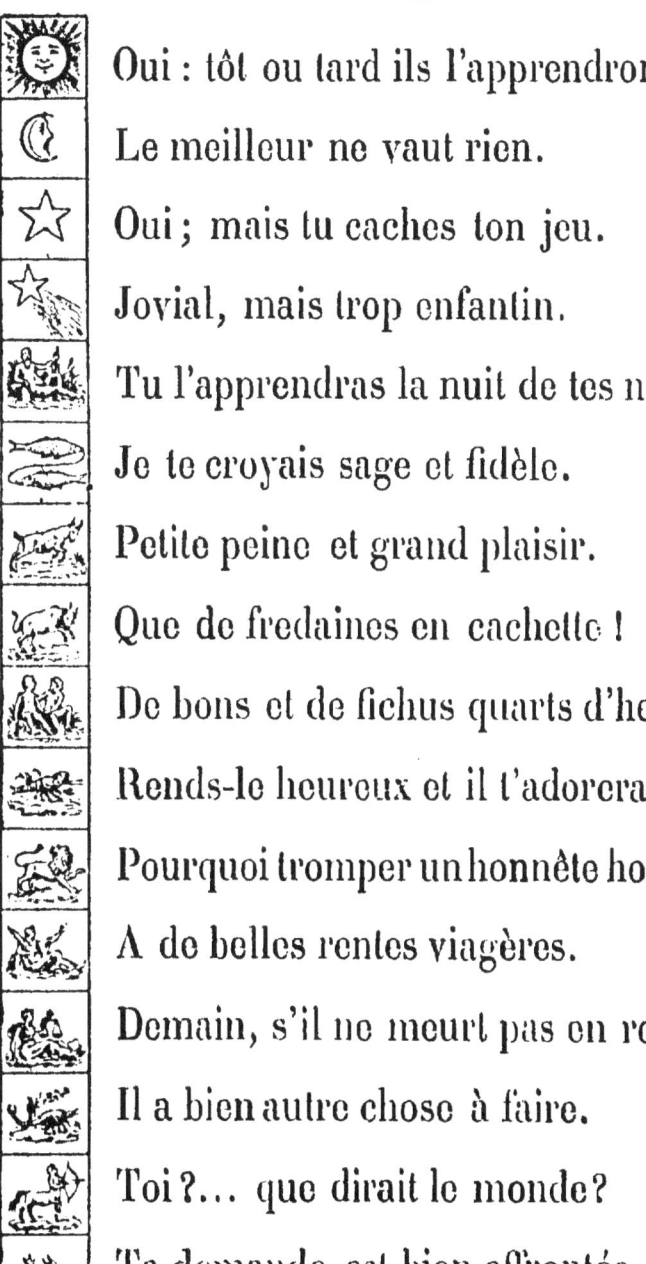

Oui : tôt ou tard ils l'apprendront.

Le meilleur ne vaut rien.

Oui ; mais tu caches ton jeu.

Jovial, mais trop enfantin.

Tu l'apprendras la nuit de tes noces.

Je te croyais sage et fidèle.

Petite peine et grand plaisir.

Que de fredaines en cachette !

De bons et de fichus quarts d'heure.

Rends-le heureux et il t'adorera.

Pourquoi tromper un honnête homme ?

A de belles rentes viagères.

Demain, s'il ne meurt pas en route.

Il a bien autre chose à faire.

Toi ?... que dirait le monde ?

Ta demande est bien effrontée.

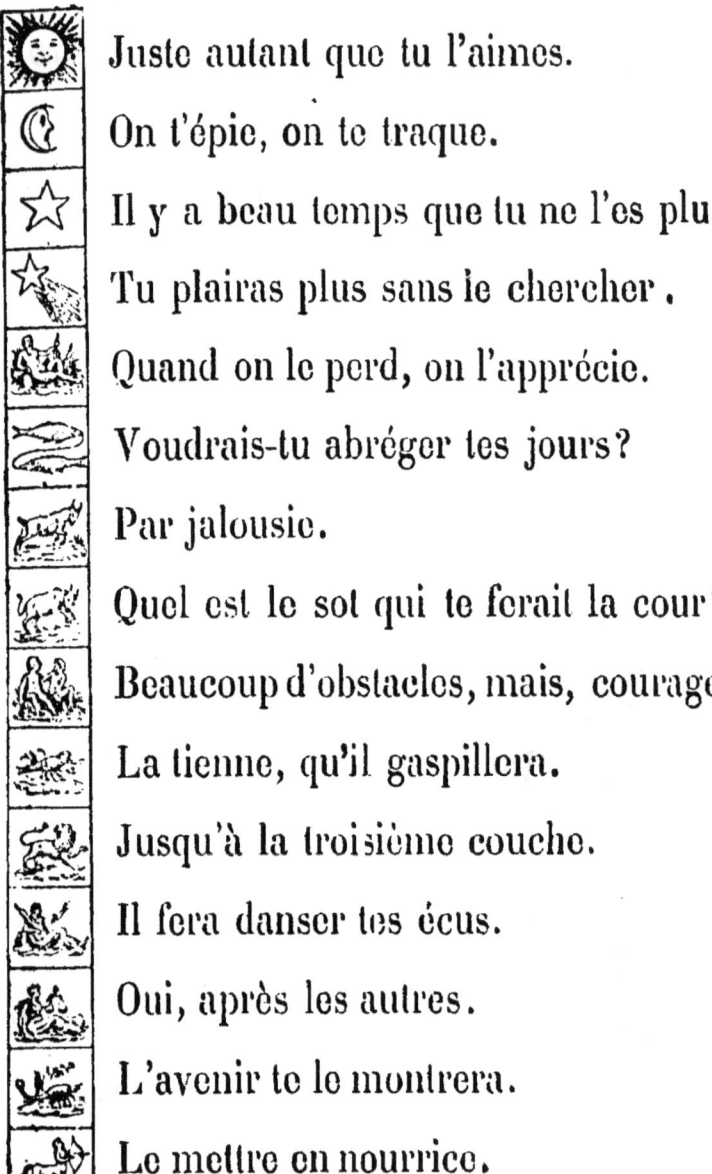

Juste autant que tu l'aimes.

On t'épie, on te traque.

Il y a beau temps que tu ne l'es plus.

Tu plairas plus sans le chercher.

Quand on le perd, on l'apprécie.

Voudrais-tu abréger tes jours?

Par jalousie.

Quel est le sot qui te ferait la cour?

Beaucoup d'obstacles, mais, courage!

La tienne, qu'il gaspillera.

Jusqu'à la troisième couche.

Il fera danser tes écus.

Oui, après les autres.

L'avenir te le montrera.

Le mettre en nourrice.

Oui, mais ne pêche plus.

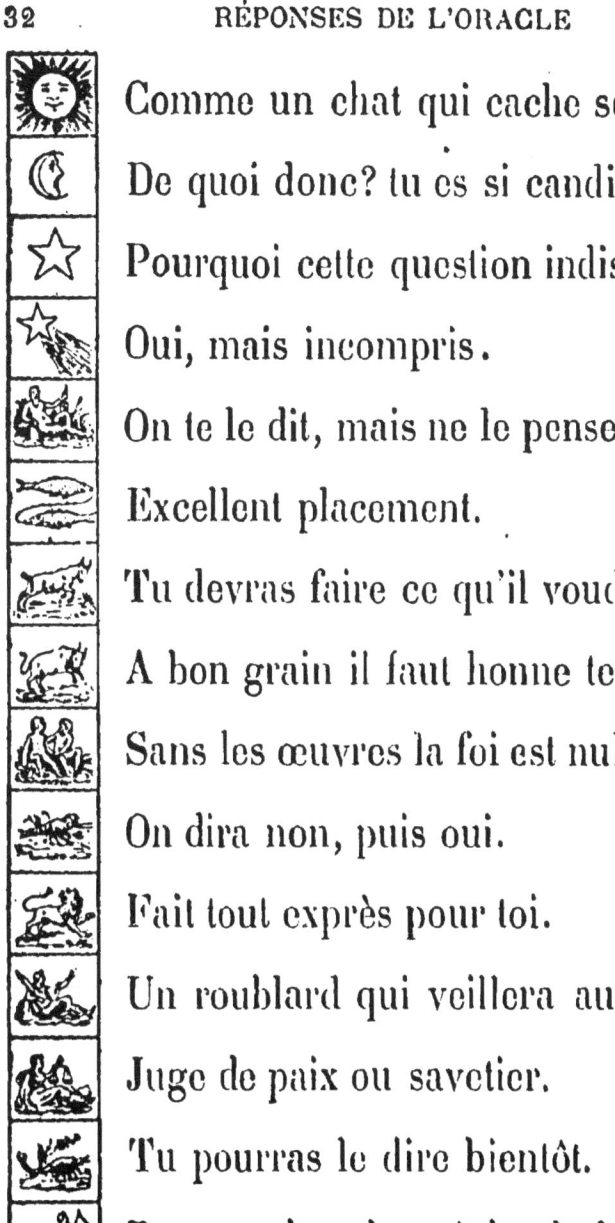

Comme un chat qui cache ses griffes.

De quoi donc? tu es si candide...

Pourquoi cette question indiscrète?

Oui, mais incompris.

On te le dit, mais ne le pense pas.

Excellent placement.

Tu devras faire ce qu'il voudra.

A bon grain il faut bonne terre.

Sans les œuvres la foi est nulle.

On dira non, puis oui.

Fait tout exprès pour toi.

Un roublard qui veillera au grain.

Juge de paix ou savetier.

Tu pourras le dire bientôt.

De ce qu'on t'empêche de lui parler.

Pour cette fois, rassure-toi.

RÉPONSES DE L'ORACLE

Au trentième arrondissement...

Il ne le sait pas lui-même.

La place est prise depuis longtemps.

D'être trop portée sur... ta bouche.

Assez pour une femme seule.

Longtemps dans la misère.

Tu as eu l'étrenne de... sa barbe.

Quand il reviendra t'embrasser.

Le martyre de tes caprices.

Tu n'as qu'à le vouloir.

Toi !... mais n'en abuse pas.

Grand... comme *Tom Pouce*.

Un nègre qu'aimera bien *tête blanche*.

En chassant tes lubies.

Tâche de n'en plus mériter.

Ce que te dicte la raison.

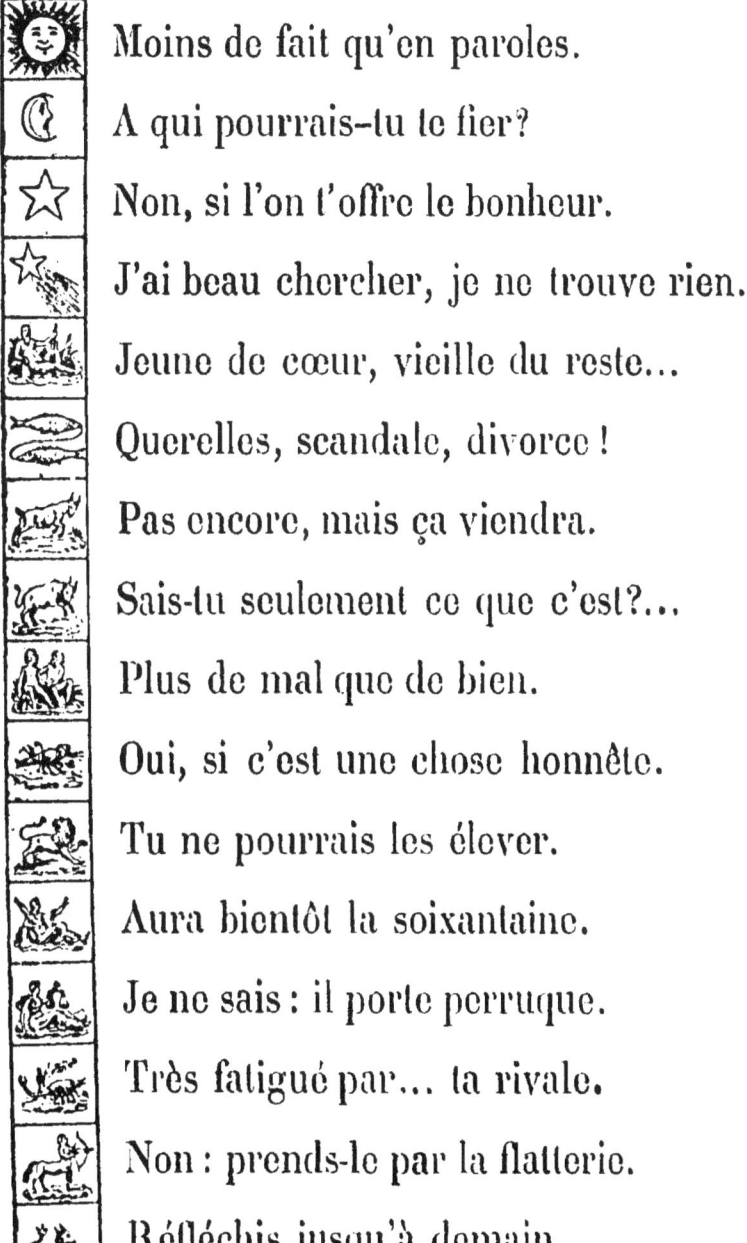

Moins de fait qu'en paroles.

A qui pourrais-tu te fier?

Non, si l'on t'offre le bonheur.

J'ai beau chercher, je ne trouve rien.

Jeune de cœur, vieille du reste...

Querelles, scandale, divorce!

Pas encore, mais ça viendra.

Sais-tu seulement ce que c'est?...

Plus de mal que de bien.

Oui, si c'est une chose honnête.

Tu ne pourrais les élever.

Aura bientôt la soixantaine.

Je ne sais : il porte perruque.

Très fatigué par... ta rivale.

Non : prends-le par la flatterie.

Réfléchis jusqu'à demain.

RÉPONSES DE L'ORACLE

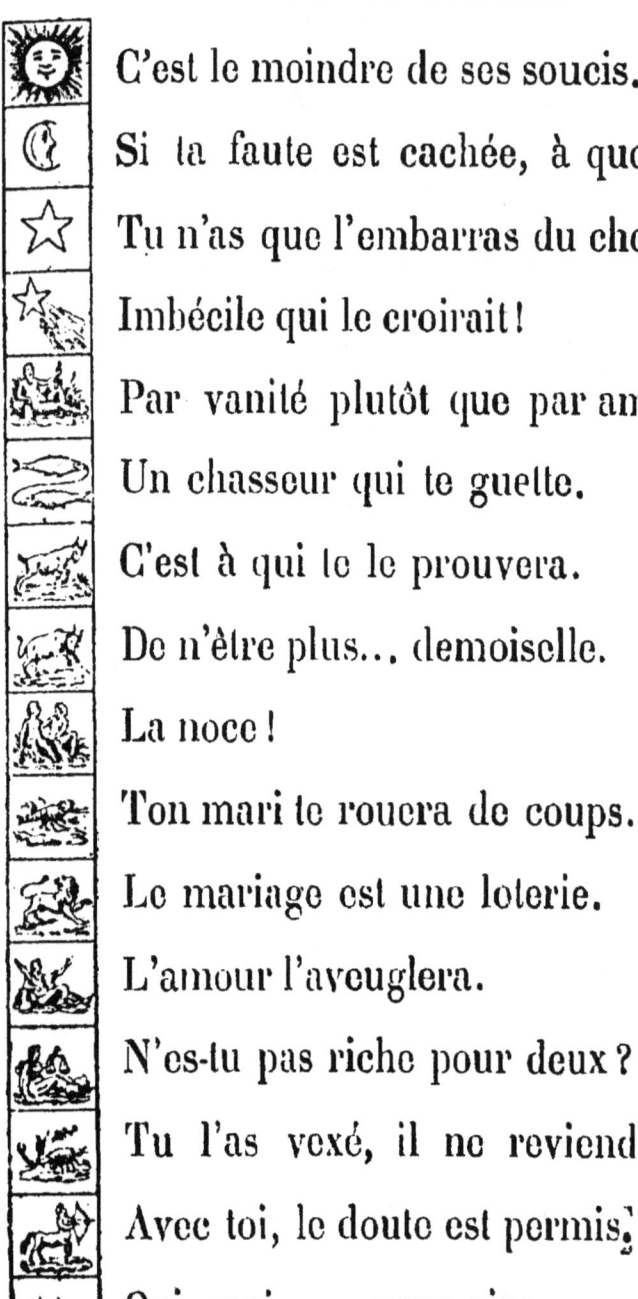

C'est le moindre de ses soucis.

Si ta faute est cachée, à quoi bon?

Tu n'as que l'embarras du choix.

Imbécile qui le croirait!

Par vanité plutôt que par amour.

Un chasseur qui te guette.

C'est à qui te le prouvera.

De n'être plus... demoiselle.

La noce!

Ton mari te rouera de coups.

Le mariage est une loterie.

L'amour l'aveuglera.

N'es-tu pas riche pour deux?

Tu l'as vexé, il ne reviendra plus.

Avec toi, le doute est permis.

Oui, mais... pour rire.

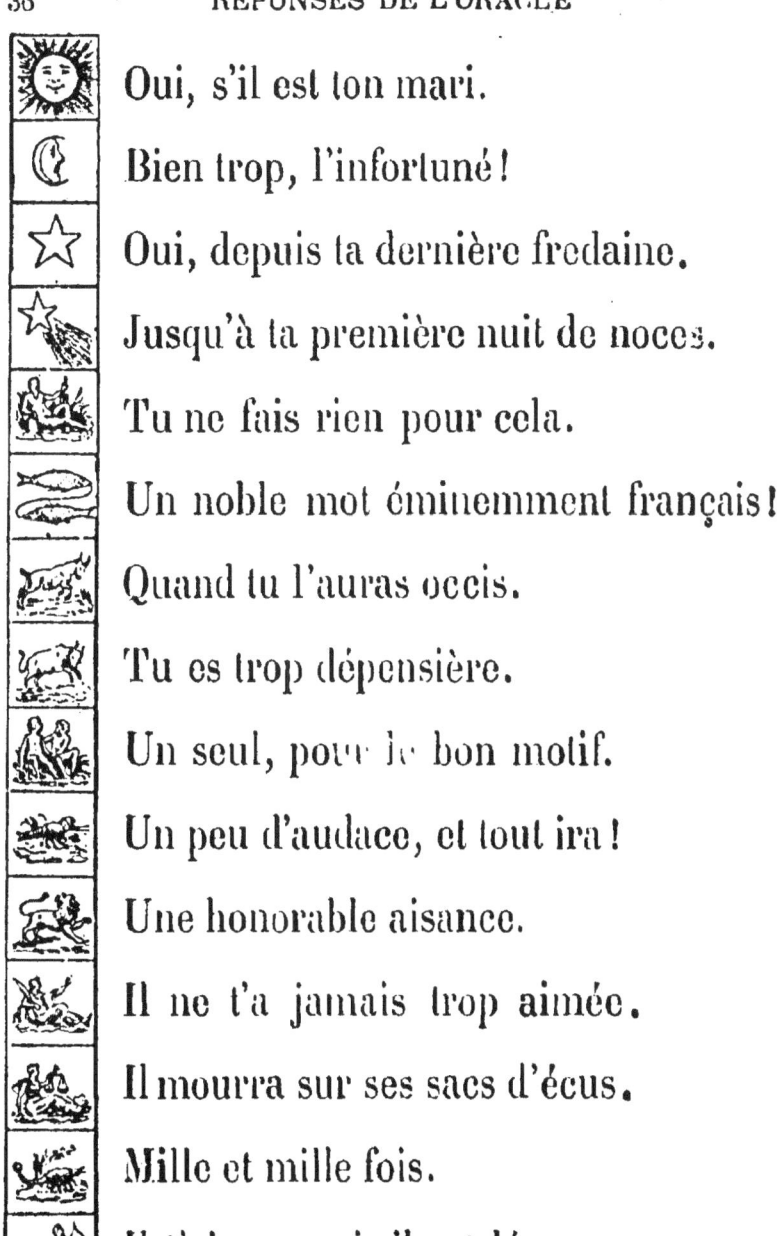

Oui, s'il est ton mari.

Bien trop, l'infortuné !

Oui, depuis ta dernière fredaine.

Jusqu'à ta première nuit de noces.

Tu ne fais rien pour cela.

Un noble mot éminemment français !

Quand tu l'auras occis.

Tu es trop dépensière.

Un seul, pour le bon motif.

Un peu d'audace, et tout ira !

Une honorable aisance.

Il ne t'a jamais trop aimée.

Il mourra sur ses sacs d'écus.

Mille et mille fois.

Il t'aime, mais il est léger.

L'Assistance t'aidera à l'élever.

Pas autre chose.

Tu n'as rien à craindre de lui.

Oui, depuis la lettre anonyme.

Par dix amoureux à la fois...

Oui, des talents de.. société.

Ni belle ni laide : entre les deux.

Mauvaise affaire !

Tu seras plus tyran que lui.

Qu'en feriez-vous ? hélas !

Tu devrais pécher moins souvent.

Bah ! tu t'en passeras.

Un bourru... bienfaisant.

Pas plus futé que toi, friponne !

Éleveur de lapins.

Pourquoi cacher une agréable chose ?

De ce qu'il a chiffonné ton corsage...

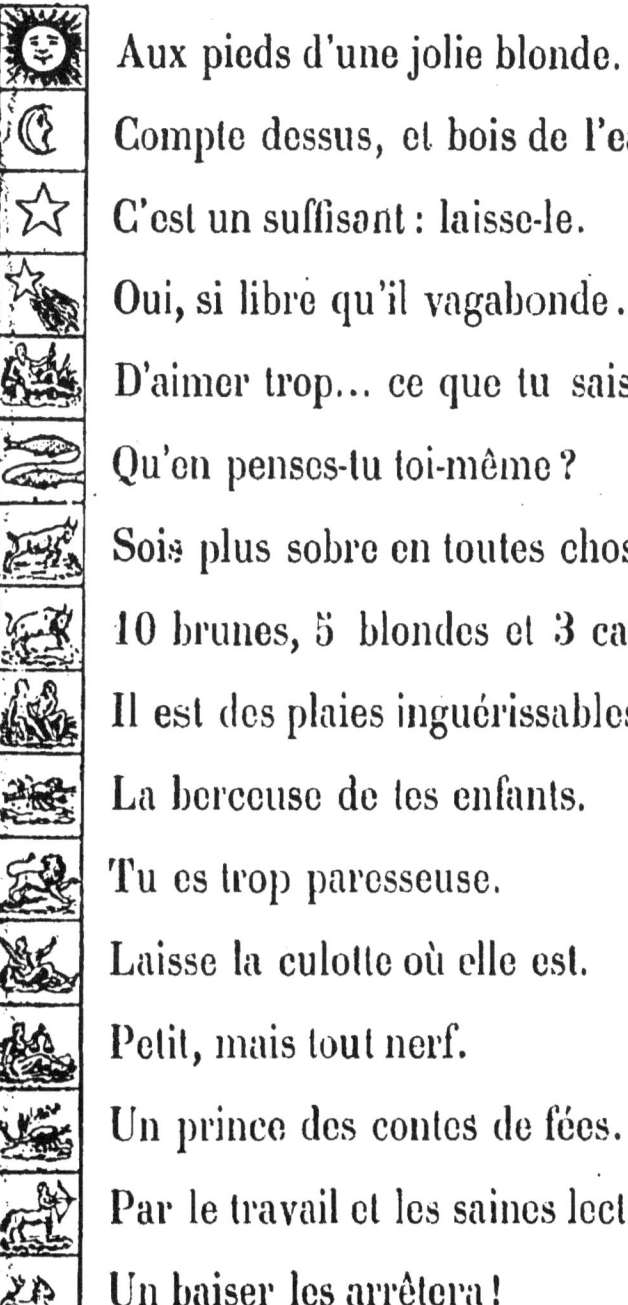

Aux pieds d'une jolie blonde.

Compte dessus, et bois de l'eau.

C'est un suffisant : laisse-le.

Oui, si libre qu'il vagabonde.

D'aimer trop... ce que tu sais bien...

Qu'en penses-tu toi-même ?

Sois plus sobre en toutes choses.

10 brunes, 5 blondes et 3 carottes.

Il est des plaies inguérissables.

La berceuse de tes enfants.

Tu es trop paresseuse.

Laisse la culotte où elle est.

Petit, mais tout nerf.

Un prince des contes de fées.

Par le travail et les saines lectures.

Un baiser les arrêtera !

Ne joue donc pas avec le feu.

Il veut te couvrir d'or!

Tu en as déjà trop fait.

Non, si c'est pour le bon motif.

D'être belle, et c'est tout.

Celui des rêves et des chimères.

Moins de miel que de vinaigre.

Ce soupçon est indigne.

Tu es donc un petit volcan?

Oh! rien d'inavouable.

Tu peux te fouiller!...

Trois qui feront ta joie.

Un bel octogénaire.

Ni blond, ni brun, blanc comme neige.

Demande-t-il comment tu vas?

Pas trop fort... ou gare à toi!

RÉPONSES DE L'ORACLE

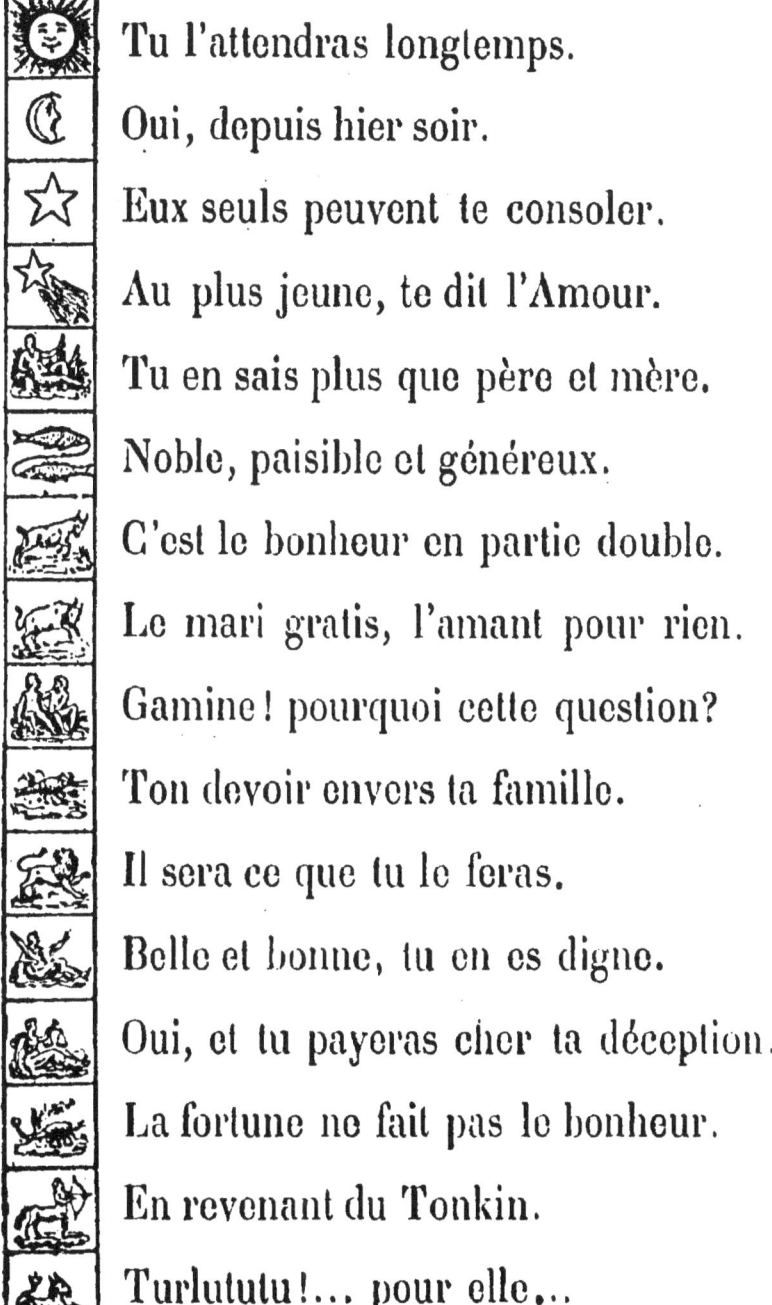

Tu l'attendras longtemps.

Oui, depuis hier soir.

Eux seuls peuvent te consoler.

Au plus jeune, te dit l'Amour.

Tu en sais plus que père et mère.

Noble, paisible et généreux.

C'est le bonheur en partie double.

Le mari gratis, l'amant pour rien.

Gamine! pourquoi cette question?

Ton devoir envers ta famille.

Il sera ce que tu le feras.

Belle et bonne, tu en es digne.

Oui, et tu payeras cher ta déception.

La fortune ne fait pas le bonheur.

En revenant du Tonkin.

Turlututu!... pour elle...

Il ne peut en être autrement.

Quand il l'aura, il te méprisera.

Plus que tu ne mérites.

Avoue que l'on n'a pas tort.

Tout vient à point à qui sait attendre.

Oui, depuis que tu aimes.

Qui n'en a pas est partout méprisé.

Quand tu auras passé la soixantaine.

Vous conduisez mal votre barque.

Tu en changeras comme de chemises.

Oui, mais ne t'endors pas.

Celle d'un épicier retiré.

Oui, avec des intermittences.

Il saura faire fructifier ton bien.

Oh! ces baisers-là tuent...

Il t'en cuira... Mais qu'y faire ?...

Oui : c'est bien; non : c'est mieux.

Non, l'amour seul l'attire.

Autant que toi.

Oui, mais si l'on savait...

Lorsque tu seras moins sauvage.

Comme un lapin savant.

La beauté passe vite : on le voit.

On te le rendra par acomptes.

Avec toi qui pourrait sévir?

Après un an de ménage?... patience!

Tu te feras *canoniser*.

Tu sauras si bien les prendre.

Avare, colère et ivrogne.

Prend les vessies pour des lanternes.

Homme à tout faire...

S'il le sait, adieu la surprise!...

RÉPONSES DE L'ORACLE

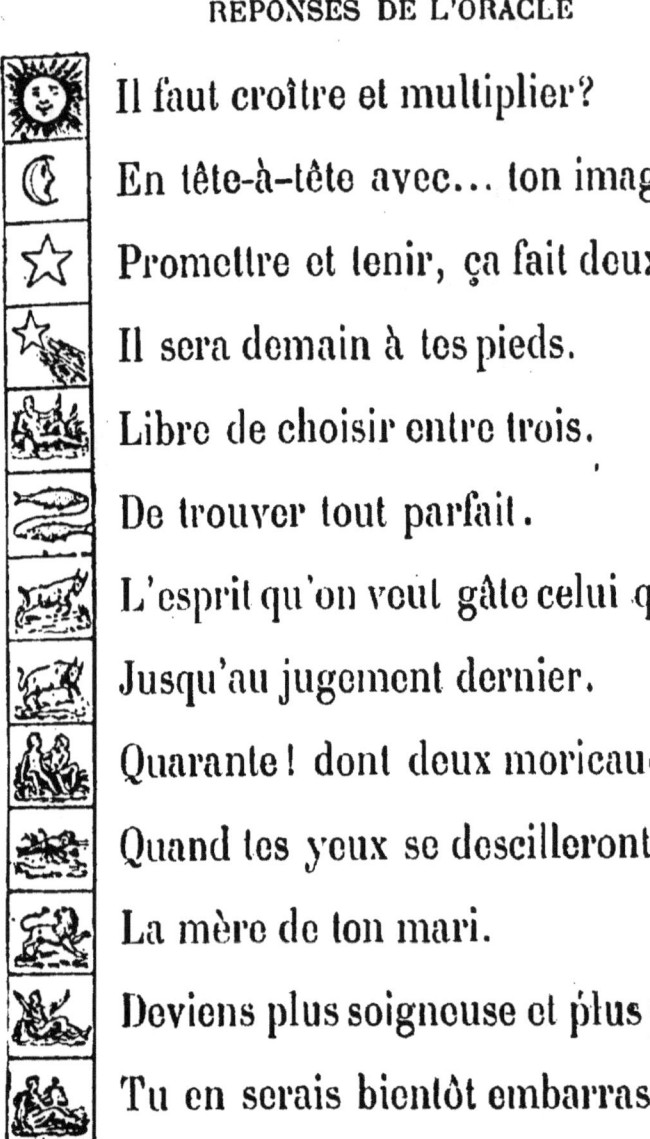

Il faut croître et multiplier?

En tête-à-tête avec... ton image.

Promettre et tenir, ça fait deux.

Il sera demain à tes pieds.

Libre de choisir entre trois.

De trouver tout parfait.

L'esprit qu'on veut gâte celui qu'on a.

Jusqu'au jugement dernier.

Quarante! dont deux moricaudes.

Quand tes yeux se descilleront.

La mère de ton mari.

Deviens plus soigneuse et plus propre

Tu en serais bientôt embarrassée.

Petit, mais... grandira.

Moins laid quand il se débarbouille.

Tu te plais à aigrir ton mal.

RÉPONSES DE L'ORACLE

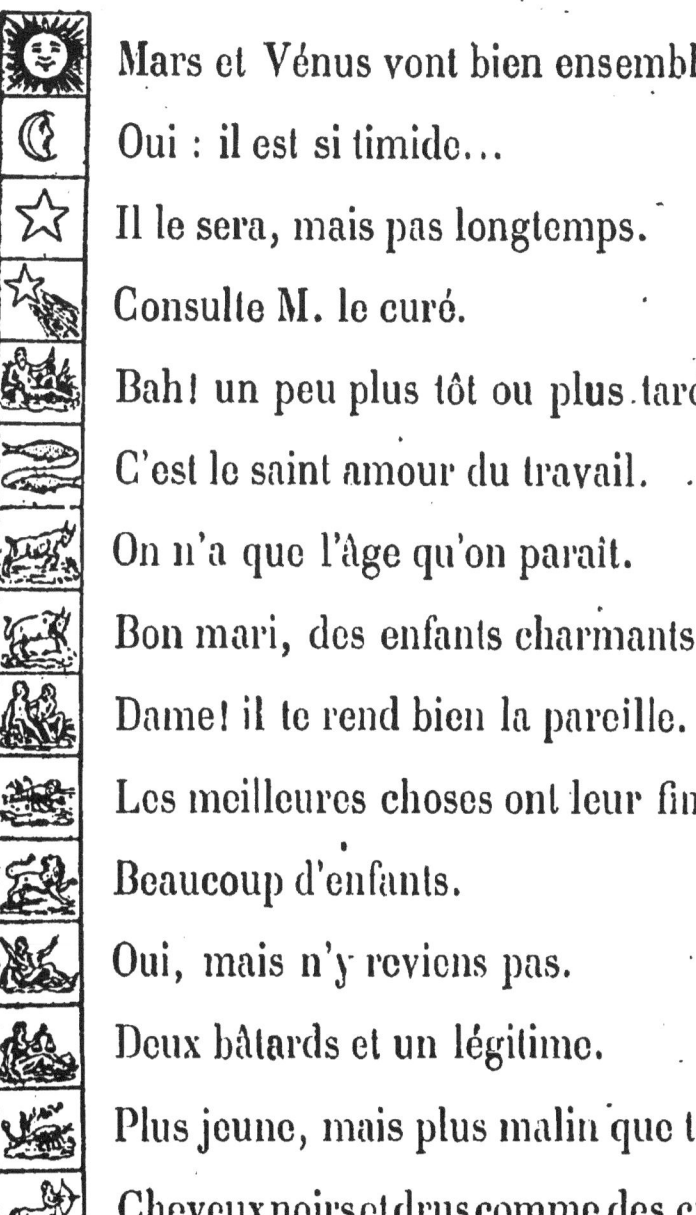

Mars et Vénus vont bien ensemble.

Oui : il est si timide...

Il le sera, mais pas longtemps.

Consulte M. le curé.

Bah! un peu plus tôt ou plus tard!...

C'est le saint amour du travail.

On n'a que l'âge qu'on paraît.

Bon mari, des enfants charmants.

Dame! il te rend bien la pareille.

Les meilleures choses ont leur fin.

Beaucoup d'enfants.

Oui, mais n'y reviens pas.

Deux bâtards et un légitime.

Plus jeune, mais plus malin que toi.

Cheveux noirs et drus comme des crins.

Trop bien pour ce qu'il vaut...

RÉPONSES DE L'ORACLE

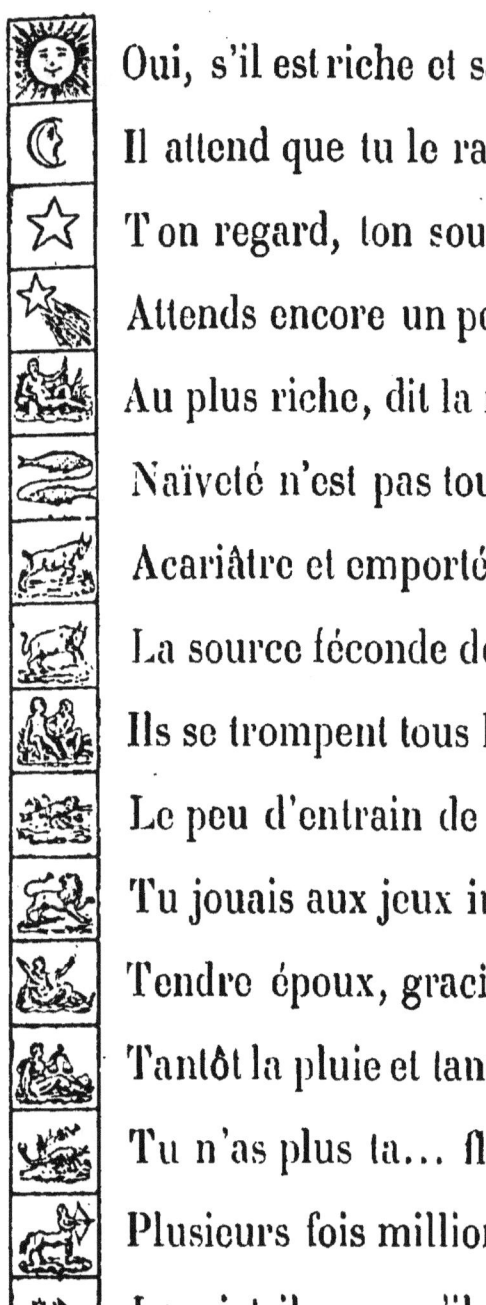

Oui, s'il est riche et sans enfants.

Il attend que tu le rappelles.

Ton regard, ton sourire le lui disent.

Attends encore un peu.

Au plus riche, dit la raison.

Naïveté n'est pas toujours bêtise.

Acariâtre et emporté.

La source féconde de la vie.

Ils se trompent tous les deux.

Le peu d'entrain de ton mari.

Tu jouais aux jeux innocents.

Tendre époux, gracieux bébés.

Tantôt la pluie et tantôt le beau temps.

Tu n'as plus ta... fleur d'oranger?

Plusieurs fois millionnaire.

Jamais! il a ce qu'il voulait.

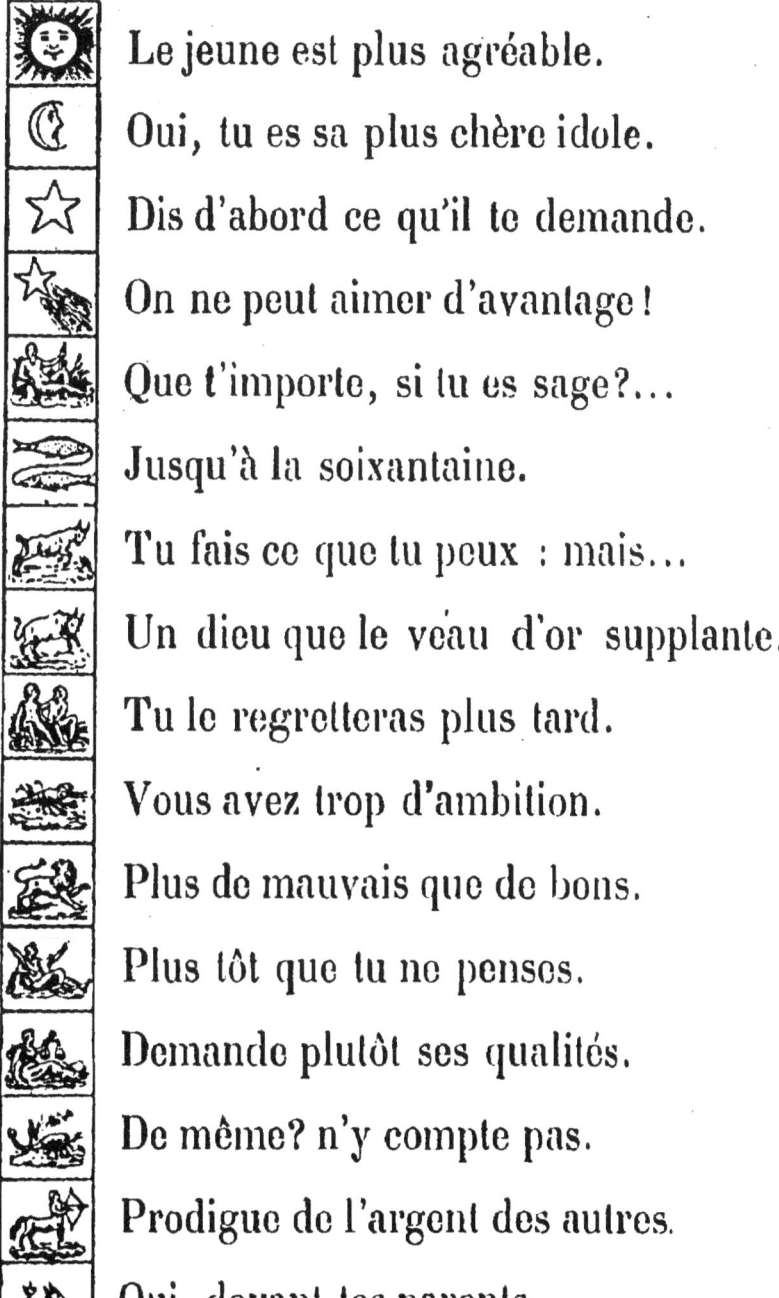

Le jeune est plus agréable.

Oui, tu es sa plus chère idole.

Dis d'abord ce qu'il te demande.

On ne peut aimer d'avantage !

Que t'importe, si tu es sage?...

Jusqu'à la soixantaine.

Tu fais ce que tu peux : mais...

Un dieu que le veau d'or supplante.

Tu le regretteras plus tard.

Vous avez trop d'ambition.

Plus de mauvais que de bons.

Plus tôt que tu ne penses.

Demande plutôt ses qualités.

De même? n'y compte pas.

Prodigue de l'argent des autres.

Oui, devant tes parents.

RÉPONSES DE L'ORACLE

Le blond est bien, le brun aussi.

Toute lettre mérite réponse.

Non : il t'adore sans cela.

En douterais-tu?

Il est trop... naïf pour ça.

Gamine, y penses-tu?

Peu de réels.

La beauté du diable.

S'il est bien, laisse-le.

Rien par force, tout de bon cœur.

Tu en auras une ribambelle!

Comme toutes les vieilles filles.

Ton prétendu n'a pas ce qu'il te faut.

Tu n'auras qu'à bien marcher droit.

L'homme d'esprit est souvent dupe.

Pianiste ou saltimbanque.

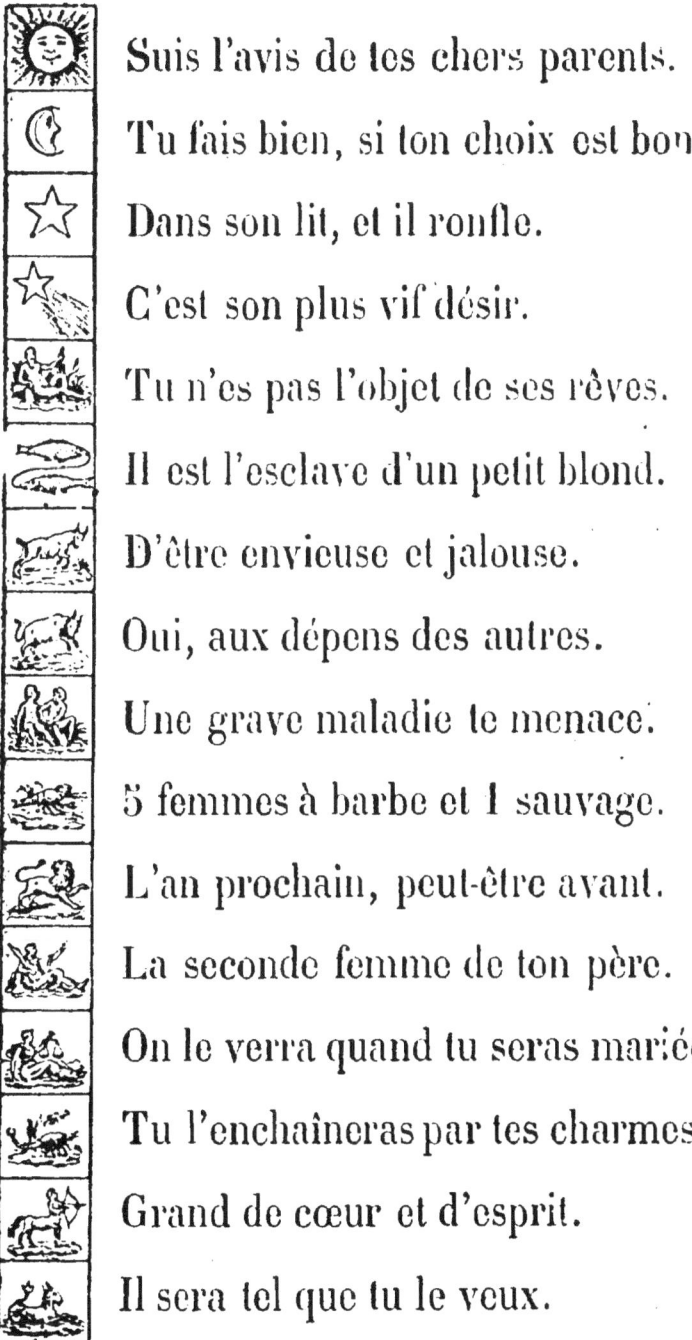

Suis l'avis de tes chers parents.

Tu fais bien, si ton choix est bon.

Dans son lit, et il ronfle.

C'est son plus vif désir.

Tu n'es pas l'objet de ses rêves.

Il est l'esclave d'un petit blond.

D'être envieuse et jalouse.

Oui, aux dépens des autres.

Une grave maladie te menace.

5 femmes à barbe et 1 sauvage.

L'an prochain, peut-être avant.

La seconde femme de ton père.

On le verra quand tu seras mariée.

Tu l'enchaîneras par tes charmes.

Grand de cœur et d'esprit.

Il sera tel que tu le veux.

RÉPONSES DE L'ORACLE

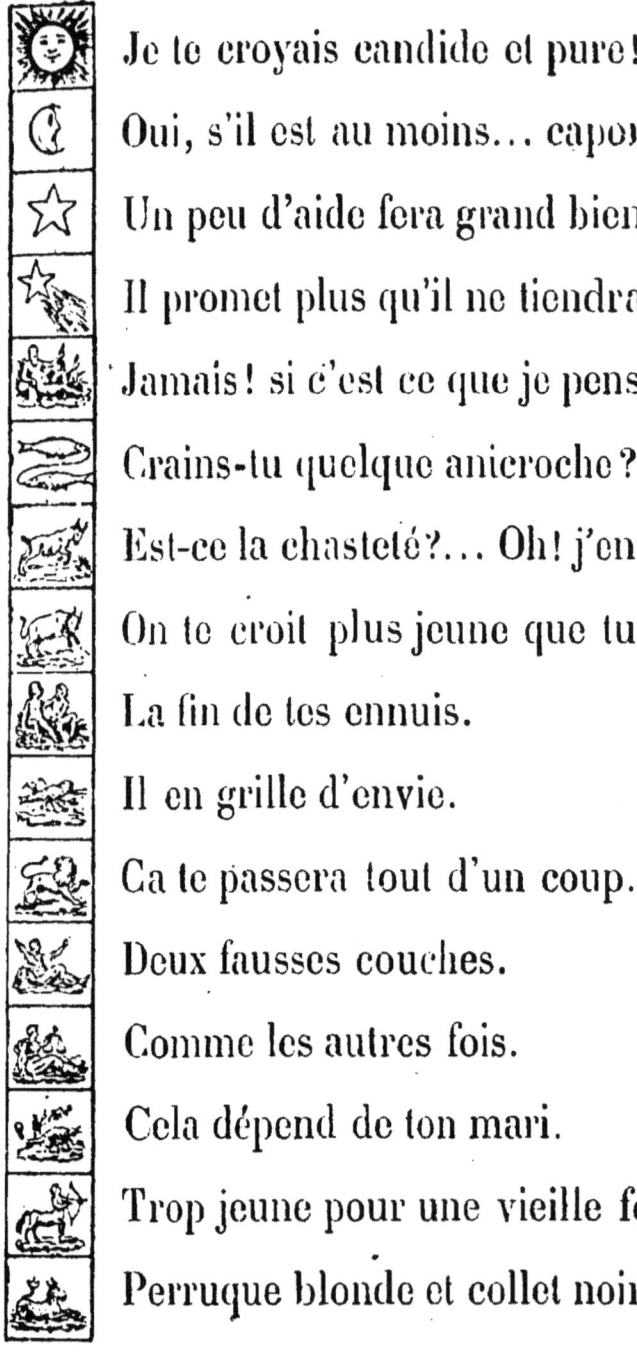

Je te croyais candide et pure !

Oui, s'il est au moins... caporal.

Un peu d'aide fera grand bien.

Il promet plus qu'il ne tiendra.

Jamais ! si c'est ce que je pense...

Crains-tu quelque anicroche ?

Est-ce la chasteté ?... Oh ! j'en doute.

On te croit plus jeune que tu ne l'es.

La fin de tes ennuis.

Il en grille d'envie.

Ca te passera tout d'un coup.

Deux fausses couches.

Comme les autres fois.

Cela dépend de ton mari.

Trop jeune pour une vieille folle.

Perruque blonde et collet noir.

RÉPONSES DE L'ORACLE

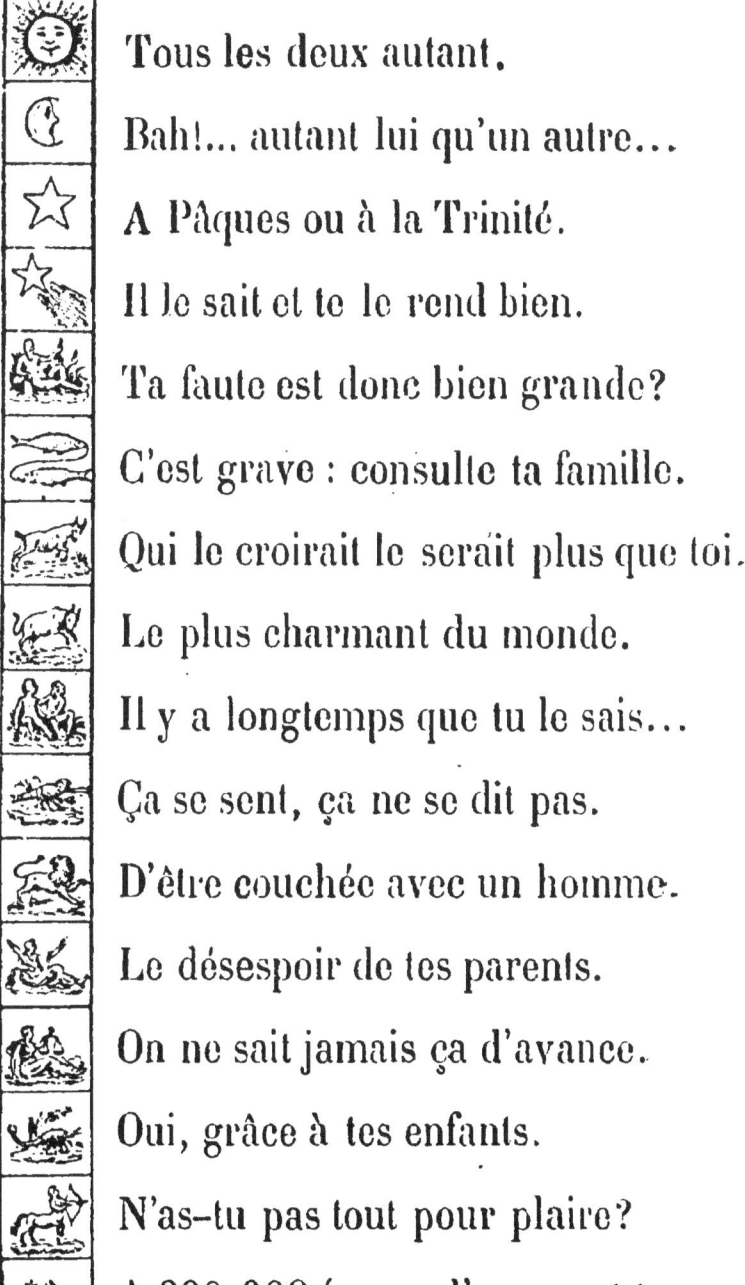

Tous les deux autant.

Bah!... autant lui qu'un autre...

A Pâques ou à la Trinité.

Il le sait et te le rend bien.

Ta faute est donc bien grande?

C'est grave : consulte ta famille.

Qui le croirait le serait plus que toi.

Le plus charmant du monde.

Il y a longtemps que tu le sais...

Ça se sent, ça ne se dit pas.

D'être couchée avec un homme.

Le désespoir de tes parents.

On ne sait jamais ça d'avance.

Oui, grâce à tes enfants.

N'as-tu pas tout pour plaire?

A 300,000 francs d'emprunt turc.

RÉPONSES DE L'ORACLE 51

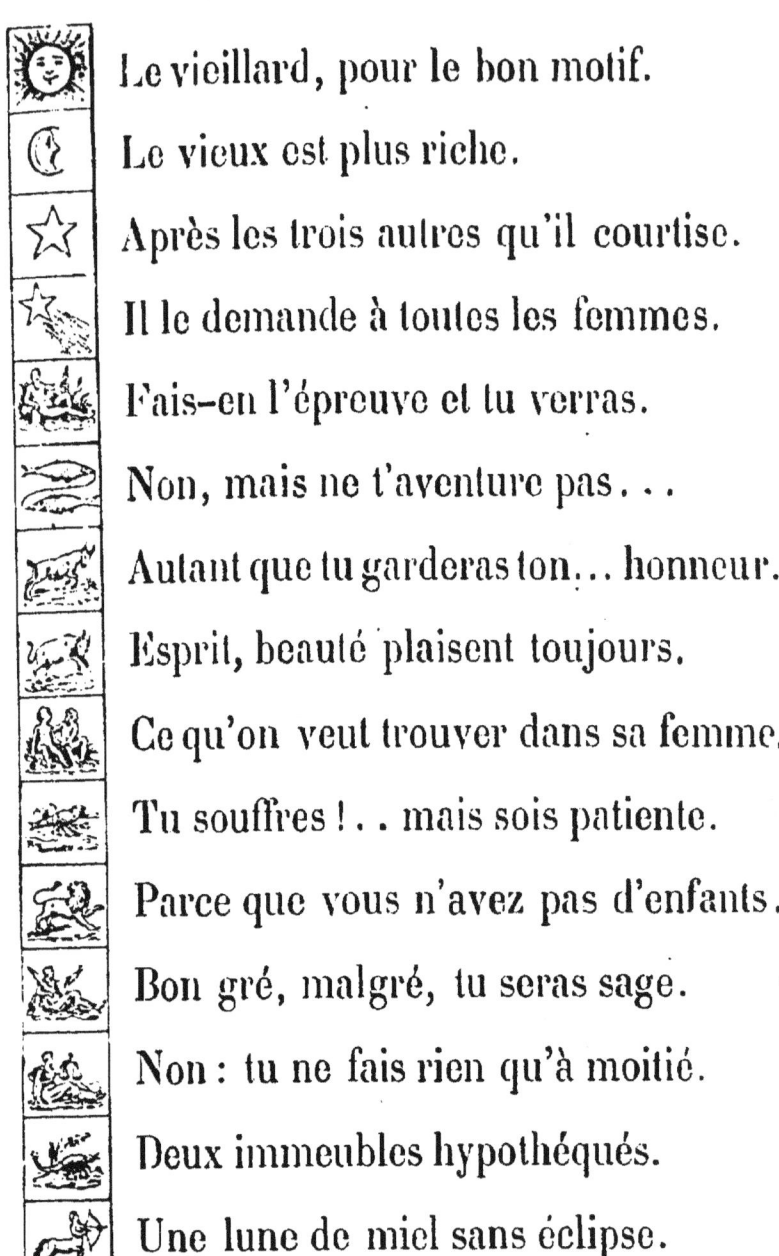

Le vieillard, pour le bon motif.

Le vieux est plus riche.

Après les trois autres qu'il courtise.

Il le demande à toutes les femmes.

Fais-en l'épreuve et tu verras.

Non, mais ne t'aventure pas...

Autant que tu garderas ton... honneur.

Esprit, beauté plaisent toujours.

Ce qu'on veut trouver dans sa femme.

Tu souffres !.. mais sois patiente.

Parce que vous n'avez pas d'enfants.

Bon gré, malgré, tu seras sage.

Non : tu ne fais rien qu'à moitié.

Deux immeubles hypothéqués.

Une lune de miel sans éclipse.

D'une économie exagérée.

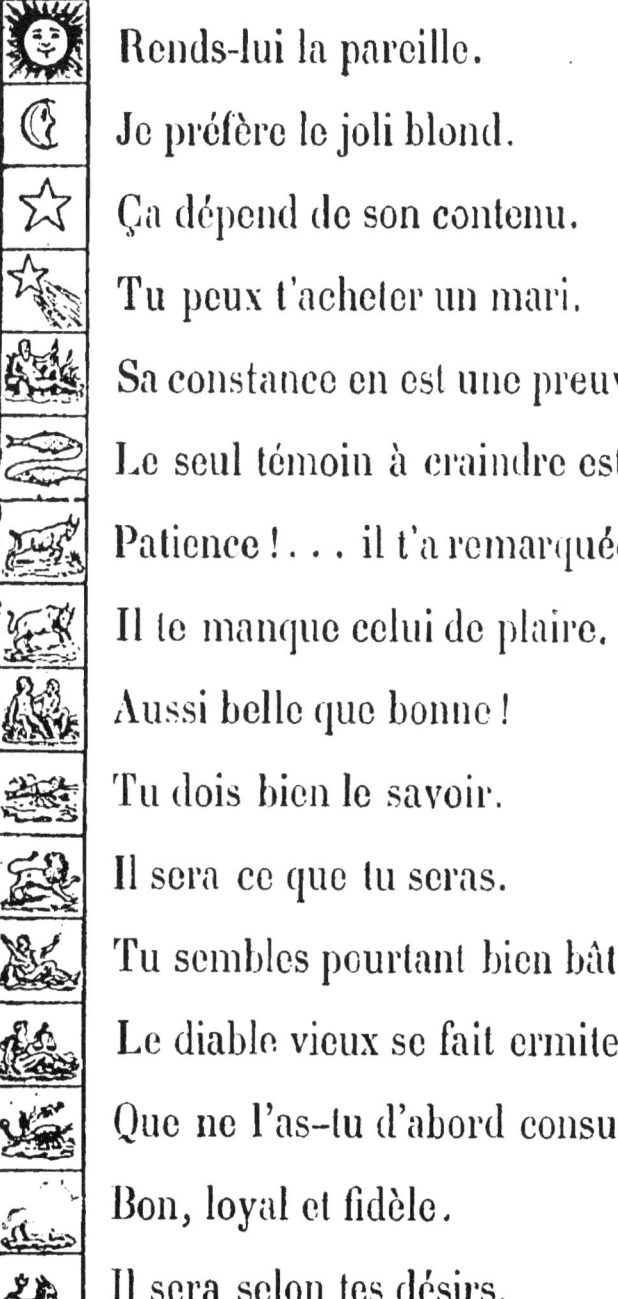

Rends-lui la pareille.

Je préfère le joli blond.

Ça dépend de son contenu.

Tu peux t'acheter un mari.

Sa constance en est une preuve.

Le seul témoin à craindre est loin...

Patience !... il t'a remarquée.

Il te manque celui de plaire.

Aussi belle que bonne !

Tu dois bien le savoir.

Il sera ce que tu seras.

Tu sembles pourtant bien bâtie.

Le diable vieux se fait ermite.

Que ne l'as-tu d'abord consultée !

Bon, loyal et fidèle.

Il sera selon tes désirs.

RÉPONSES DE L'ORACLE

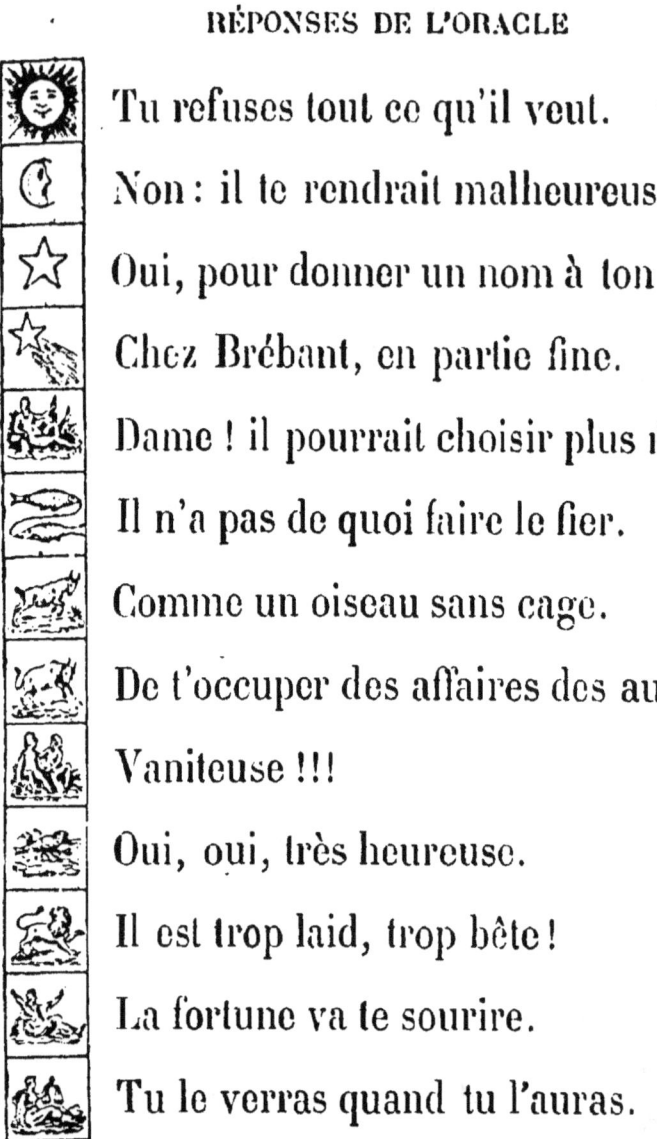

Tu refuses tout ce qu'il veut.

Non : il te rendrait malheureuse.

Oui, pour donner un nom à ton bébé.

Chez Brébant, en partie fine.

Dame ! il pourrait choisir plus mal.

Il n'a pas de quoi faire le fier.

Comme un oiseau sans cage.

De t'occuper des affaires des autres.

Vaniteuse !!!

Oui, oui, très heureuse.

Il est trop laid, trop bête !

La fortune va te sourire.

Tu le verras quand tu l'auras.

Non, tu es trop dépensière.

Tu chercheras en vain à dominer.

Assez grand pour te rendre heureuse.

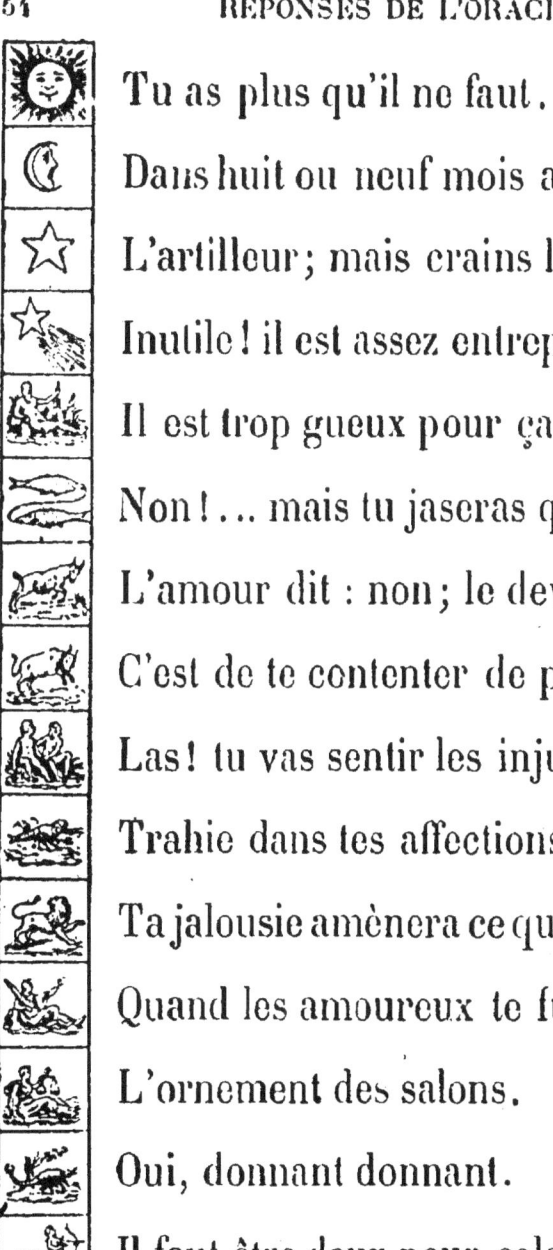

Tu as plus qu'il ne faut....

Dans huit ou neuf mois au plus.

L'artilleur ; mais crains l'infanterie.

Inutile ! il est assez entreprenant.

Il est trop gueux pour ça.

Non !... mais tu jaseras quand même.

L'amour dit : non ; le devoir : oui.

C'est de te contenter de peu.

Las ! tu vas sentir les injures des ans.

Trahie dans tes affections.

Ta jalousie amènera ce que tu crains.

Quand les amoureux te fuiront.

L'ornement des salons.

Oui, donnant donnant.

Il faut être deux pour cela..

Il aura quarante ans aux prunes.

Ne pas en faire sur les autres.

Le blond t'aime, le brun t'adore.

Sa défunte a été très heureuse.

Oui ! et plus amoureux qu'avant.

Trop !.. car il en abusera.

Oui, ton devoir l'exige.

Si je dis l'un, tu prendras l'autre.

A qui veux-tu en imposer ?

Aimant, timide et dévoué.

C'est un plaisir trop court.

Avec toi l'amour n'a que faire.

Tu as bien le temps d'y songer.

De belles poupées.

Un mariage de raison.

Oui, si tu prends un bon mari.

Content ou non, il avalera la pilule.

RÉPONSES DE L'ORACLE

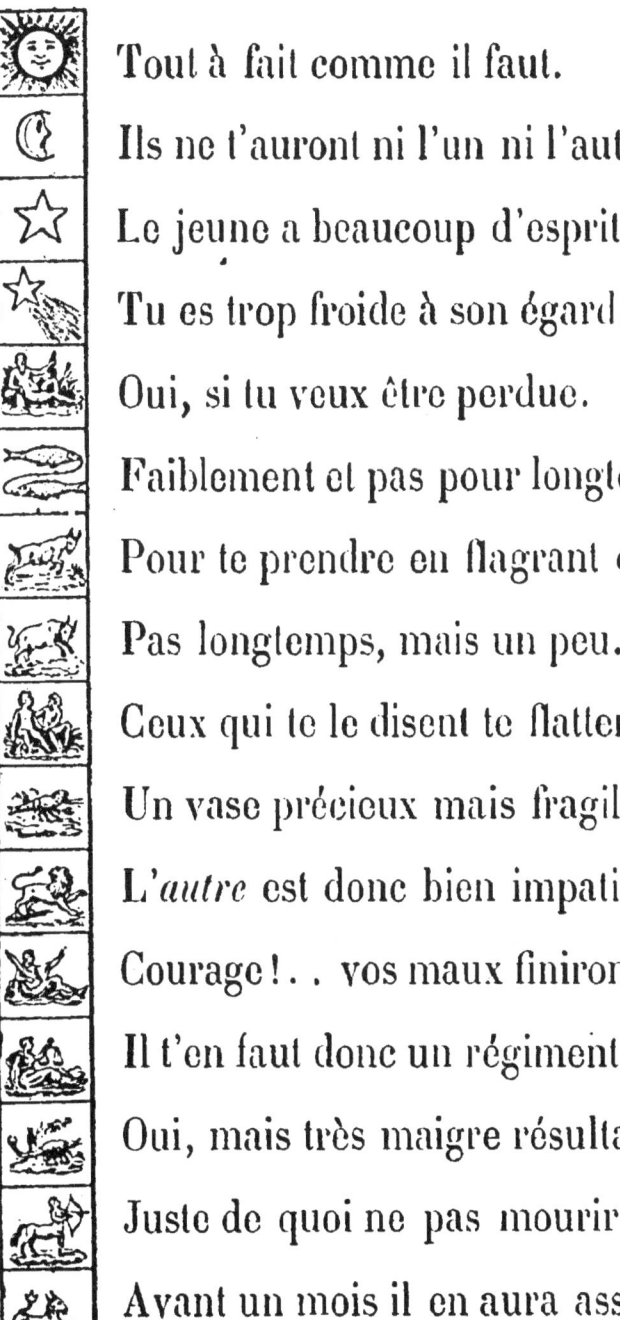

Tout à fait comme il faut.

Ils ne t'auront ni l'un ni l'autre.

Le jeune a beaucoup d'esprit.

Tu es trop froide à son égard.

Oui, si tu veux être perdue.

Faiblement et pas pour longtemps.

Pour te prendre en flagrant délit.

Pas longtemps, mais un peu.

Ceux qui te le disent te flattent.

Un vase précieux mais fragile.

L'*autre* est donc bien impatient?

Courage!.. vos maux finiront.

Il t'en faut donc un régiment?

Oui, mais très maigre résultat.

Juste de quoi ne pas mourir de faim.

Avant un mois il en aura assez...

Autant que tu as d'amoureux.

Il le mériterait, mais réfléchis encore.

Le brun me semble préférable.

Ne commets pas cette imprudence.

Ne te fais pas d'illusions.

Ces messieurs le sont rarement.

La mèche est éventée : on sait tout.

Quand tu sortiras de pension.

Tu ne sais pas t'en servir.

Oui, le soir, au gaz !

Il fallait consulter plus tôt.

Tes caresses le rendront fou.

Tapez et l'on vous ouvrira.

Un peu plus ne te nuirait pas.

Ils préfèrent un mariage de raison.

Très chaud avec les belles.

RÉPONSES DE L'ORACLE

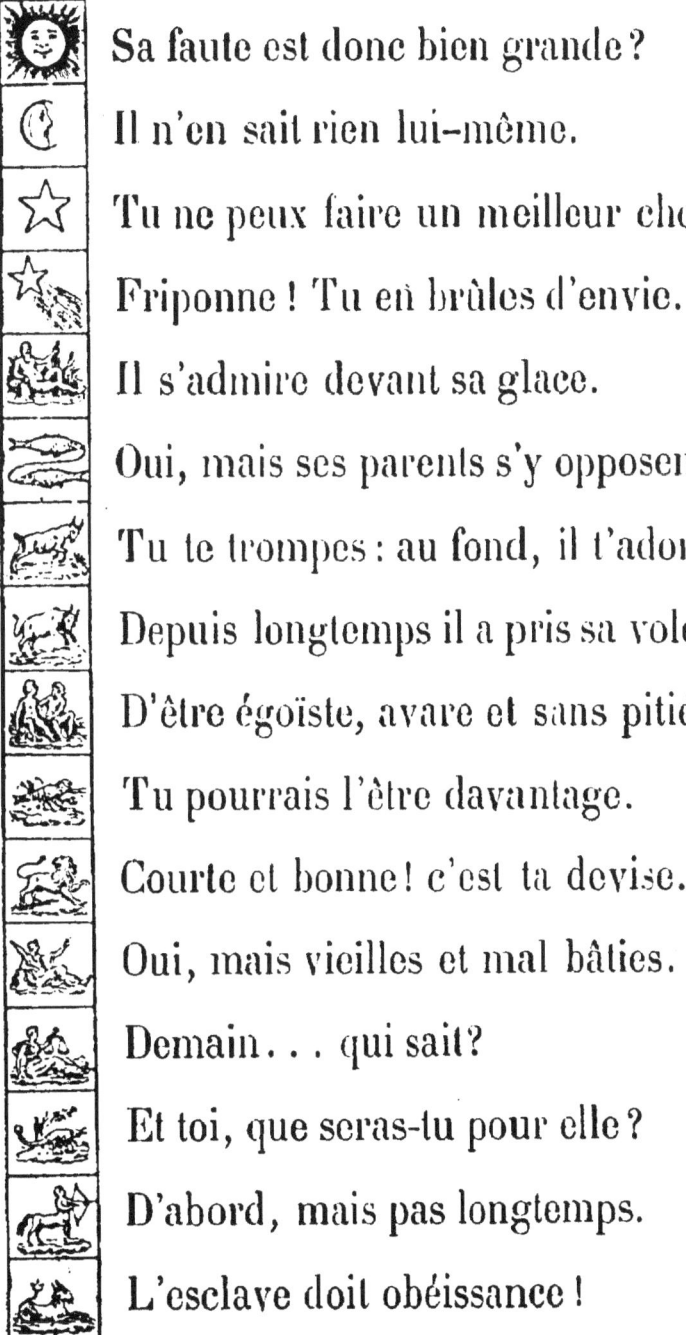

Sa faute est donc bien grande ?

Il n'en sait rien lui-même.

Tu ne peux faire un meilleur choix.

Friponne ! Tu en brûles d'envie.

Il s'admire devant sa glace.

Oui, mais ses parents s'y opposent.

Tu te trompes : au fond, il t'adore.

Depuis longtemps il a pris sa volée.

D'être égoïste, avare et sans pitié.

Tu pourrais l'être davantage.

Courte et bonne ! c'est ta devise.

Oui, mais vieilles et mal bâties.

Demain... qui sait ?

Et toi, que seras-tu pour elle ?

D'abord, mais pas longtemps.

L'esclave doit obéissance !

RÉPONSES DE L'ORACLE

Oui, et l'on n'a pas tort.

Le contraire de ce que tu fais.

Non!... tu seras toujours stérile.

Oui, s'il monte bien à cheval.

A quoi faire ?

N'espère rien de ce vieux ladre.

Dis-lui tout, il t'en saura gré.

Serais-tu lasse de la lutte ?

Ce n'est pas la modestie.

L'âge charmant où l'on est adorée !

Sort modeste mais paisible !

Tu es si hargneuse : il se venge.

Après une amère déception.

Triste figure dans le monde.

Non : tu t'y es mal prise.

Un qui fera ton désespoir.

RÉPONSES DE L'ORACLE

Jusqu'à ce que tu trouves un épouseur.

Il est un peu tard maintenant.

L'un à la folie, l'autre éperdument.

Il fera ton affaire comme... chapeau.

Trop tôt pour ton malheur.

Je te croyais insensible à l'amour.

Pour qu'ils t'aident à la réparer.

Celui que tu attends ce soir.

Oui, le sot qui te courtise.

Romanesque et inconstant.

Puisse-tu l'ignorer toujours!...

Il faut leur demander.

Si je le dis, ça ne te surprendra pas.

La joie des jeunes gas.

Ne te fais pas d'illusions.

Si ça ne va pas, tu verras bien.

De perdre ton… bijou…

Sa bonté, son esprit rachètent sa laideur.

Le jeune, pour la bagatelle.

Le vieux a un gros magot.

A la vie, à la mort.

Qu'offre-t-il en retour ?

Peu maintenant, ardemment bientôt.

Non ! l'on te croit chaste et fidèle.

Jusqu'au mois prochain.

L'art de plaire est l'art d'aimer.

La couronne du vrai mérite.

Le divorce te rendra libre.

Vous vous créez trop de chimères.

Le premier sera le dernier.

Beaucoup de peine pour peu de chose.

Enfant ! l'ambition te perdra.

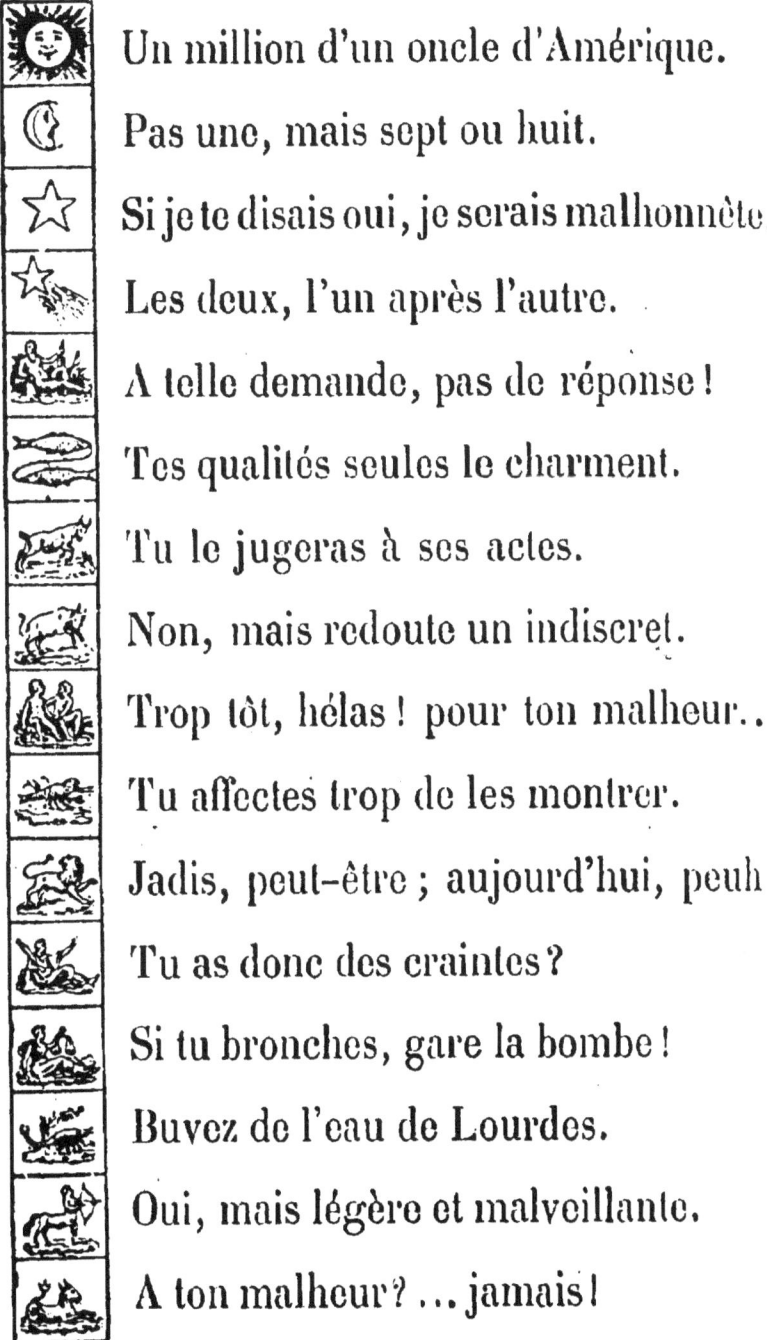

Un million d'un oncle d'Amérique.

Pas une, mais sept ou huit.

Si je te disais oui, je serais malhonnête.

Les deux, l'un après l'autre.

A telle demande, pas de réponse !

Tes qualités seules le charment.

Tu le jugeras à ses actes.

Non, mais redoute un indiscret.

Trop tôt, hélas ! pour ton malheur…

Tu affectes trop de les montrer.

Jadis, peut-être ; aujourd'hui, peuh !

Tu as donc des craintes ?

Si tu bronches, gare la bombe !

Buvez de l'eau de Lourdes.

Oui, mais légère et malveillante.

A ton malheur ?… jamais !

RÉPONSES DE L'ORACLE

Oui, s'il ne meurt avant.

Quand il viendra repentant à tes pieds.

Parce que tu as été méchante.

Si tu ne l'aimes pas, non !

En ménage, tout n'est pas rose.

Il est en train de t'acheter des fleurs.

Malheureusement pour toi...

Parce que tu as cédé trop vite.

Il est libre et demande des chaînes !

D'avoir bon cœur pour des ingrats.

Patience ! ça viendra plus tard.

Longtemps pour le bonheur des tiens.

Il les oublie toutes avec toi.

Quand tu seras libre.

Ton souffre-douleur.

Tu as toujours aimé l'économie.

Pierre qui roule n'amasse pas mousse.

Tout le quartier te montre au doigt.

Partage ses joies et ses peines.

Tu seras prise au premier coup.

Oui, le sapeur, pour son bonnet à poil.

Non ! laisse-le venir.

Il a déjà dupé dix imbéciles.

Pourquoi tromper ce brave homme ?

Un peu, pour te faire désirer.

C'est d'être bonne et généreuse.

A ton âge, on ne le dit plus...

Des fautes à expier.

Toutes plus aimables que toi.

Quand tu perdras l'objet de ton amour.

Tout pour cacher tes peccadilles.

Oh ! ça ne t'enrichira pas...

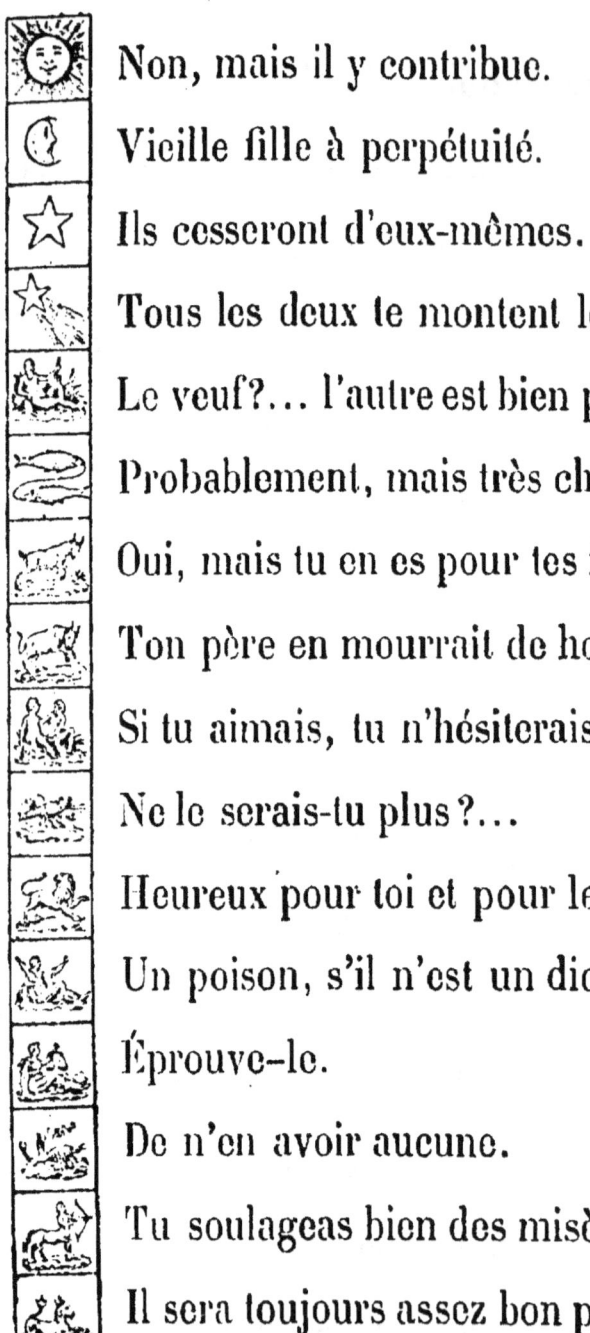

Non, mais il y contribue.

Vieille fille à perpétuité.

Ils cesseront d'eux-mêmes.

Tous les deux te montent le coup...

Le veuf?... l'autre est bien préférable.

Probablement, mais très changé.

Oui, mais tu en es pour tes frais.

Ton père en mourrait de honte.

Si tu aimais, tu n'hésiterais pas.

Ne le serais-tu plus?...

Heureux pour toi et pour les autres.

Un poison, s'il n'est un dictame.

Éprouve-le.

De n'en avoir aucune.

Tu soulageas bien des misères.

Il sera toujours assez bon pour toi.

4.

RÉPONSES DE L'ORACLE

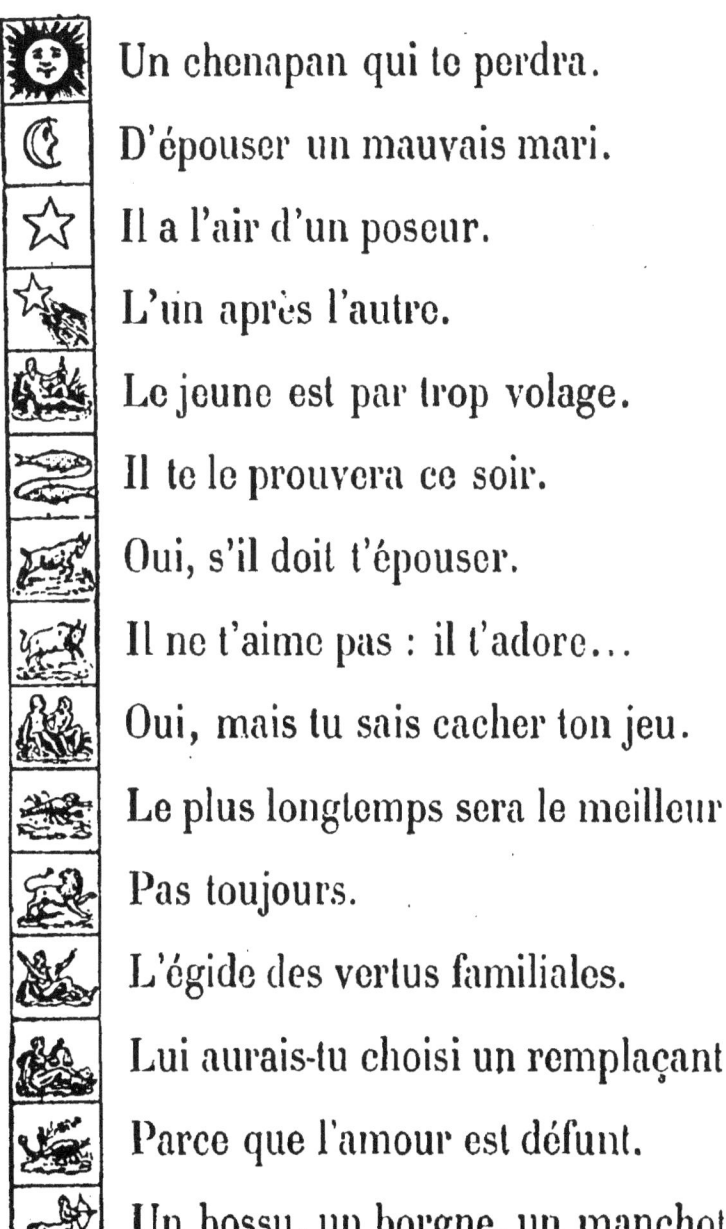

Un chenapan qui te perdra.

D'épouser un mauvais mari.

Il a l'air d'un poseur.

L'un après l'autre.

Le jeune est par trop volage.

Il te le prouvera ce soir.

Oui, s'il doit t'épouser.

Il ne t'aime pas : il t'adore...

Oui, mais tu sais cacher ton jeu.

Le plus longtemps sera le meilleur.

Pas toujours.

L'égide des vertus familiales.

Lui aurais-tu choisi un remplaçant ?

Parce que l'amour est défunt.

Un bossu, un borgne, un manchot.

Compter dessus serait folie.

RÉPONSES DE L'ORACLE

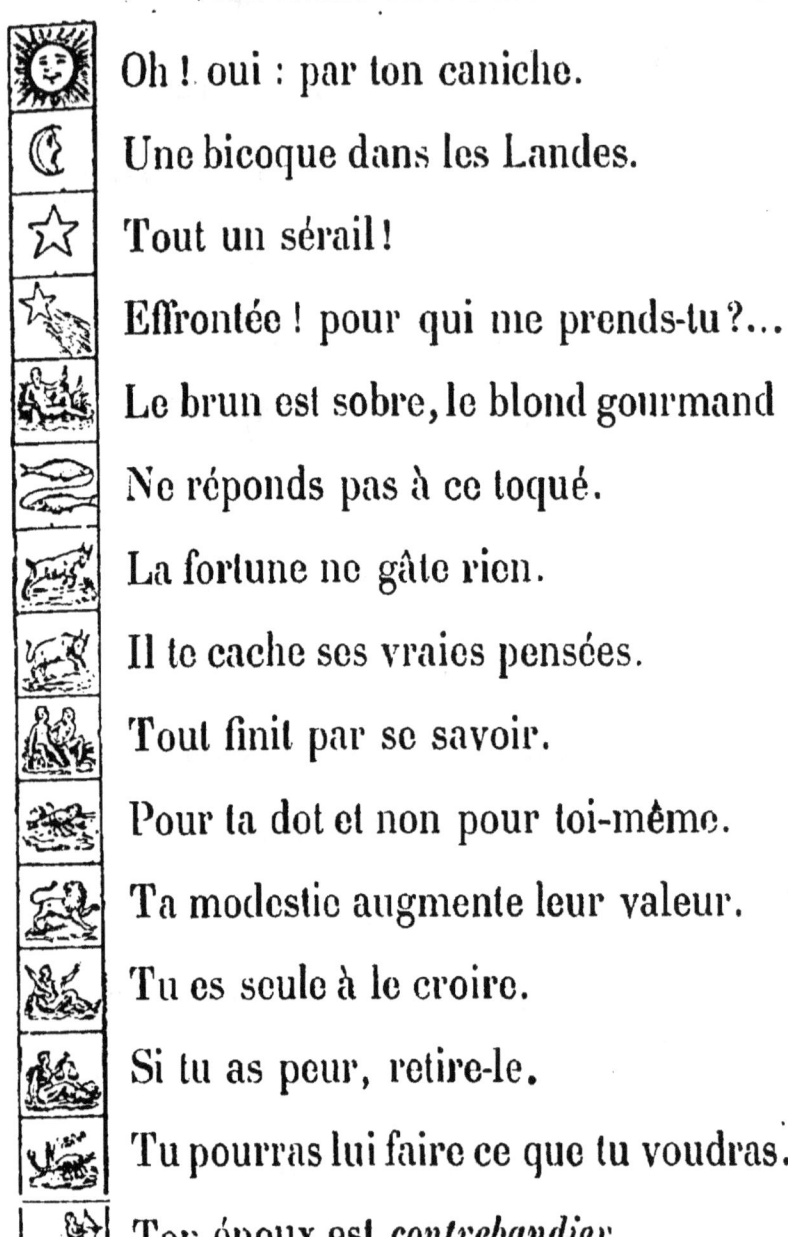

Oh! oui : par ton caniche.

Une bicoque dans les Landes.

Tout un sérail!

Effrontée! pour qui me prends-tu?...

Le brun est sobre, le blond gourmand

Ne réponds pas à ce toqué.

La fortune ne gâte rien.

Il te cache ses vraies pensées.

Tout finit par se savoir.

Pour ta dot et non pour toi-même.

Ta modestie augmente leur valeur.

Tu es seule à le croire.

Si tu as peur, retire-le.

Tu pourras lui faire ce que tu voudras.

Ton époux est *contrebandier*.

Montre-le moins et tiens-le davantage.

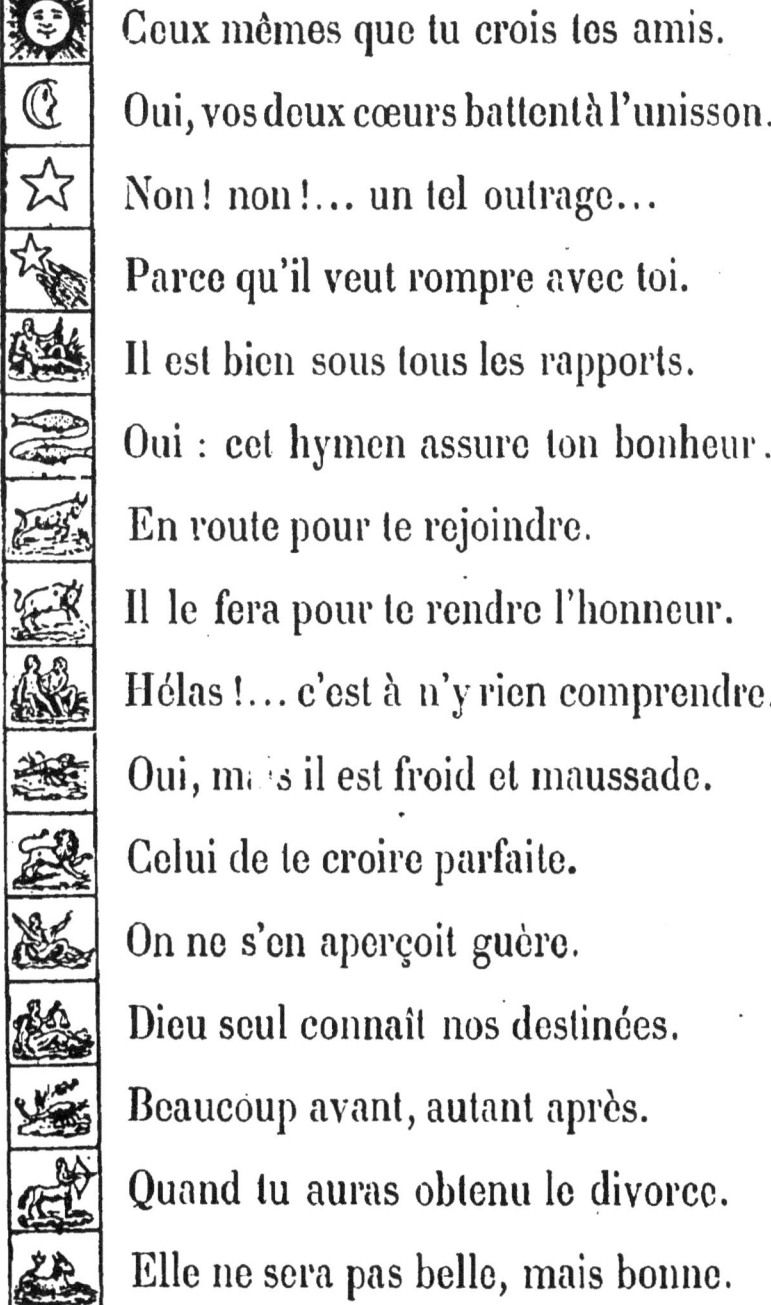

Ceux mêmes que tu crois tes amis.

Oui, vos deux cœurs battent à l'unisson.

Non! non!... un tel outrage...

Parce qu'il veut rompre avec toi.

Il est bien sous tous les rapports.

Oui : cet hymen assure ton bonheur.

En route pour te rejoindre.

Il le fera pour te rendre l'honneur.

Hélas!... c'est à n'y rien comprendre.

Oui, mais il est froid et maussade.

Celui de te croire parfaite.

On ne s'en aperçoit guère.

Dieu seul connaît nos destinées.

Beaucoup avant, autant après.

Quand tu auras obtenu le divorce.

Elle ne sera pas belle, mais bonne.

RÉPONSES DE L'ORACLE

Pas par celui que tu crois.

Crains de tomber de mal en pire...

Oui : l'on dit que tu l'as perdu...

Aime-le bien...

Bientôt : de deux jumeaux.

L'infirmier te rendra service.

Chasse-le plutôt de ton cœur.

Que lui offres-tu en échange ?

Crains que l'on en abuse

Que te conseille ton confesseur ?...

Demande ça à tes rivales.

Relis ton baptistaire.

Celui que tu sauras te faire.

Tais-toi donc ! tu sais bien que non.

Entre trente et quarante ans.

Ton *meâ culpâ*.

Que tu es belle, mais sans esprit.

Non! l'or est une chimère.

Tu coifferas sainte Catherine.

Que peut-on bien te reprocher?

Le blond le jour, le brun la nuit.

Non : tu serais jalouse du passé.

Il se sent trop bien où il est.

Il n'ose croire à tant de chance.

Confesse-toi d'abord à ta mère.

Prends le petit bossu.

Pas moi...

Chacun envie ta gaieté.

Tu désires donc en tâter?...

Tu dois sentir la différence.

Tu ne te marieras jamais.

Plus d'un faux pas.

RÉPONSES DE L'ORACLE 71

Personne ne voudra de toi.

Un joli brun, mais un peu fat.

Que maman sache ta… fredaine.

Un prince charmant !

Tous deux ensemble.

Le vieux sera plus constant.

Il ne tient qu'à toi de l'être.

Quelle folie ! Garde-t'en bien.

Que pourrait-il aimer en toi?

Tu ne te doutes pas par qui?…

Demande ça au petit Chose…

Tu te donnes du mal en vain.

Rien n'est perdu tant qu'il vous reste.

Plus tard que tu ne voudrais.

Par manque de philosophie.

C'est à qui t'offrira son cœur.

 Elle est inexcusable.

 On s'arrachera les cheveux.

 Oui, au moment de trépasser.

 Pas encore… mais tu verras…

 Voudrais-tu qu'il t'en fît autant?

 Le blond est sage, le brun libertin.

 Oui : sous la dictée de ta mère.

 Sans dot, tu attendrais longtemps.

 Il ment comme un charlatan.

 Il court des bruits fâcheux sur toi.

 Avant peu…, pour le bon motif.

 Lesquels crois-tu avoir?

 Consulte ton miroir.

 Aussi bien là qu'autre part.

 Son désir sera ton bonheur.

 Vous ne savez pas faire.

RÉPONSES DE L'ORACLE

 Le mariage arrangera tout...

 Les femmes surtout le détestent.

 Ça dépend de lui et de toi.

 L'amour t'invite, l'orgueil t'arrête.

 Laisse donc cet original !

 On dit beaucoup de mal de lui.

 Avec ton caractère ?... Non !

 Chez le notaire, pour le contrat.

 Tout prouve qu'il veut t'enjôler.

 C'est pour mieux t'éprouver.

 Ce serait bien triste à ton âge.

 D'abuser des alcools et... du reste.

 Tu le sais bien.

 Trop longtemps pour ton mari.

 Le prends-tu pour un Lovelace ?

Quant tu seras réhabilitée.

RÉPONSES DE L'ORACLE

Faire tout pour qu'il t'épouse.

On veut te rendre la pareille.

Oui, l'on est injuste envers toi.

Ta conduite est-elle irréprochable?

Tu le sais mieux que moi.

Ton mari ne fait rien pour ça.

Le major est trop ronchonneur.

Laisse tout prendre, n'offre rien.

Avec le bien d'autrui.

Oui, mais seulement à ta mère.

Pas longtemps : il se lasserait...

C'est de vouloir tout dominer.

L'âge où l'on fait bien des folies...

Tu es née coiffée!

Les laiderons sont de son goût.

Tu aimeras encore dans l'autre monde.

RÉPONSES DE L'ORACLE

Par le pardon.

Plus de mal que de bien.

Aucun trésor ne remplace l'honneur.

Non, courage! ton tour viendra.

En changeant vite de quartier.

L'un et l'autre pour tes écus.

Tu ne peux plus le refuser.

Non! ses vues sont tournées ailleurs.

Il attend que tu le lui dises.

Tu en as avoué bien d'autres...

Tu as le temps de réfléchir.

Sois plus franche et moins hypocrite.

Exagéré en tout.

C'est le mal dont tu souffres..

Oh! ça m'est bien égal!

Tu le verras quand tu y seras.

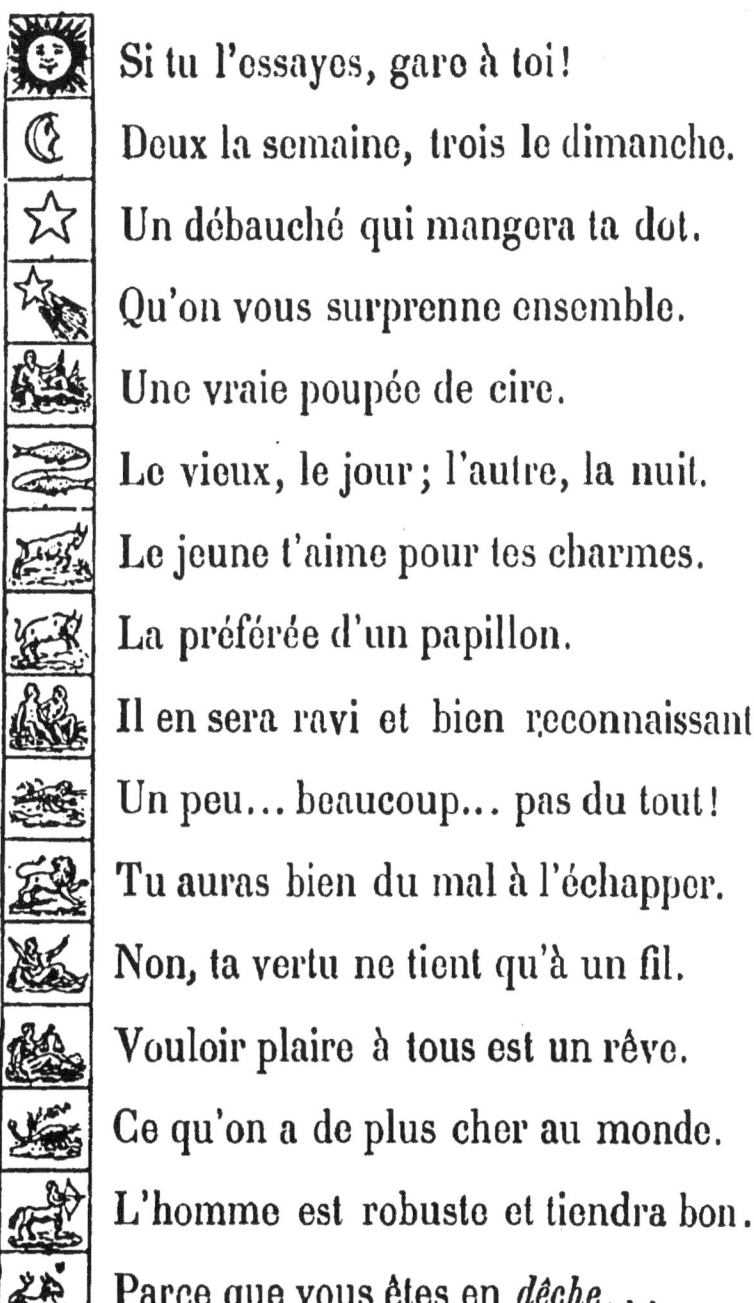

Si tu l'essayes, gare à toi !

Deux la semaine, trois le dimanche.

Un débauché qui mangera ta dot.

Qu'on vous surprenne ensemble.

Une vraie poupée de cire.

Le vieux, le jour ; l'autre, la nuit.

Le jeune t'aime pour tes charmes.

La préférée d'un papillon.

Il en sera ravi et bien reconnaissant.

Un peu... beaucoup... pas du tout !

Tu auras bien du mal à l'échapper.

Non, ta vertu ne tient qu'à un fil.

Vouloir plaire à tous est un rêve.

Ce qu'on a de plus cher au monde.

L'homme est robuste et tiendra bon.

Parce que vous êtes en *dèche*...

RÉPONSES DE L'ORACLE. 77

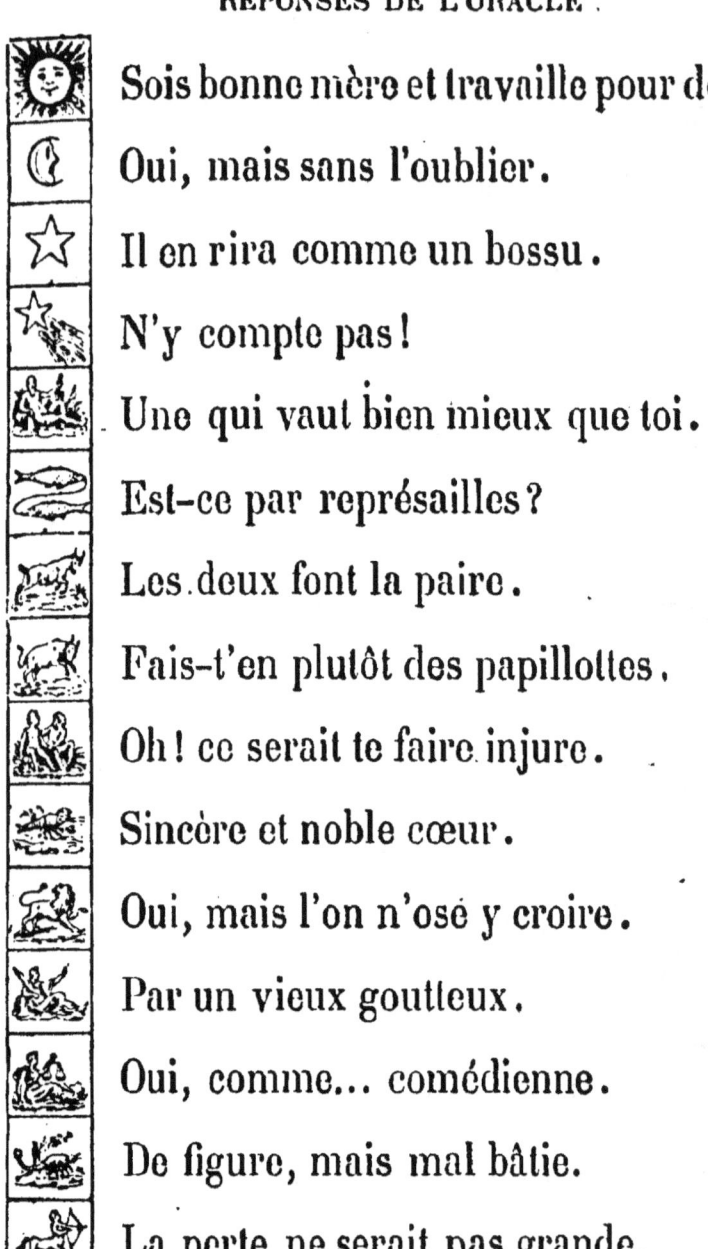

Sois bonne mère et travaille pour deux.

Oui, mais sans l'oublier.

Il en rira comme un bossu.

N'y compte pas!

Une qui vaut bien mieux que toi.

Est-ce par représailles?

Les deux font la paire.

Fais-t'en plutôt des papillottes.

Oh! ce serait te faire injure.

Sincère et noble cœur.

Oui, mais l'on n'ose y croire.

Par un vieux goutteux.

Oui, comme... comédienne.

De figure, mais mal bâtie.

La perte ne serait pas grande.

Ni l'un ni l'autre.

De ton imagination.

Une grossesse.

Oui : tes vices et tes défauts.

On veut t'en empêcher, mais en vain.

Ce sera ta plus belle vengeance.

Ernest a mauvais caractère...

Réfléchis avant d'accepter.

Oui, vous ferez un joli couple.

Au cercle..., il joue et perd toujours.

Tu peux compter sur sa promesse.

Pour être aimés, feignez l'indifférence.

Oui : il attend... un locataire.

Tu sais bien que tu n'en as pas...

Ton esprit est un feu d'artifice.

Que de belles années tu gaspilleras!

Mieux vaudrait qu'il les ait eues avant.

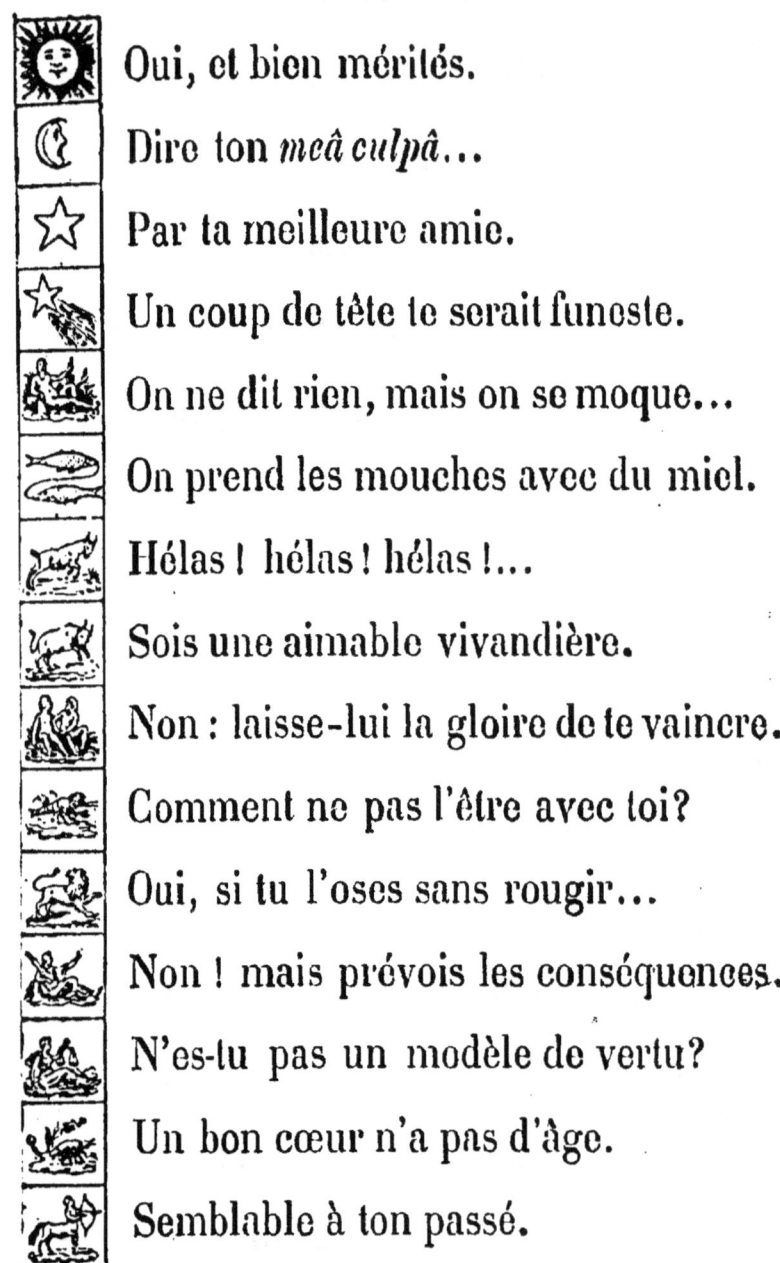

Oui, et bien mérités.

Dire ton *meâ culpâ*...

Par ta meilleure amie.

Un coup de tête te serait funeste.

On ne dit rien, mais on se moque...

On prend les mouches avec du miel.

Hélas! hélas! hélas!...

Sois une aimable vivandière.

Non : laisse-lui la gloire de te vaincre.

Comment ne pas l'être avec toi?

Oui, si tu l'oses sans rougir...

Non! mais prévois les conséquences.

N'es-tu pas un modèle de vertu?

Un bon cœur n'a pas d'âge.

Semblable à ton passé.

Tu n'en auras jamais!

RÉPONSES DE L'ORACLE

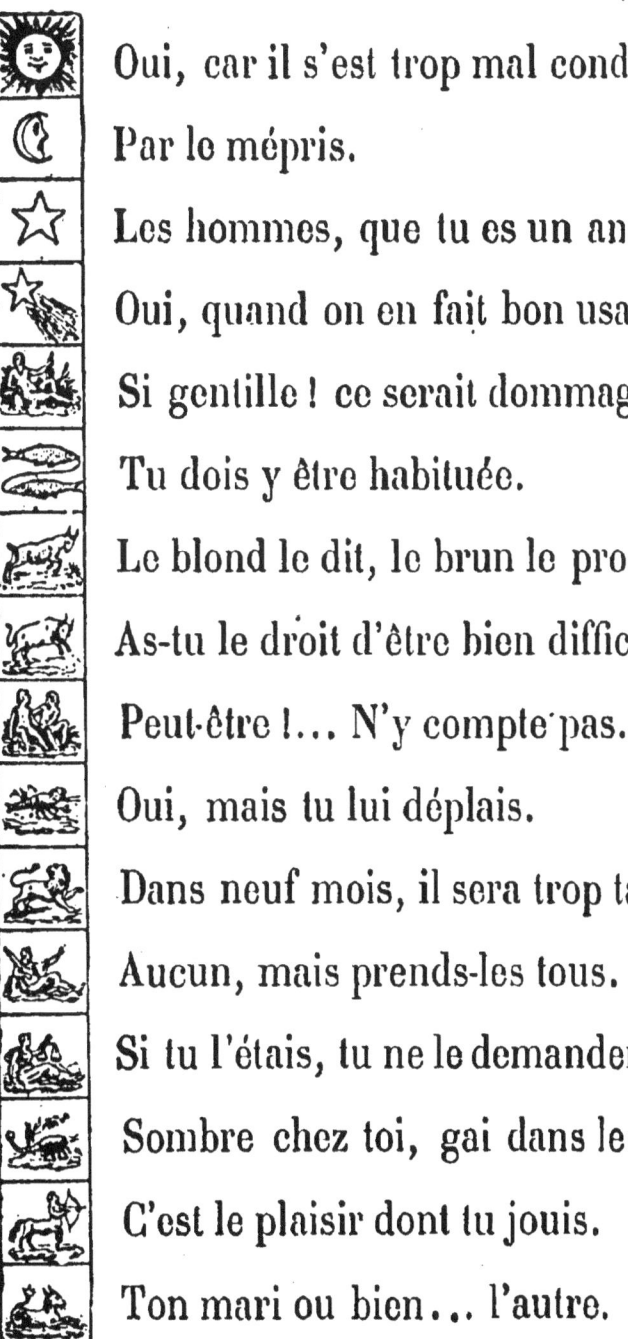

Oui, car il s'est trop mal conduit.

Par le mépris.

Les hommes, que tu es un ange.

Oui, quand on en fait bon usage.

Si gentille ! ce serait dommage.

Tu dois y être habituée.

Le blond le dit, le brun le prouve.

As-tu le droit d'être bien difficile ?

Peut-être !... N'y compte pas.

Oui, mais tu lui déplais.

Dans neuf mois, il sera trop tard.

Aucun, mais prends-les tous.

Si tu l'étais, tu ne le demanderais pas.

Sombre chez toi, gai dans le monde.

C'est le plaisir dont tu jouis.

Ton mari ou bien... l'autre.

RÉPONSES DE L'ORACLE

Il est trop nigaud pour cela.

Fais semblant pour lui faire peur.

Quatre ne te suffisent pas ?...

Ton cœur ne parlera jamais.

Ce que tu feras cette nuit...

Belle tête, mais sans cervelle !

Le jeune d'abord.

Le vieux t'aime pour tes vertus.

Entre quatre ton cœur balance.

Ça ne le rendra pas plus riche.

Il le dit, l'imposteur !

La police même s'en mêle.

Tu es donc bien pressée ?...

Cherche plutôt à être utile.

L'as-tu encore ?

Demande-le à ton mari.

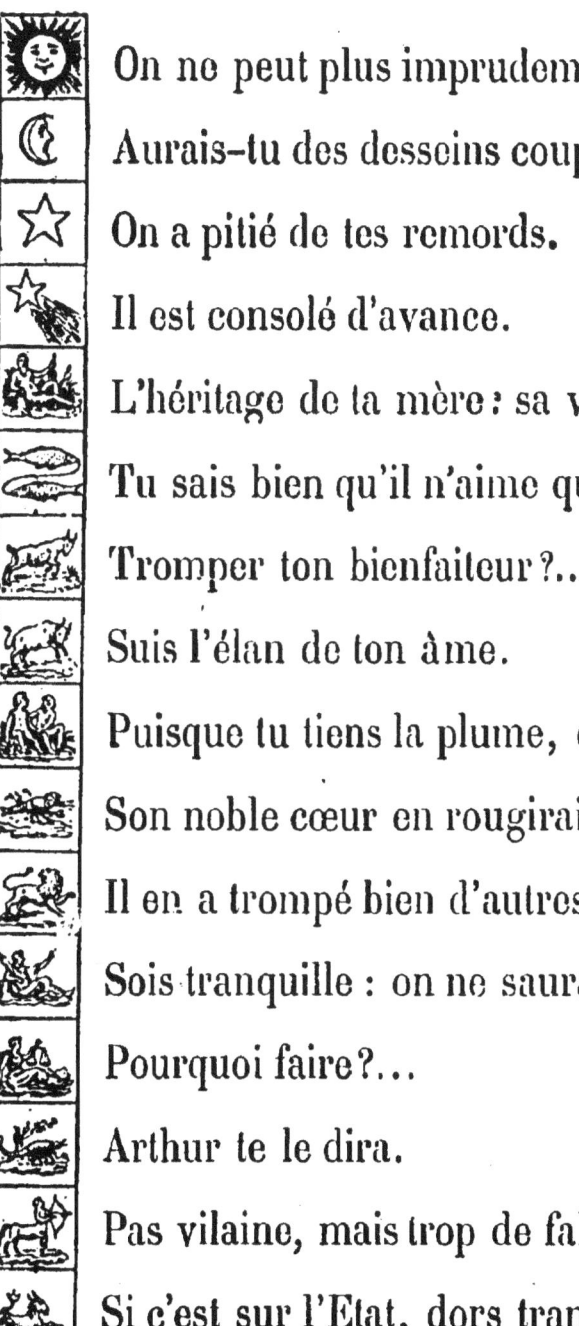

On ne peut plus imprudemment.

Aurais-tu des desseins coupables?...

On a pitié de tes remords.

Il est consolé d'avance.

L'héritage de ta mère : sa vertu.

Tu sais bien qu'il n'aime que toi.

Tromper ton bienfaiteur?...

Suis l'élan de ton âme.

Puisque tu tiens la plume, écris...

Son noble cœur en rougirait.

Il en a trompé bien d'autres.

Sois tranquille : on ne saura rien.

Pourquoi faire?...

Arthur te le dira.

Pas vilaine, mais trop de falbalas.

Si c'est sur l'Etat, dors tranquille.

Le secret de Polichinelle !
De ce qu'il tarde à venir.
Le mépris des honnêtes gens.
Un seul, mais des plus dangereux.
Prends garde ! on veut te l'enlever.
Tous les torts sont de ton côté.
Il se doute que tu le trompes.
Non ! n'en fais qu'à ta tête.
Dépêche-toi ; il n'est que temps...
Devant le comptoir d'un mastroquet.
Sans maire, ni curé.
Fais comme lui : dédaigne-le.
Il y a toujours place pour un caprice.
Pas un grand, mais beaucoup de petits.
Tu gagnerais à l'être moins.
Qui sait s'il vivra demain ?...

RÉPONSES DE L'ORACLE

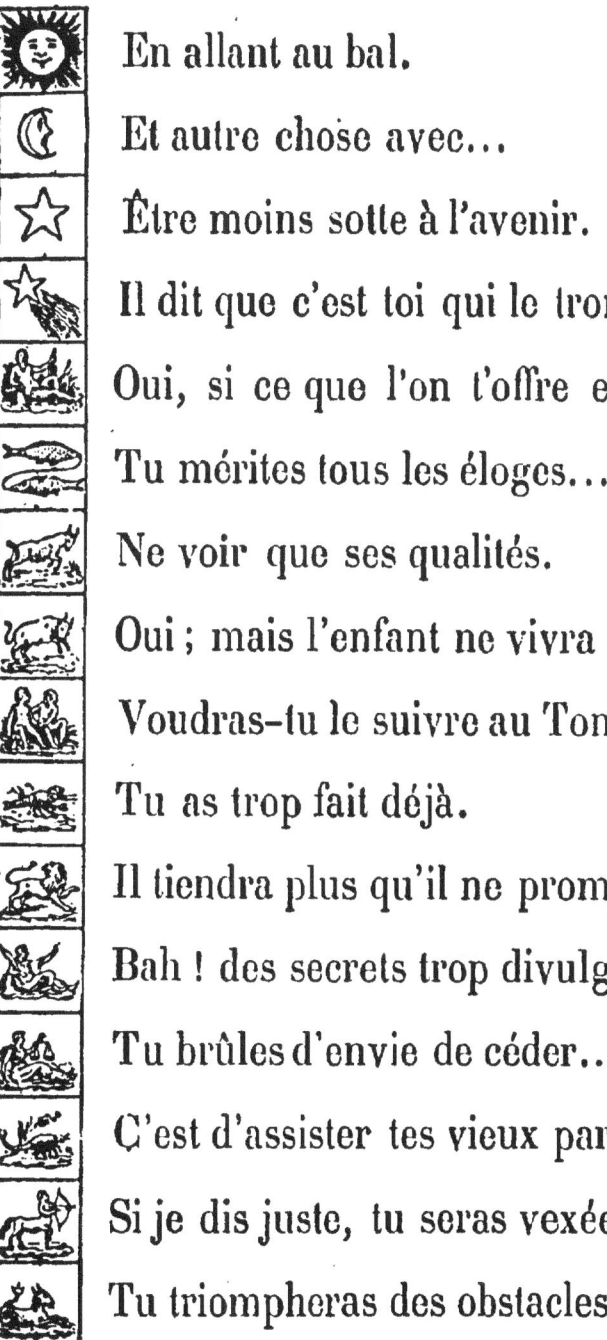

En allant au bal.

Et autre chose avec...

Être moins sotte à l'avenir.

Il dit que c'est toi qui le trompes.

Oui, si ce que l'on t'offre est mieux.

Tu mérites tous les éloges...

Ne voir que ses qualités.

Oui ; mais l'enfant ne vivra pas.

Voudras-tu le suivre au Tonkin ?

Tu as trop fait déjà.

Il tiendra plus qu'il ne promet.

Bah ! des secrets trop divulgués !

Tu brûles d'envie de céder...

C'est d'assister tes vieux parents.

Si je dis juste, tu seras vexée.

Tu triompheras des obstacles.

RÉPONSES DE L'ORACLE

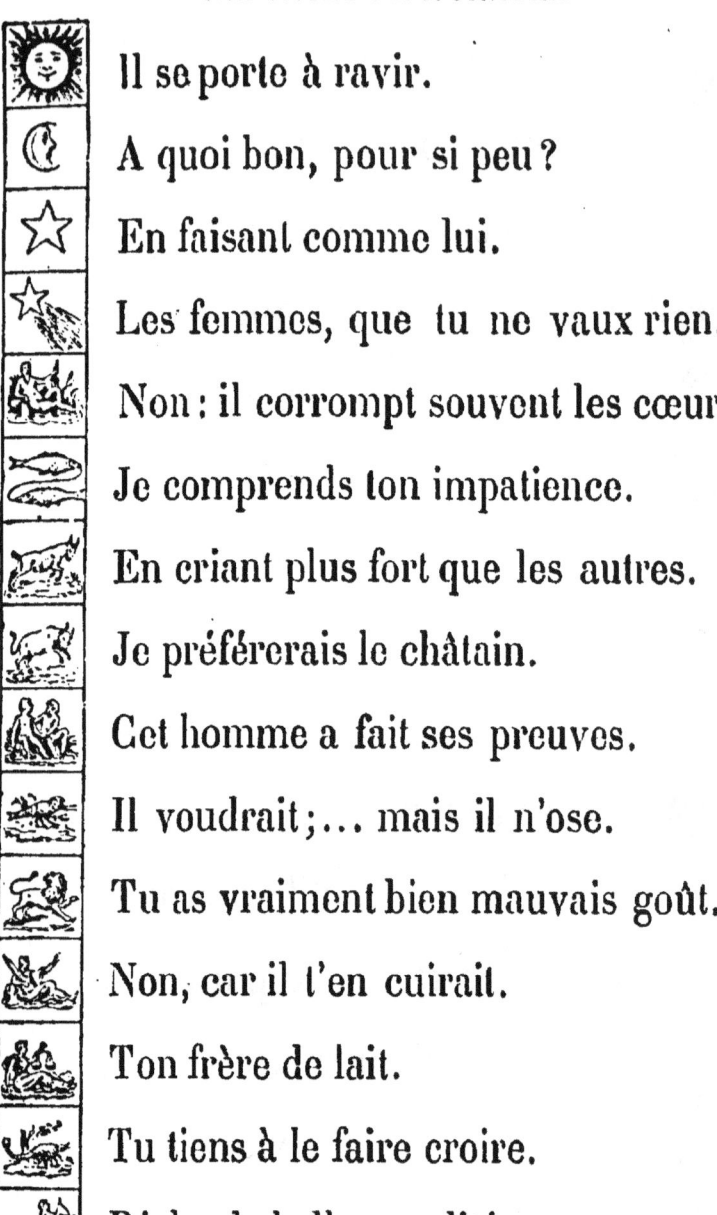

Il se porte à ravir.

A quoi bon, pour si peu ?

En faisant comme lui.

Les femmes, que tu ne vaux rien.

Non : il corrompt souvent les cœurs.

Je comprends ton impatience.

En criant plus fort que les autres.

Je préférerais le châtain.

Cet homme a fait ses preuves.

Il voudrait ;... mais il n'ose.

Tu as vraiment bien mauvais goût.

Non, car il t'en cuirait.

Ton frère de lait.

Tu tiens à le faire croire.

Riche de belles qualités.

Tu ne le comprendras jamais.

RÉPONSES DE L'ORACLE

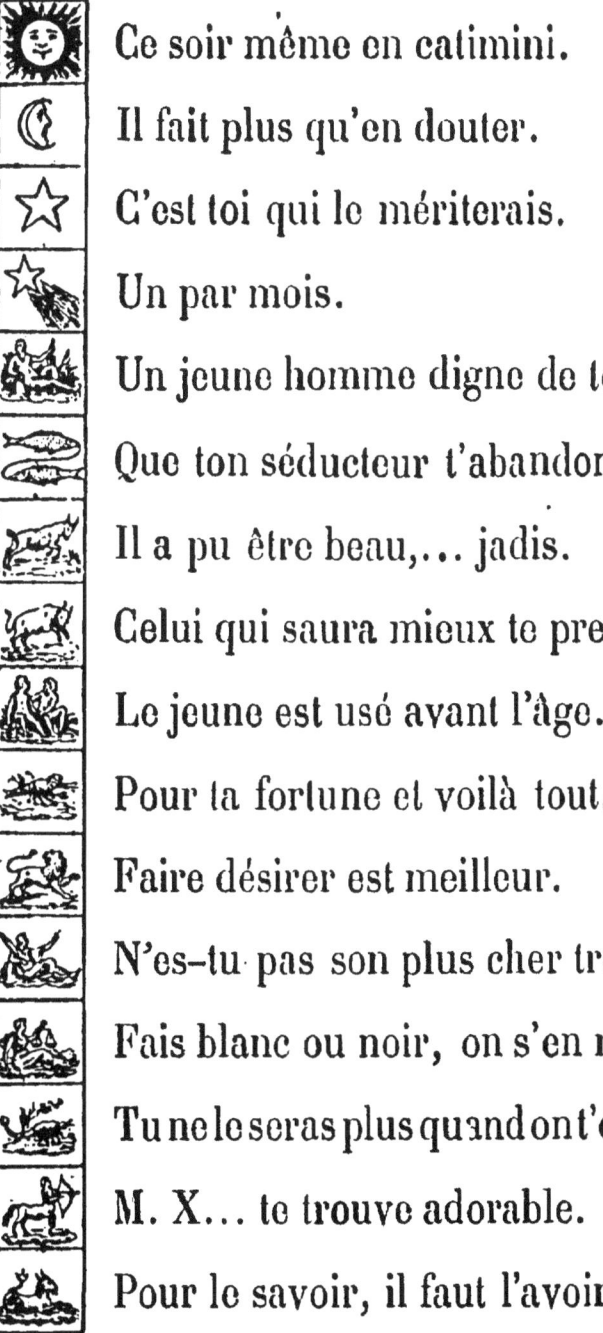

Ce soir même en catimini.

Il fait plus qu'en douter.

C'est toi qui le mériterais.

Un par mois.

Un jeune homme digne de toi.

Que ton séducteur t'abandonne.

Il a pu être beau,... jadis.

Celui qui saura mieux te prendre.

Le jeune est usé avant l'âge.

Pour ta fortune et voilà tout.

Faire désirer est meilleur.

N'es-tu pas son plus cher trésor ?

Fais blanc ou noir, on s'en moque.

Tu ne le seras plus quand on t'épousera.

M. X... te trouve adorable.

Pour le savoir, il faut l'avoir...

RÉPONSES DE L'ORACLE 87

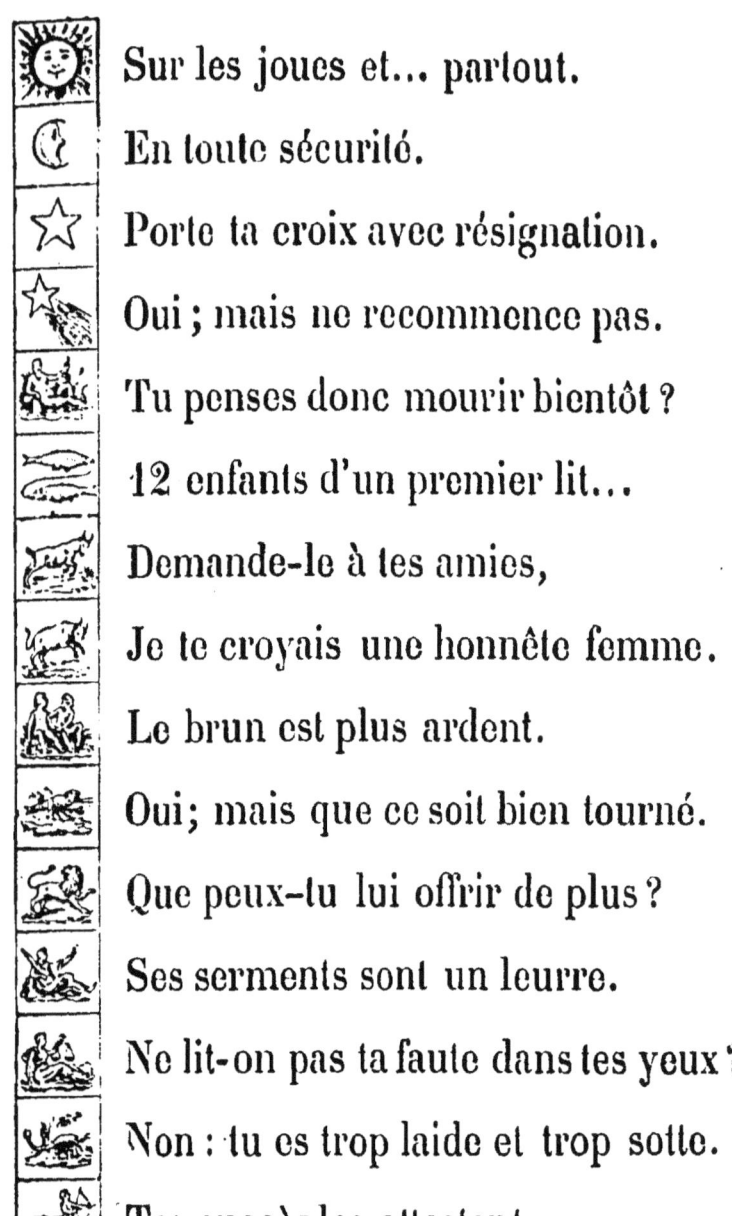

Sur les joues et... partout.

En toute sécurité.

Porte ta croix avec résignation.

Oui ; mais ne recommence pas.

Tu penses donc mourir bientôt ?

12 enfants d'un premier lit...

Demande-le à tes amies.

Je te croyais une honnête femme.

Le brun est plus ardent.

Oui ; mais que ce soit bien tourné.

Que peux-tu lui offrir de plus ?

Ses serments sont un leurre.

Ne lit-on pas ta faute dans tes yeux ?

Non : tu es trop laide et trop sotte.

Tes succès les attestent.

Oui : gentille à croquer.

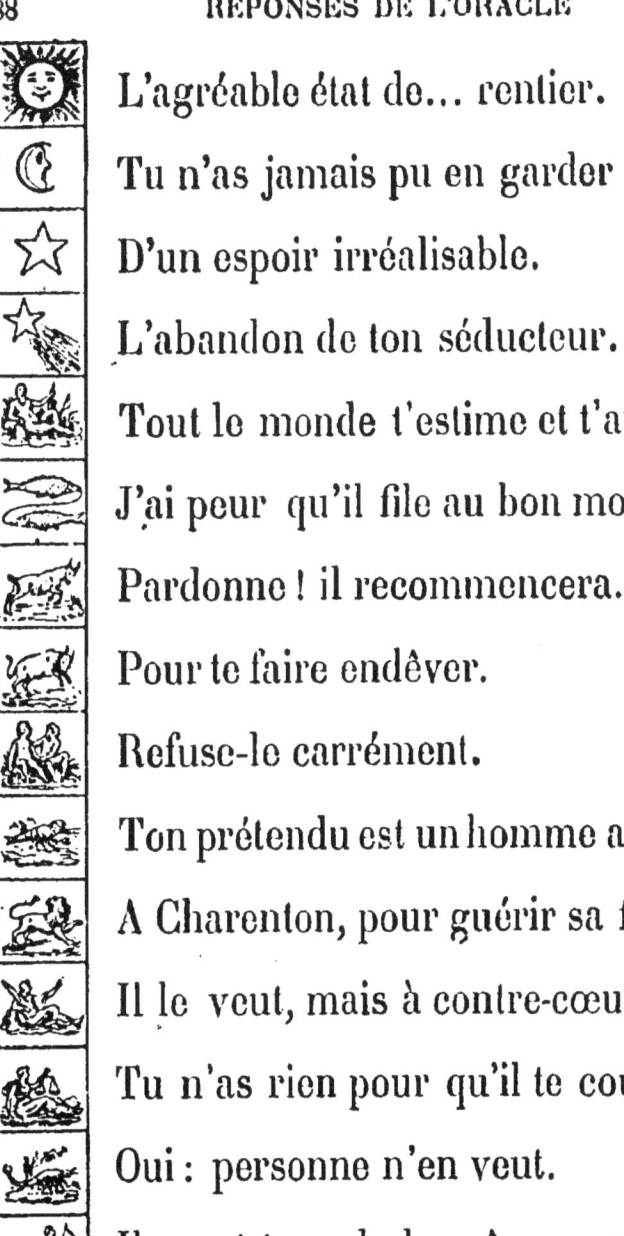

L'agréable état de... rentier.

Tu n'as jamais pu en garder un.

D'un espoir irréalisable.

L'abandon de ton séducteur.

Tout le monde t'estime et t'aime.

J'ai peur qu'il file au bon moment.

Pardonne ! il recommencera.

Pour te faire endêver.

Refuse-le carrément.

Ton prétendu est un homme accompli.

A Charenton, pour guérir sa folie.

Il le veut, mais à contre-cœur.

Tu n'as rien pour qu'il te courtise.

Oui : personne n'en veut.

Ils sont tous de la même grandeur.

L'esprit s'ignore lui-même.

RÉPONSES DE L'ORACLE

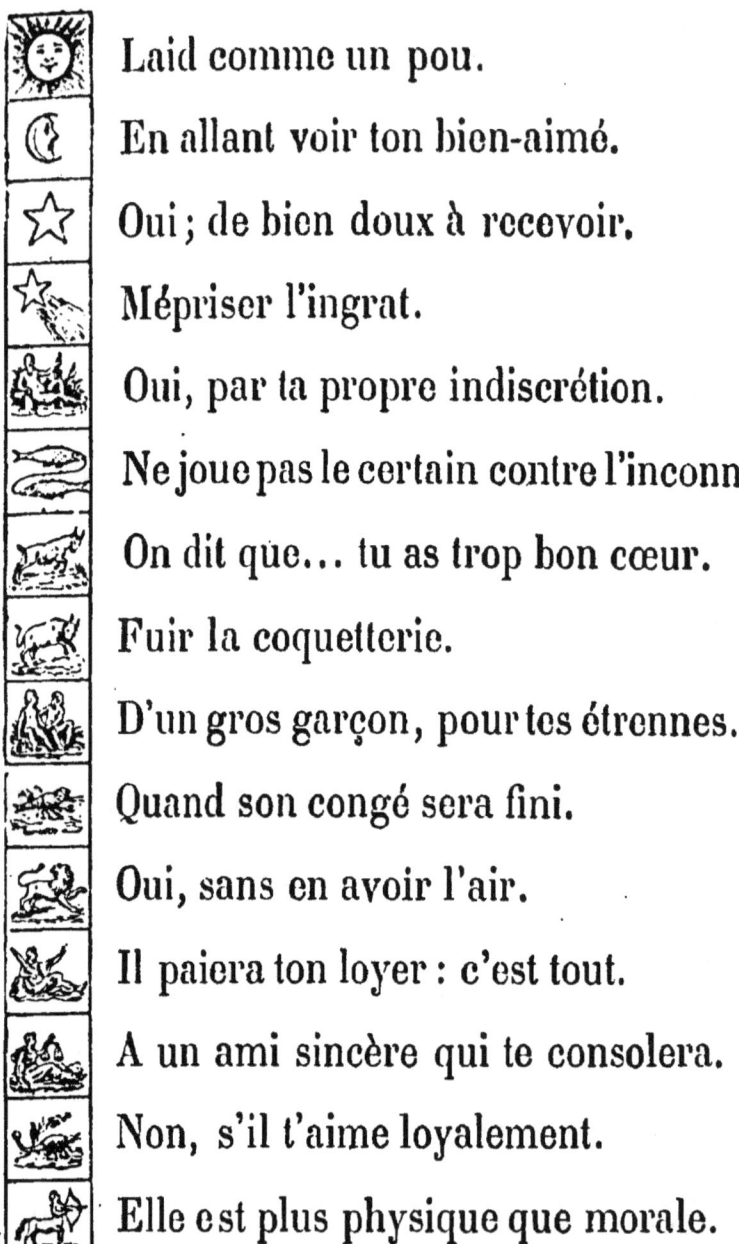

Laid comme un pou.

En allant voir ton bien-aimé.

Oui ; de bien doux à recevoir.

Mépriser l'ingrat.

Oui, par ta propre indiscrétion.

Ne joue pas le certain contre l'inconnu.

On dit que... tu as trop bon cœur.

Fuir la coquetterie.

D'un gros garçon, pour tes étrennes.

Quand son congé sera fini.

Oui, sans en avoir l'air.

Il paiera ton loyer : c'est tout.

A un ami sincère qui te consolera.

Non, s'il t'aime loyalement.

Elle est plus physique que morale.

L'âge où tu devrais être sage.

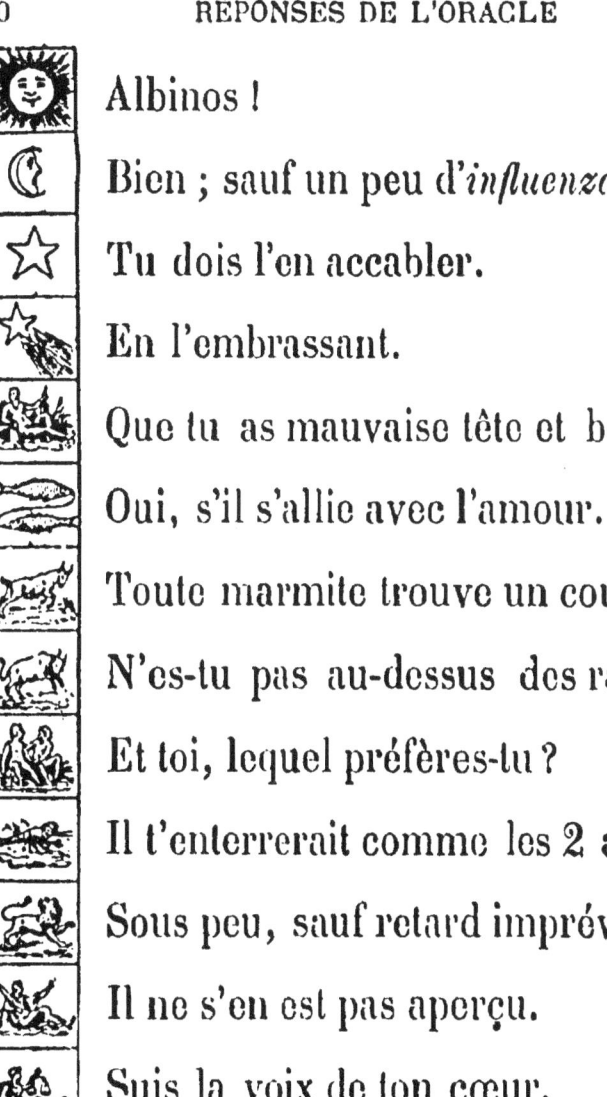 Albinos !

Bien ; sauf un peu d'*influenza*.

Tu dois l'en accabler.

En l'embrassant.

Que tu as mauvaise tête et bon cœur.

Oui, s'il s'allie avec l'amour.

Toute marmite trouve un couvercle.

N'es-tu pas au-dessus des railleries ?

Et toi, lequel préfères-tu ?

Il t'enterrerait comme les 2 autres.

Sous peu, sauf retard imprévu.

Il ne s'en est pas aperçu.

Suis la voix de ton cœur.

Ton petit cousin.

Il y a longtemps qu'on ne le croit plus.

On ne peut plus désagréable.

RÉPONSES DE L'ORACLE

Riche comme un Crésus.

Il n'a pas l'air de se presser.

Qui te soupçonnait ?... innocente !

Il s'en moque pas mal.

Un seul, mais un solide !

Un homme mûr bien conservé.

L'arrivée d'un poupon.

Un peintre le prendrait pour modèle.

Le jeune, parce qu'il est beau.

Le vieux est encore très vert.

Pour ta franchise et ta beauté.

Avec confiance et de bon cœur.

Oui, quand tu es là...

Non : l'on ne se doute de rien.

Aussi longtemps que tu l'as été.

Sotte ! tu fais moins envie que pitié.

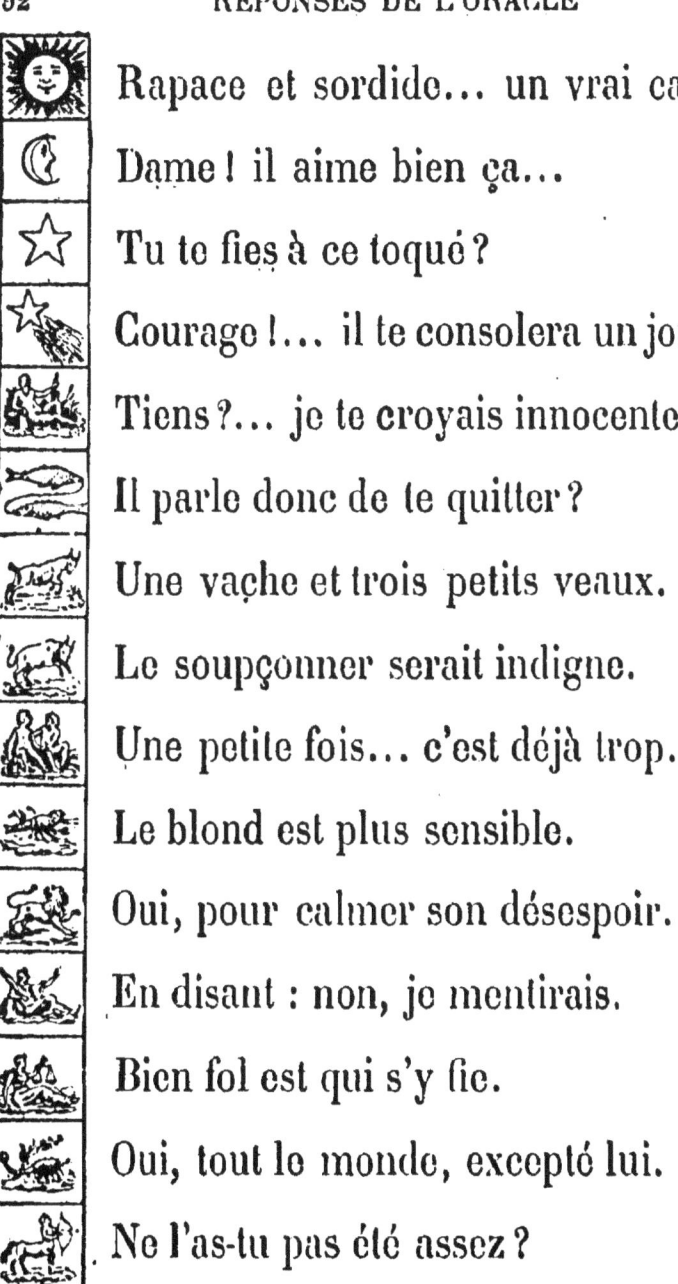

Rapace et sordide... un vrai cancre.

Dame ! il aime bien ça...

Tu te fies à ce toqué ?

Courage !... il te consolera un jour.

Tiens ?... je te croyais innocente !

Il parle donc de te quitter ?

Une vache et trois petits veaux.

Le soupçonner serait indigne.

Une petite fois... c'est déjà trop.

Le blond est plus sensible.

Oui, pour calmer son désespoir.

En disant : non, je mentirais.

Bien fol est qui s'y fie.

Oui, tout le monde, excepté lui.

Ne l'as-tu pas été assez ?

Oui, tu sais enchaîner les cœurs.

RÉPONSES DE L'ORACLE

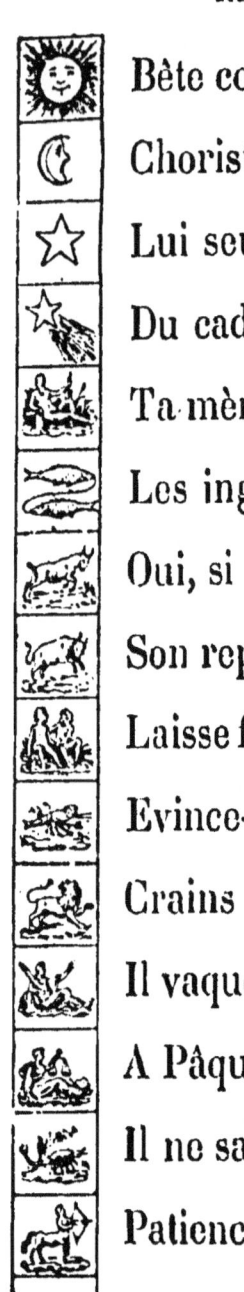

Bête comme une oie.

Choriste à l'Opéra-Comique.

Lui seul ignore encore...

Du cadeau que l'on te refuse.

Ta mère en mourra de honte.

Les ingrats que tu obliges.

Oui, si tu sais plaire aux parents.

Son repentir est-il sincère?

Laisse faire,... ça ne durera pas.

Evince-le poliment.

Crains de faire mauvais ménage.

Il vaque à ses petites affaires.

A Pâques ou à la Trinité.

Il ne sait pas ce qu'il dédaigne..

Patience ! un vif amour va le remplir.

Ça ne se dit pas devant le monde.

Plus grand de taille que d'esprit.

Beau comme un Adonis.

En cherchant une compagnie.

On perdrait son temps et sa peine.

Lui faire regretter sa lâcheté.

N'en as-tu pas assez de preuves?

Consulte avant des gens sensés.

Pas autant qu'on le pourrait.

Lui raccommoder ses chaussettes.

Je crains que tu n'arrives pas à terme.

Je te conseille l'invalide...

L'obstacle excite le désir...

Le veux-tu pour entreteneur.

Si tu parles, tout est perdu!

Céder causerait ton malheur.

Tu crois donc en avoir?

RÉPONSES DE L'ORACLE

Du même âge que toi.

Grisonnant, mais encore très vert.

Le cœur seul est souffrant.

Non, il t'en rendrait vingt pour un.

En le boudant pendant huit jours.

Que tu le fais...? tu m'as compris?

Il est souvent la source des remords.

Bah! tu ne serais pas la seule.

En en prouvant la fausseté.

Le brun a 1 maîtresse, et le blond 2.

Un enfant pour avoir la douzaine.

Oui, pour repartir aussitôt.

Il sait que son amour est partagé.

Oui, avec des ménagements.

Pourquoi faire?...

N'es-tu pas un ange de candeur?

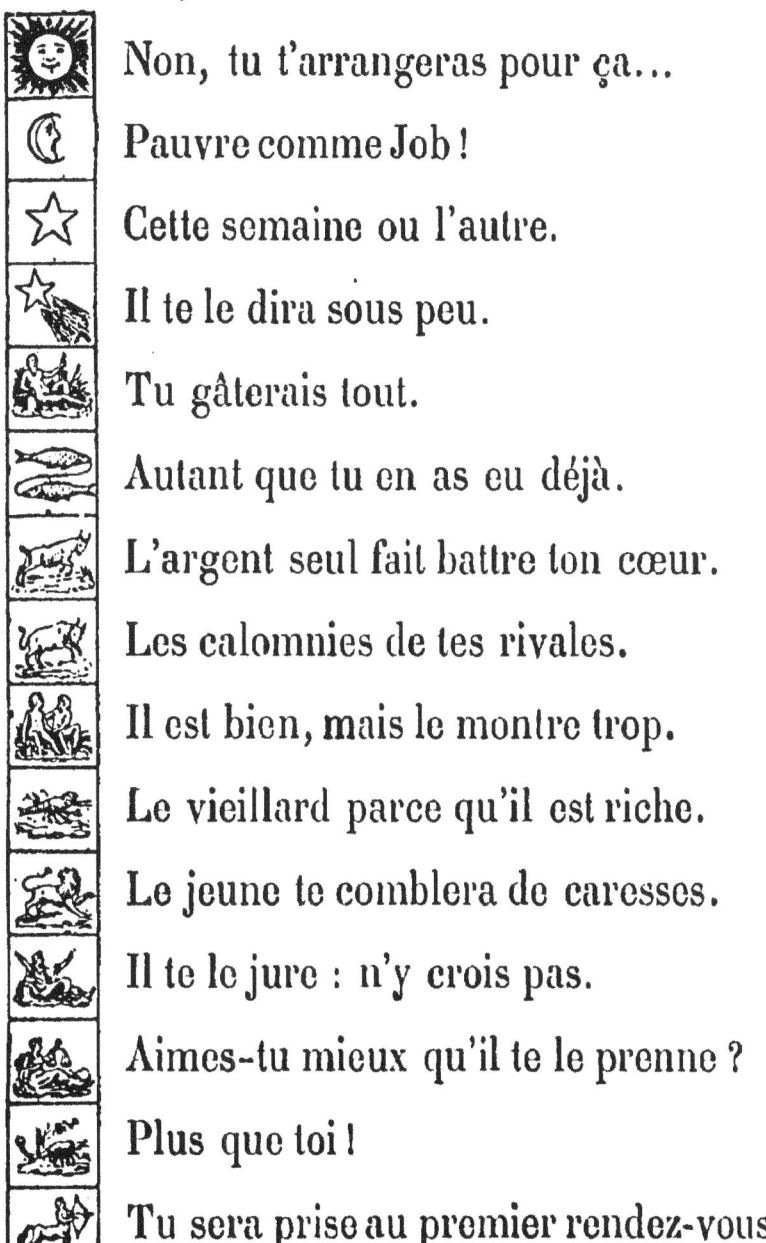

Non, tu t'arrangeras pour ça...

Pauvre comme Job!

Cette semaine ou l'autre.

Il te le dira sous peu.

Tu gâterais tout.

Autant que tu en as eu déjà.

L'argent seul fait battre ton cœur.

Les calomnies de tes rivales.

Il est bien, mais le montre trop.

Le vieillard parce qu'il est riche.

Le jeune te comblera de caresses.

Il te le jure : n'y crois pas.

Aimes-tu mieux qu'il te le prenne?

Plus que toi!

Tu sera prise au premier rendez-vous.

Jusqu'à la fin de tes jours.

RÉPONSES DE L'ORACLE

Toujours de plus en plus.

L'or fond entre ses doigts.

Une fois, mais comme il faut.

Oui, pour être dupée.

Le faire reconnaître par le père.

On ne croit pas à ton repentir.

Il ne te laissera pas partir.

Le portrait de ta tante.

Dame ! il aime le changement.

Avec son ami ?... Quelle horreur !...

Le blond seul te rendra heureuse.

Ton silence serait cruel.

N'es-tu pas charmante sans ça ?

Toi-même, ne lui mens-tu pas ?

On craint tout quand on agit mal.

Tu es donc bien pressée ?

RÉPONSES DE L'ORACLE

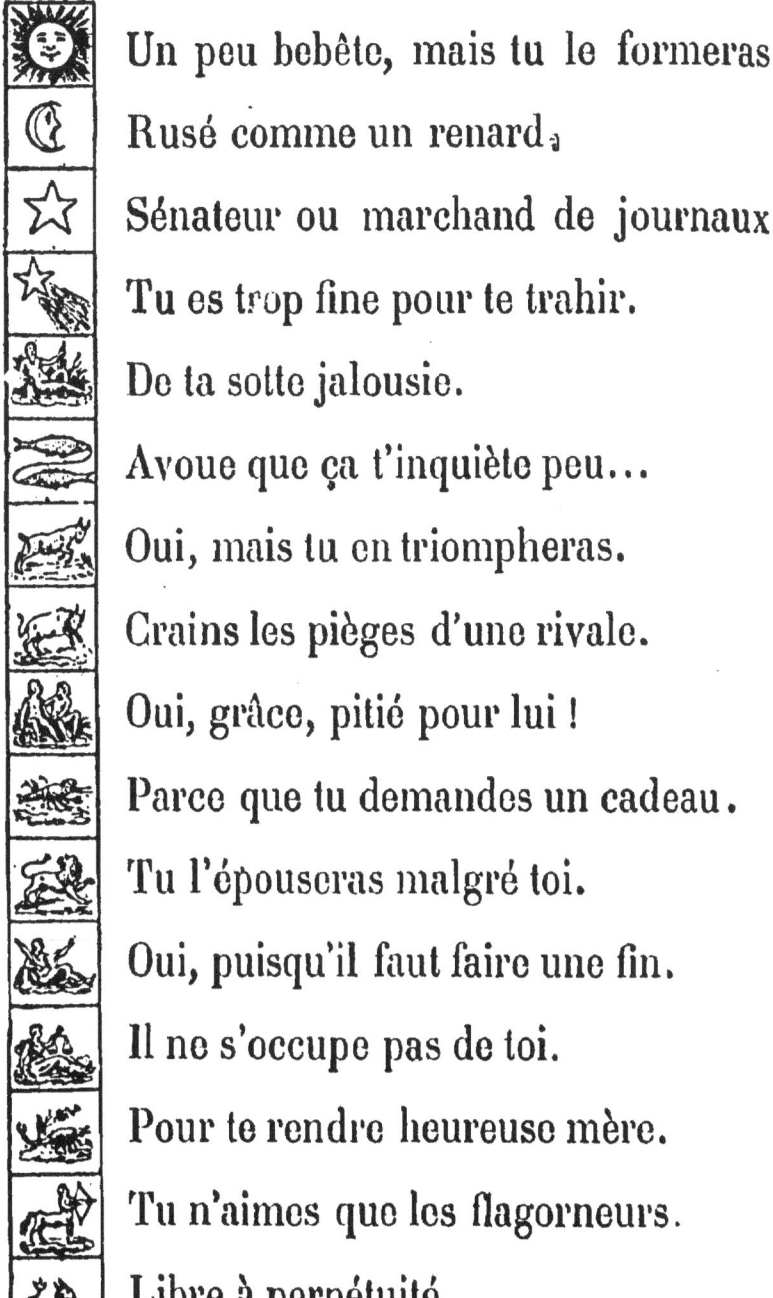

Un peu bebête, mais tu le formeras.

Rusé comme un renard.

Sénateur ou marchand de journaux.

Tu es trop fine pour te trahir.

De ta sotte jalousie.

Avoue que ça t'inquiète peu...

Oui, mais tu en triompheras.

Crains les pièges d'une rivale.

Oui, grâce, pitié pour lui !

Parce que tu demandes un cadeau.

Tu l'épouseras malgré toi.

Oui, puisqu'il faut faire une fin.

Il ne s'occupe pas de toi.

Pour te rendre heureuse mère.

Tu n'aimes que les flagorneurs.

Libre à perpétuité.

RÉPONSES DE L'ORACLE 99

A tour de rôle.

Petit et rond comme un tonneau.

Assez joli, mais sot.

Joue un air de piano.

Des reproches à tout casser.

Redevenir honnête et laborieuse.

Qui peut te le faire supposer ?

Tu n'as rien à risquer.

C'est le cadet de tes soucis.

N'aie jamais de secrets pour lui.

Oui, pour la joie de ton époux.

Vas-y, si c'est un bon tireur...

L'encourager à te perdre ?

Ce qu'il te prend ne se paye pas...

Oui, si tu veux qu'on te trahisse.

Ça t'est facile, cœur de glace !

Autant que la mère Gigogne.

Jeune et beau : ton idéal.

Blond comme les épis.

Il a le cerveau malade.

Tu sais si bien t'y prendre.

A quoi ça te servirait-il ?

Que tu rendes ton homme heureux.

Avec de l'or on fait beaucoup d'ingrats.

Oh ! comme ça t'embêterait !

Le meilleur est d'en rire.

Blond ou brun, la couleur n'y fait rien.

N'es-tu pas veuve aussi ou à peu près ?

Non... il fallait le retenir.

Il fait tout pour s'en rendre digne.

Oui, pour soulager ta conscience.

Celui qui t'aime pour toi-même.

RÉPONSES DE L'ORACLE

Sucre et miel jusqu'au bout !

Comment ?... avec un ange tel que toi ?.,

Riche jadis, mais s'est ruiné.

Tu l'attendras longtemps sous l'orme.

Il ne doute plus : il est sûr...

Tu serais la première punie.

Trop pour une femme seule.

Celui qui fera ton malheur.

D'être obligée d'élargir ta ceinture.

Assez bien pour toi.

Le jeune, mais pas pour longtemps.

Le vieux deviendra ton Mentor.

Jusqu'à ce que tu lui cèdes.

Oui, si la chose est avouable.

Il t'aime comme un fou...

Oui, par ton ange gardien.

6.

Il t'apportera des millions.

Ça dépend de ton savoir-faire.

Économe sans être avare.

Oui, au clair de lune.

Il est discret et dévoué.

Ce que ta mère a fait de toi.

Il a juré de se venger.

Comme tu le mérites.

Deux châteaux... en Espagne.

Il trouve ailleurs ce qui te manque.

Si je dis non, tu le feras quand même.

Tu n'aimes ni l'un ni l'autre.

Oui, pour qu'il s'en serve contre toi.

Tu n'as que cela d'enviable.

On le croirait à l'entendre.

Tu diras que ce n'est pas vrai.

RÉPONSES DE L'ORACLE

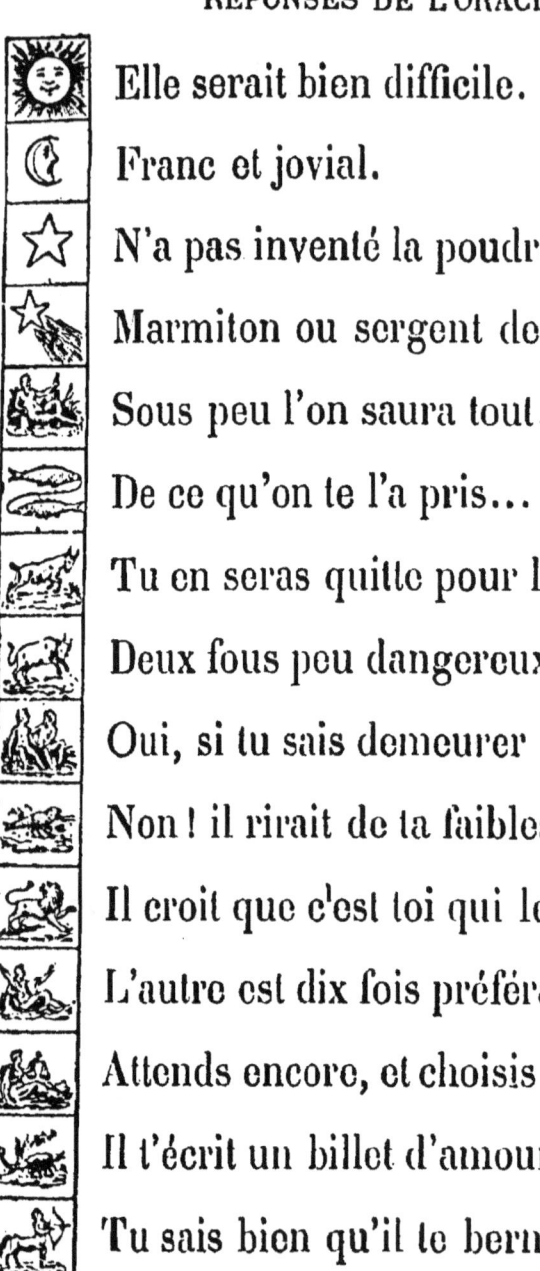

Elle serait bien difficile.

Franc et jovial.

N'a pas inventé la poudre.

Marmiton ou sergent de ville.

Sous peu l'on saura tout.

De ce qu'on te l'a pris...

Tu en seras quitte pour la peur.

Deux fous peu dangereux.

Oui, si tu sais demeurer sage.

Non ! il rirait de ta faiblesse.

Il croit que c'est toi qui le fuis.

L'autre est dix fois préférable.

Attends encore, et choisis mieux.

Il t'écrit un billet d'amour.

Tu sais bien qu'il te berne.

Il doit te l'expliquer lui-même.

Un parfait cordon bleu.

Lui, le jour; toi, la nuit.

Ancien tambour-major.

Pas beau beau, mais agréable.

Va voir passer les bateaux.

Oui, sur ta prodigalité.

Être une bonne mère.

Pas encore, mais bientôt.

Tu ne peux pas rester en place.

Oui : des choses très graves.

A la beauté joins la vertu.

Oui, et cela te contrarie.

Non : tu serais trop *alarmée*...

Tu gagneras à être réservée.

C'est donc un marché qu'il t'offre ?

Quel secret veux-tu confier ?...

RÉPONSES DE L'ORACLE

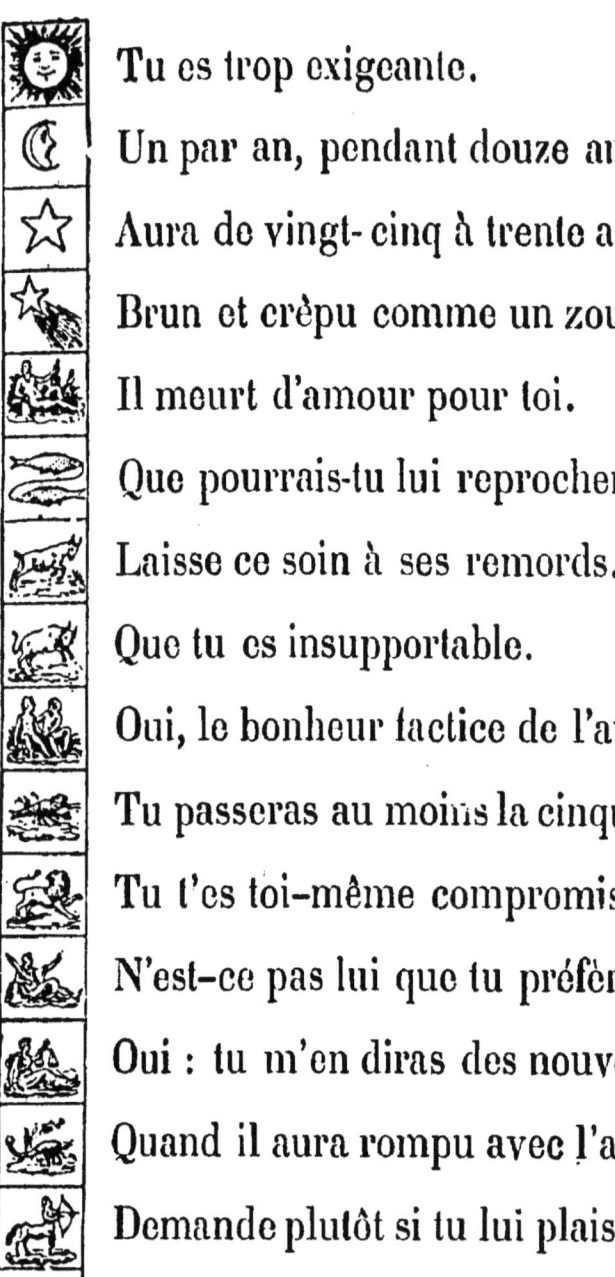

Tu es trop exigeante.

Un par an, pendant douze ans.

Aura de vingt-cinq à trente ans.

Brun et crépu comme un zoulou.

Il meurt d'amour pour toi.

Que pourrais-tu lui reprocher?

Laisse ce soin à ses remords.

Que tu es insupportable.

Oui, le bonheur factice de l'avare.

Tu passeras au moins la cinquantaine.

Tu t'es toi-même compromise.

N'est-ce pas lui que tu préfères?...

Oui : tu m'en diras des nouvelles...

Quand il aura rompu avec l'autre.

Demande plutôt si tu lui plais.

Ils t'aiment et te pardonneront.

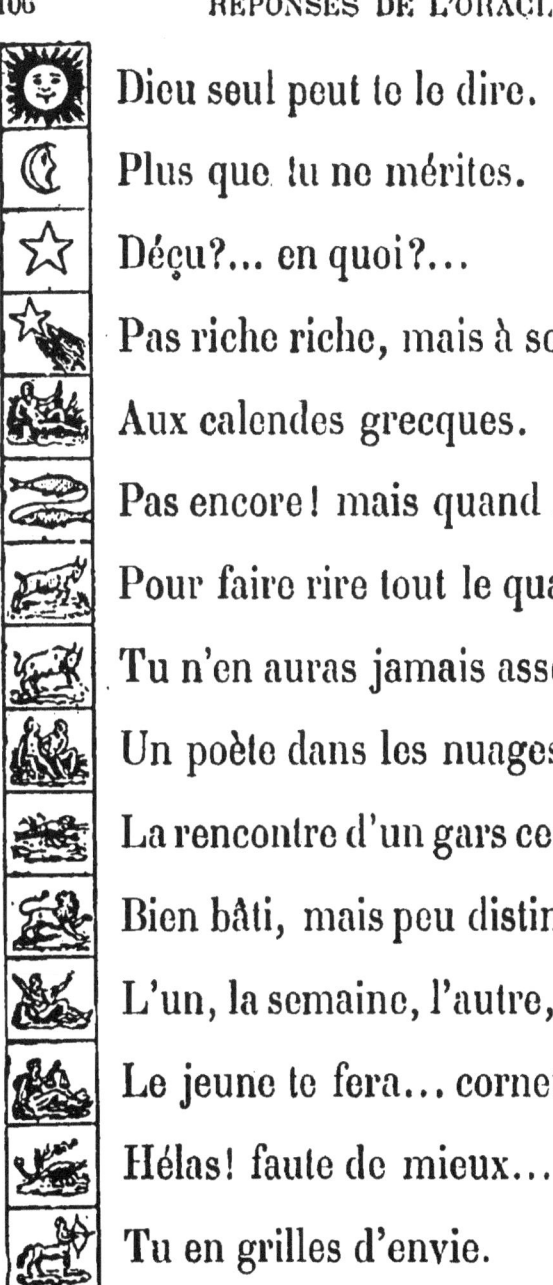

Dieu seul peut te le dire.

Plus que tu ne mérites.

Déçu?... en quoi?...

Pas riche riche, mais à son aise.

Aux calendes grecques.

Pas encore! mais quand il saura...

Pour faire rire tout le quartier?

Tu n'en auras jamais assez.

Un poète dans les nuages.

La rencontre d'un gars ce soir.

Bien bâti, mais peu distingué.

L'un, la semaine, l'autre, le dimanche.

Le jeune te fera... cornette.

Hélas! faute de mieux...

Tu en grilles d'envie.

Oui, pour... s'amuser.

RÉPONSES DE L'ORACLE

Certainement, mais il faut attendre.

Une chaumière et son cœur.

Pourrait-il en être autrement.

Prodigue en caresses...

Oui, un baiser de Judas.

Une autre fois, sois plus prudente.

S'il te gêne, pourquoi l'as-tu fait?

Bah!... une peccadille...

Ce sera un deuil général.

Beaucoup... au Mont-de-Piété!

Tant qu'il veut et le plus possible.

Ton enjôleur est donc bien séduisant?

Ils se moquent tous deux de toi.

Avec un galant homme, que crains-tu?

Il préfère l'honneur à l'argent.

C'est le plus loyal des amants.

 Plutôt impie.

On se fera tirer l'oreille.

Sournois et rageur.

Peu futé, mais très méfiant.

Général ou lampiste.

Ta mère l'ignore encore.

De contrariétés domestiques.

Plus graves que tu ne penses.

Oui, des jalouses de ta beauté.

Non, si tu cèdes avant la noce.

Bouder? tu serais la première punie.

Il te le dira cette nuit.

Le beau magot qu'on t'offre là !

Oui, pour avoir l'*utile* et l'*agréable*.

Tu le demandes, mais peu t'importe !

Oui, mais sache le retenir.

Elle t'aimera comme sa fille.

Une vraie *souillonne*.

Toi, sans qu'il s'en aperçoive.

Tout ce qui est petit est gentil.

Manchot, grêlé, mais un bon cœur.

En lui écrivant un billet doux.

Tu sais donc que tu as fauté ?

Retourner chez ta mère.

Lui, te trahir ?... jamais !

Ça demande réflexion.

Au contraire : chacun t'admire.

Sois économe et bonne ménagère.

Oui !... mais quel est le père ?

Toi !... une femme à soldats ! ! !

Non ! le gars n'en vaut pas la peine.

Il te prépare un équipage.

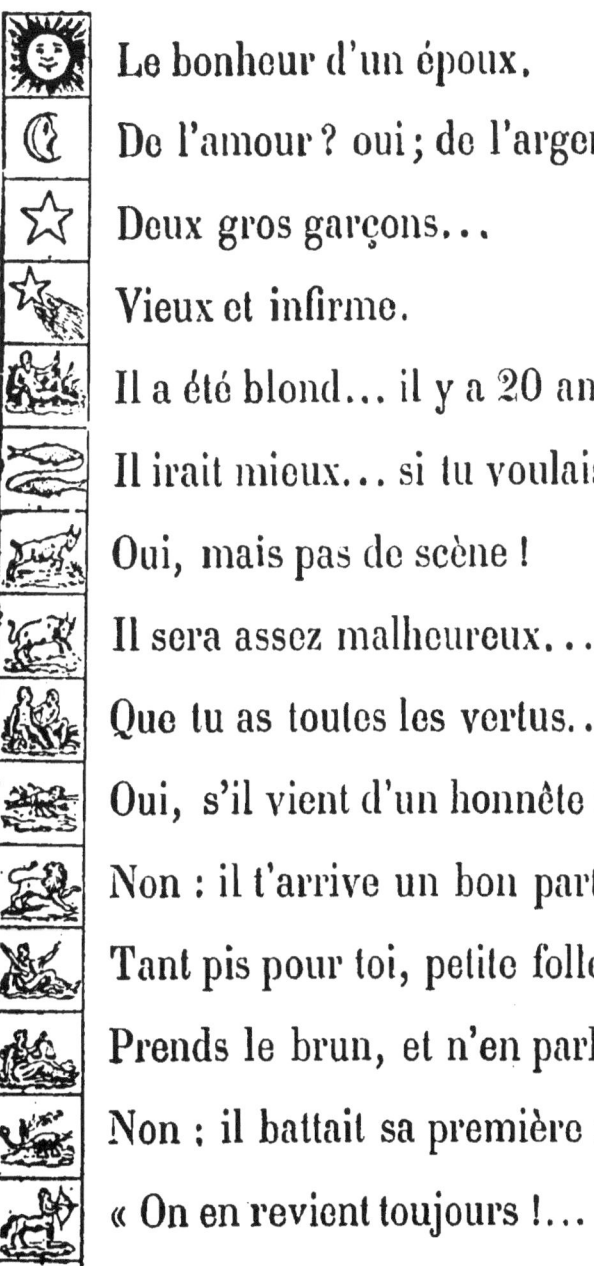 Le bonheur d'un époux.

De l'amour? oui; de l'argent? non!

Deux gros garçons...

Vieux et infirme.

Il a été blond... il y a 20 ans.

Il irait mieux... si tu voulais...

Oui, mais pas de scène!

Il sera assez malheureux...

Que tu as toutes les vertus... mais...

Oui, s'il vient d'un honnête travail.

Non : il t'arrive un bon parti.

Tant pis pour toi, petite folle!

Prends le brun, et n'en parlons plus!

Non ; il battait sa première femme.

« On en revient toujours!... »

Mieux vaudrait que tu l'abhorrasses...

RÉPONSES DE L'ORACLE

Çà ne se dit pas en public.

Tout ce qu'il y a de mieux.

Oui, si tu n'aimes que ton mari.

Non : le mariage sera rompu avant.

Sa fortune vaut la tienne.

Quand il aura fini avec l'autre.

Non : sa confiance est aveugle.

Un vrai charivari !

Le douzième te tuera.

Le premier qui se présentera.

Que le plafond te tombe sur la tête.

Tout en lui révèle un noble cœur.

Ils s'entendent pour te berner.

Tu te moquerais du vieux.

Rien que pour la... bagatelle.

Oui, si ce n'est pas déjà fait...

Autant que Messaline.

Qui trop embrasse mal étreint.

Celle d'un grand seigneur... ruiné.

Oui, d'amitié, mais non d'amour.

Chiche de sentiment.

Oui; mais les conséquences?...

Qui donc oserait te tromper?

Crains Dieu et la Justice !

On te la reprochera longtemps.

Dame ! il ne perdra pas grand'chose.

Il ne suffira pas à liquider tes dettes.

Lui, tromper sa chérie ? Oh ! non.

La raison, la pudeur te l'ordonnent.

Le blond a des vues ailleurs.

Attends un peu pour l'éprouver.

A sa place, que ferais-tu ?

RÉPONSES DE L'ORACLE 113

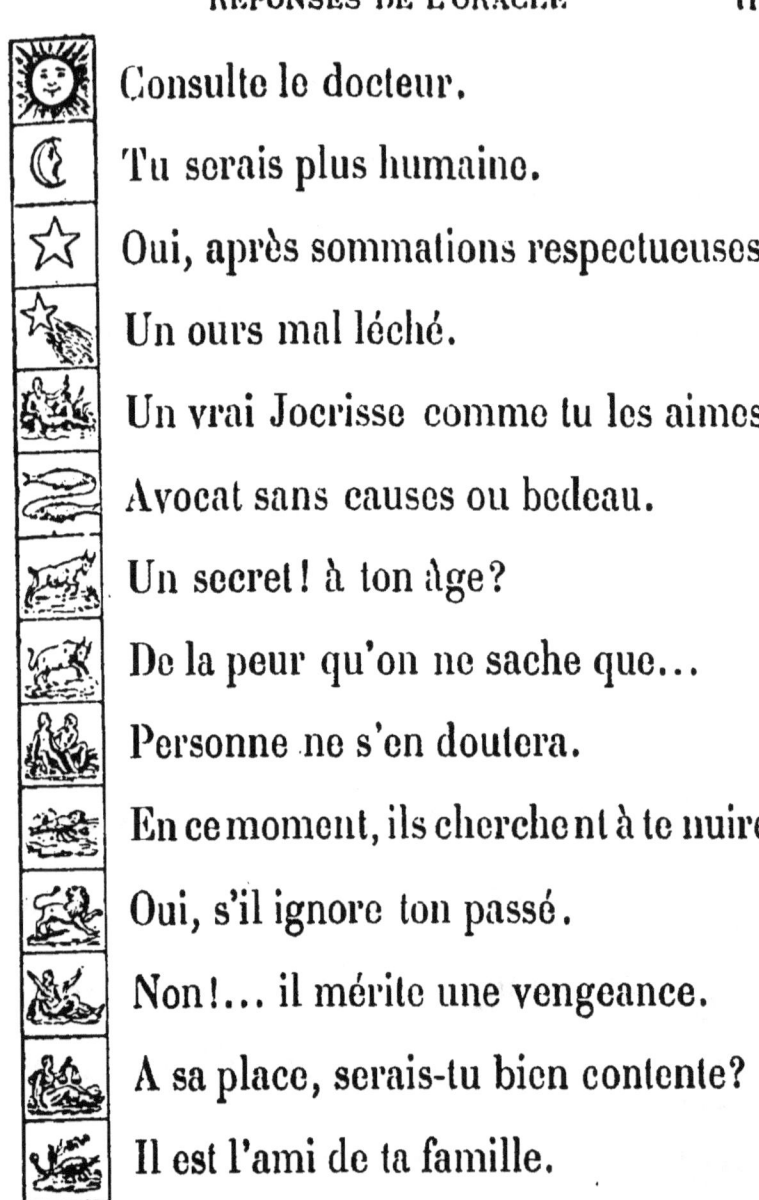

Consulte le docteur.

Tu serais plus humaine.

Oui, après sommations respectueuses.

Un ours mal léché.

Un vrai Jocrisse comme tu les aimes.

Avocat sans causes ou bedeau.

Un secret! à ton âge?

De la peur qu'on ne sache que...

Personne ne s'en doutera.

En ce moment, ils cherchent à te nuire.

Oui, s'il ignore ton passé.

Non!... il mérite une vengeance.

A sa place, serais-tu bien contente?

Il est l'ami de ta famille.

Oui : pour qu'on t'appelle madame.

Il se bichonne pour te plaire.

Quand tu seras moins imprudente.

Une harpie, un vrai démon.

Chaste épouse et tendre mère.

Une rivale dont tu auras fait ton amie.

Pas très grand, mais large des hanches.

Laid de figure, mais bien bâti.

Ça dépend de ce qui t'ennuie.

Auxquels tu sais bien quoi répondre.

Attends! Il reviendra.

Chacun ne veut que ton bonheur.

Bientôt finiront tes misères.

Moins que tu n'en dis des autres.

Refaire la lune de miel.

Plus tôt que tu ne le voudrais.

Prends-un bataillon.

Il mérite tous tes égards.

Bientôt, car l'amour te tuera.

Tous tes péchés de jeune fille.

Ce que femme veut, Dieu le veut !

Deux jumelles, tout ton portrait.

Trop jeune, hélas ! il te ressemble.

Blanc teint en noir.

En bonne voie de guérison.

Tu sais comment il y répond ?

Ceux qui t'y poussent en riraient.

Que tu gagnes à être connue.

Non, quand il est le prix du vice.

Qui diable ! voudrait de toi ?

Bah ! Tout le monde y passe.

Il n'y a pas de comparaison.

Tu as toujours aimé les hommes mariés.

Il a hâte de t'embrasser.

Que c'est sitôt fait.

Péchés mignons.

Mieux vaut ne pas te marier.

D'abord oui, mais pas longtemps.

Moins que toi.

Pauvre de bourse, riche de cœur.

Plus tôt que tu ne penses.

Il ne te fait pas cette injure.

On se venge par le dédain.

Deux, quand tu seras mariée.

Quelqu'un qui ne t'aimera pas.

D'avoir affaire à des ingrats.

Il n'a qu'à se montrer pour plaire.

Le vieux, après la mort du jeune.

Le jeune est fou, le vieux est sage.

Sache rester digne de lui...

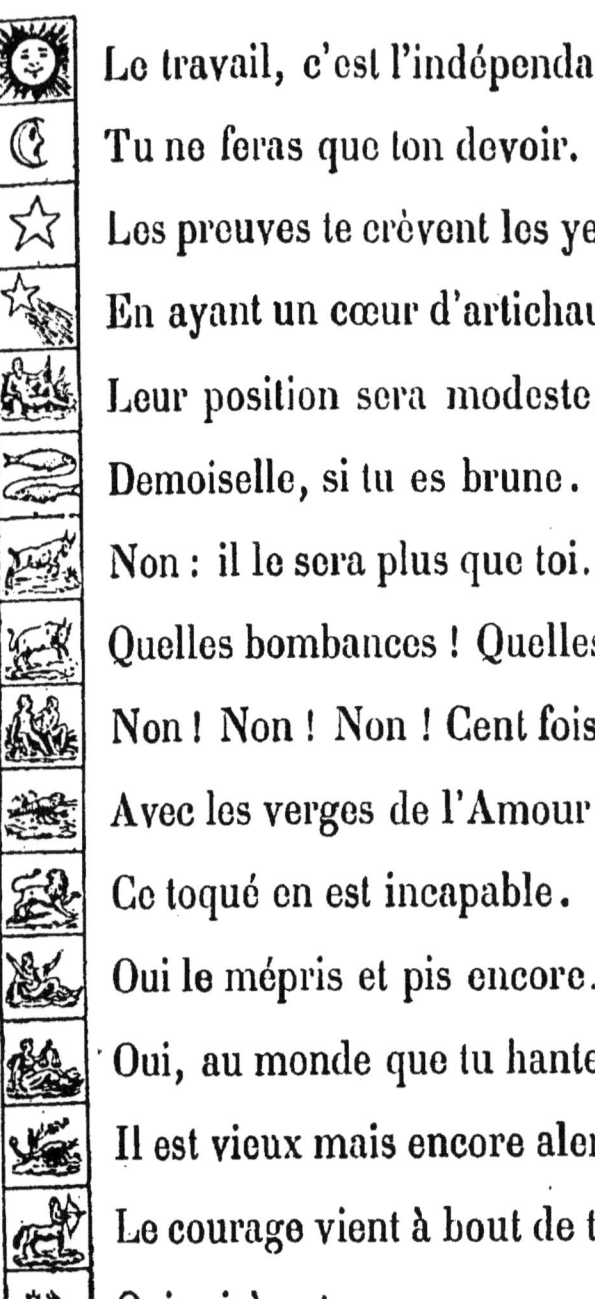

Le travail, c'est l'indépendance.

Tu ne feras que ton devoir.

Les preuves te crèvent les yeux.

En ayant un cœur d'artichaut.

Leur position sera modeste.

Demoiselle, si tu es brune.

Non : il le sera plus que toi.

Quelles bombances ! Quelles noces !

Non ! Non ! Non ! Cent fois non !

Avec les verges de l'Amour...

Ce toqué en est incapable.

Oui le mépris et pis encore.

Oui, au monde que tu hantes...

Il est vieux mais encore alerte.

Le courage vient à bout de tout.

Oui, sirène !...

7.

RÉPONSES DE L'ORACLE

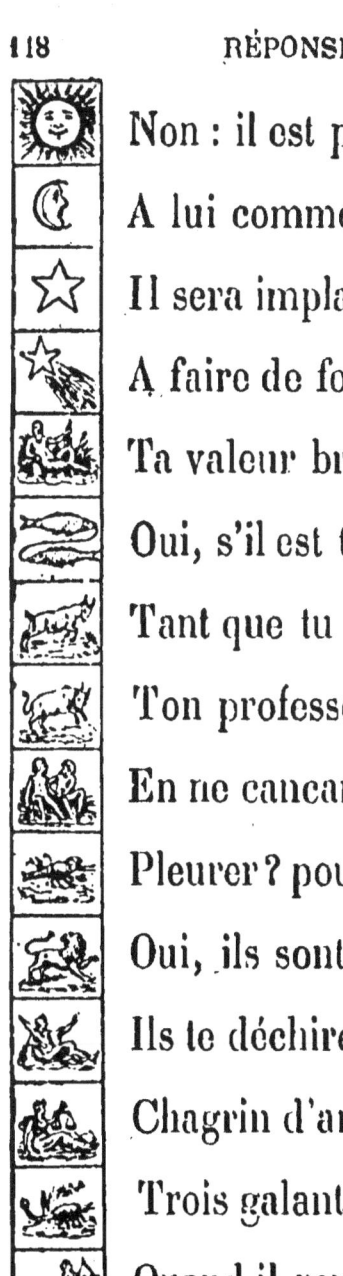 Non : il est pris depuis hier.

A lui comme aux autres.

Il sera implacable.

A faire de folles dépenses.

Ta valeur brave les embûches.

Oui, s'il est trop petit.

Tant que tu sauras l'alimenter.

Ton professeur en l'art d'aimer.

En ne cancanant plus.

Pleurer ? pour une baliverne !

Oui, ils sont dans ton intérêt.

Ils te déchireront le cœur.

Chagrin d'amour dure toute la vie.

Trois galants recherchent ta main.

Quand il reviendra du service.

Je te croyais plus d'énergie.

RÉPONSES DE L'ORACLE

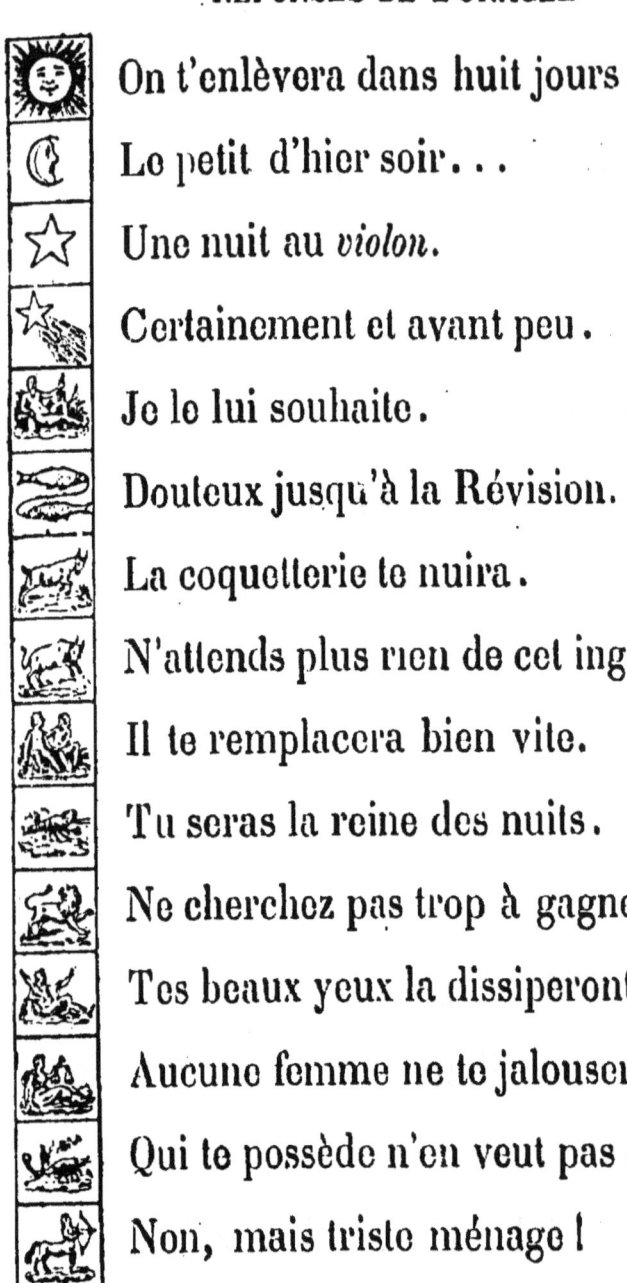

On t'enlèvera dans huit jours.

Le petit d'hier soir...

Une nuit au *violon*.

Certainement et avant peu.

Je le lui souhaite.

Douteux jusqu'à la Révision.

La coquetterie te nuira.

N'attends plus rien de cet ingrat.

Il te remplacera bien vite.

Tu seras la reine des nuits.

Ne cherchez pas trop à gagner.

Tes beaux yeux la dissiperont.

Aucune femme ne te jalousera.

Qui te possède n'en veut pas d'autres.

Non, mais triste ménage !

Oui, l'on s'y moquera de toi.

RÉPONSES DE L'ORACLE

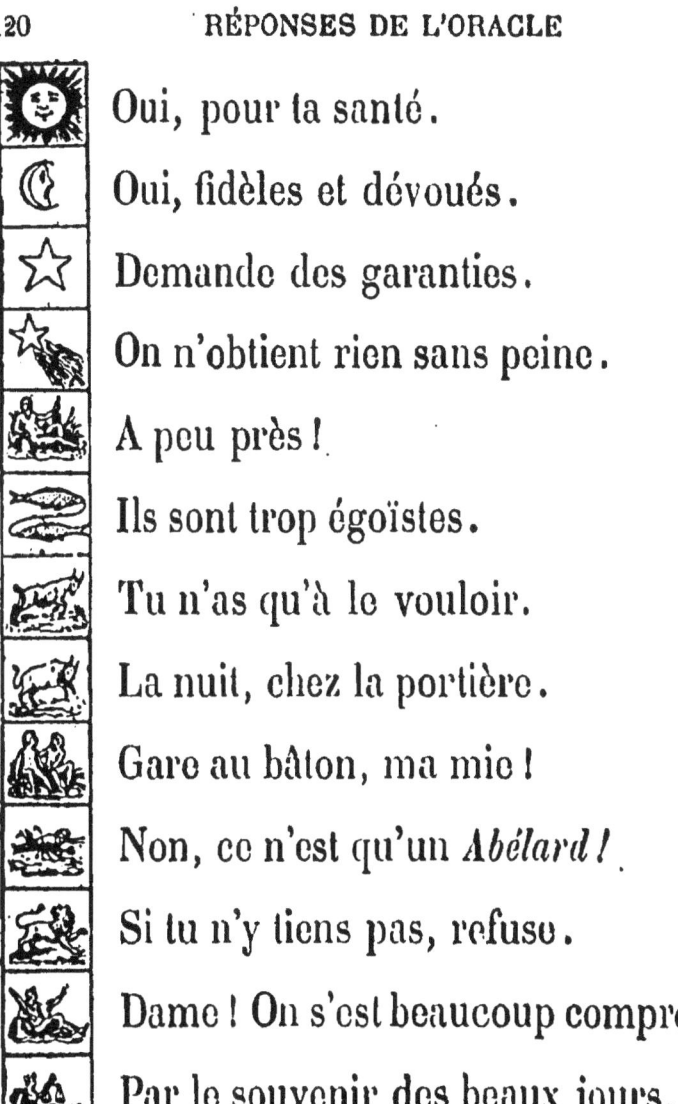

Oui, pour ta santé.

Oui, fidèles et dévoués.

Demande des garanties.

On n'obtient rien sans peine.

A peu près !

Ils sont trop égoïstes.

Tu n'as qu'à le vouloir.

La nuit, chez la portière.

Gare au bâton, ma mie !

Non, ce n'est qu'un *Abélard !*

Si tu n'y tiens pas, refuse.

Dame ! On s'est beaucoup compromis.

Par le souvenir des beaux jours.

Demain, il ne sera plus temps.

Oui : la sœur de ton fiancé.

Tes rivales t'y attendent.

RÉPONSES DE L'ORACLE

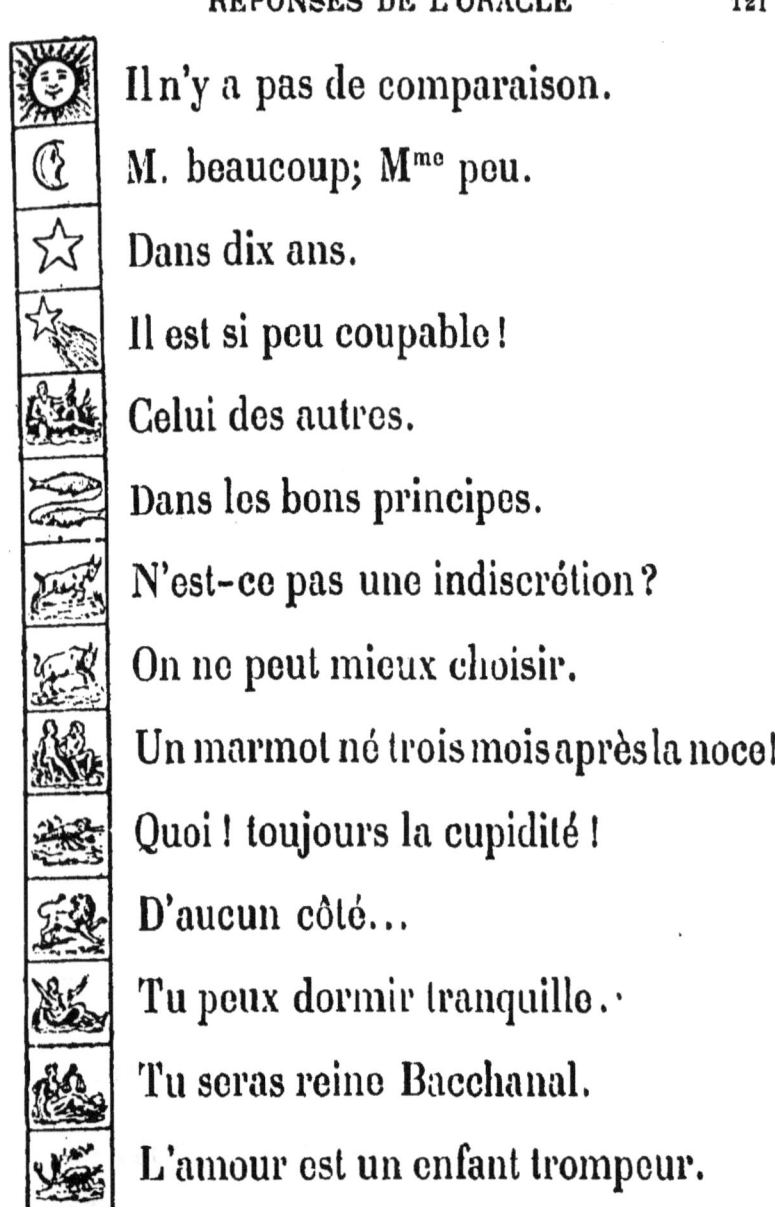

Il n'y a pas de comparaison.

M. beaucoup; Mme peu.

Dans dix ans.

Il est si peu coupable !

Celui des autres.

Dans les bons principes.

N'est-ce pas une indiscrétion ?

On ne peut mieux choisir.

Un marmot né trois mois après la noce !

Quoi ! toujours la cupidité !

D'aucun côté...

Tu peux dormir tranquille.

Tu seras reine Bacchanal.

L'amour est un enfant trompeur.

Tu t'es mise dans un guêpier.

A toi et à dix autres.

RÉPONSES DE L'ORACLE

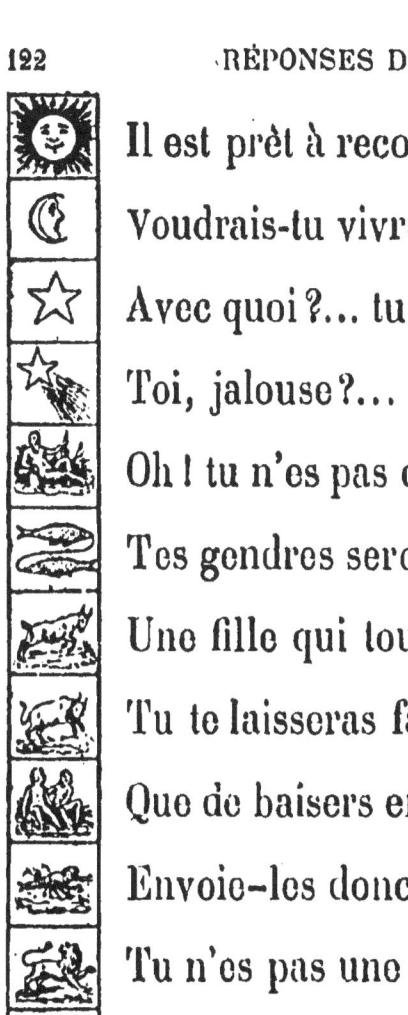

Il est prêt à recommencer.

Voudrais-tu vivre en fainéante?

Avec quoi?... tu n'as pas le sou.

Toi, jalouse?... Allons donc!

Oh! tu n'es pas embarrassée.

Tes gendres seront épiciers.

Une fille qui tournera mal.

Tu te laisseras faire...

Que de baisers en tapinois!

Envoie-les donc au diable!

Tu n'es pas une incorrigible.

Il mérite ta confiance.

Tu ne t'en moques pas mal!

A soixante ans...

Il bé-é-gaie un peu.

Tout échouera grâce à ta maladresse.

RÉPONSES DE L'ORACLE

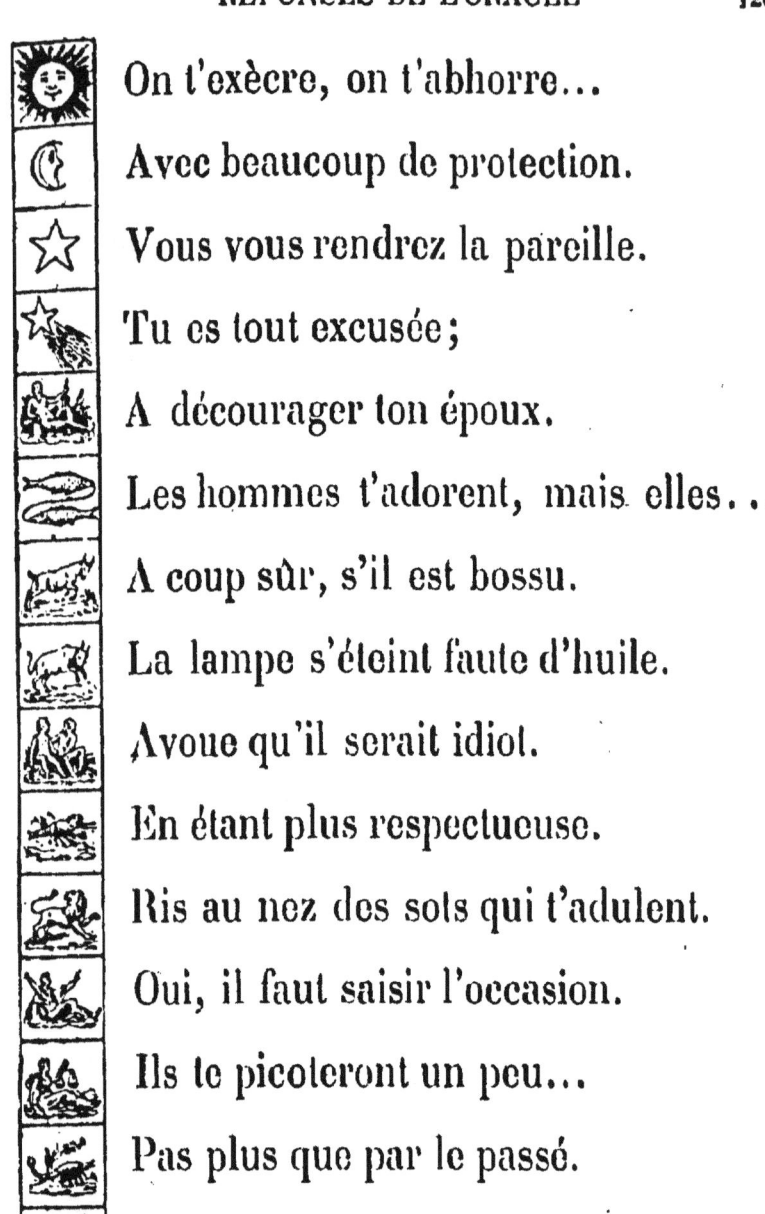

On t'exècre, on t'abhorre...

Avec beaucoup de protection.

Vous vous rendrez la pareille.

Tu es tout excusée ;

A décourager ton époux.

Les hommes t'adorent, mais elles...

A coup sûr, s'il est bossu.

La lampe s'éteint faute d'huile.

Avoue qu'il serait idiot.

En étant plus respectueuse.

Ris au nez des sots qui t'adulent.

Oui, il faut saisir l'occasion.

Ils te picoteront un peu...

Pas plus que par le passé.

Demande-ça à ton chéri.

Tu crois à un pareil drôle ?...

RÉPONSES DE L'ORACLE

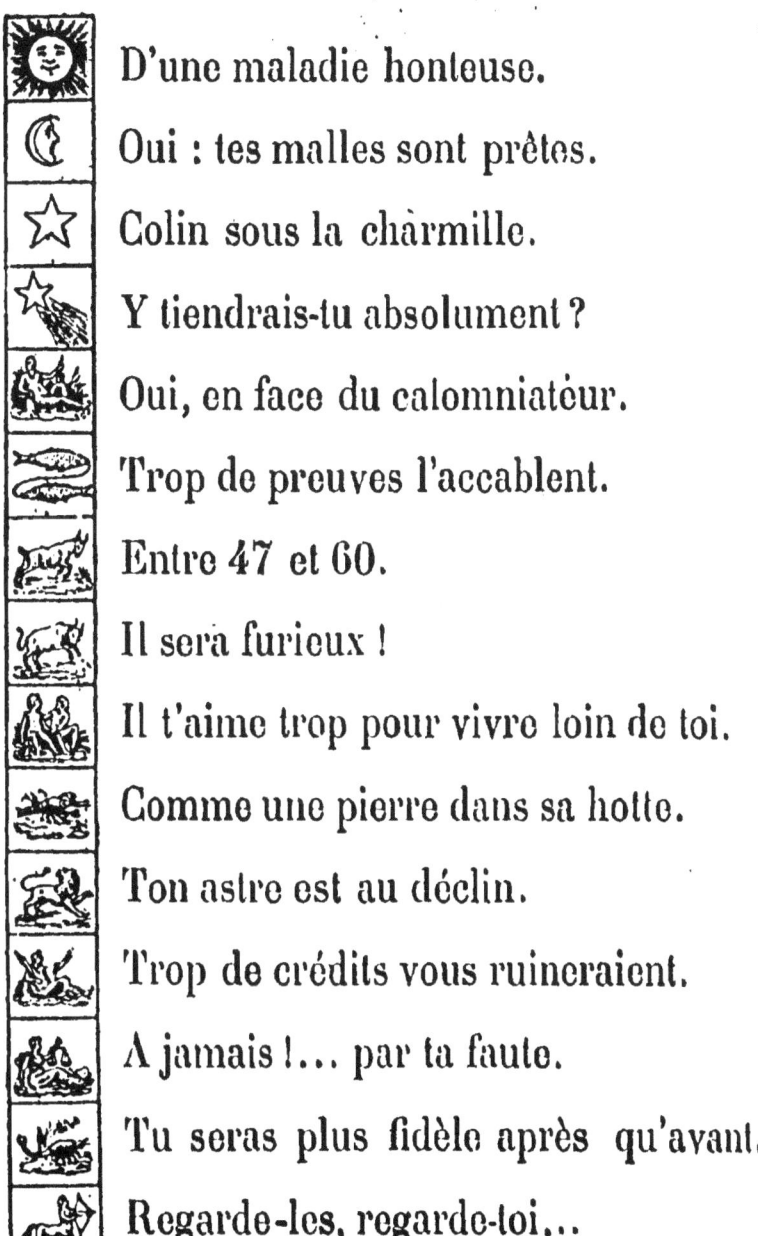

D'une maladie honteuse.

Oui : tes malles sont prêtes.

Colin sous la charmille.

Y tiendrais-tu absolument ?

Oui, en face du calomniateur.

Trop de preuves l'accablent.

Entre 47 et 60.

Il sera furieux !

Il t'aime trop pour vivre loin de toi.

Comme une pierre dans sa hotte.

Ton astre est au déclin.

Trop de crédits vous ruineraient.

A jamais !... par ta faute.

Tu seras plus fidèle après qu'avant.

Regarde-les, regarde-toi...

Patience ! ton tour viendra.

A bras ouverts...

Tu es plus heureuse à la ville.

Tous, excepté la grande ***.

Oui, contre un bon billet.

Oui, si ton cœur choisit un traître.

Pourrait-il en être autrement ?

La Loi les y obligera.

Il a moins de défauts que toi.

Dans un fiacre à l'heure.

Ton défenseur saura le conjurer.

Non, il revient la bourse pleine.

Non, si tu y vois du danger.

Il y a du vrai et du faux.

Par bêtise de part et d'autre.

Tout le monde t'applaudira.

Elle viendra te voir ce soir.

Jamais malade.

Tu seras dorlotée tout le temps.

Oh ! si madame savait !...

Tu peux faire une croix.

Montre-toi énergique.

Les femmes sont si exigeantes !

Avec une faiblesse funeste.

En mouchardant.

Deux vieux et quatre jeunes.

Si ça lui fait plaisir, tant mieux !

Tu ne tiendras jamais à personne.

Je ne sais pas.

L'or se fond dans tes mains.

Ne fais donc pas la fanfaronne.

Sucre et miel, soie et or !

Ta victoire sera éclatante.

RÉPONSES DE L'ORACLE 127

 Tu n'y arriveras pas.

 Il meurt de désespoir.

 Oui, tu as assez fait la noce.

 Oui, pour montrer ta probité.

 Dame ! tu défends ton bien.

 Comme tu as toujours fait.

 Tes brues seront blanchisseuses.

 Un garçon qui te ruinera.

 N'ouvre pas ta porte au larron.

 Qu'as-tu fait de... l'enfant ?...

 Après ce qu'il t'a fait ?... Non !

 Quelle correction aimes-tu ?

 Tu veux donc qu'il te compromette ?

 Lui tout le premier.

 Et lui, que dirait-il ?...

 Si tu le connaissais, tu serais ébaubie.

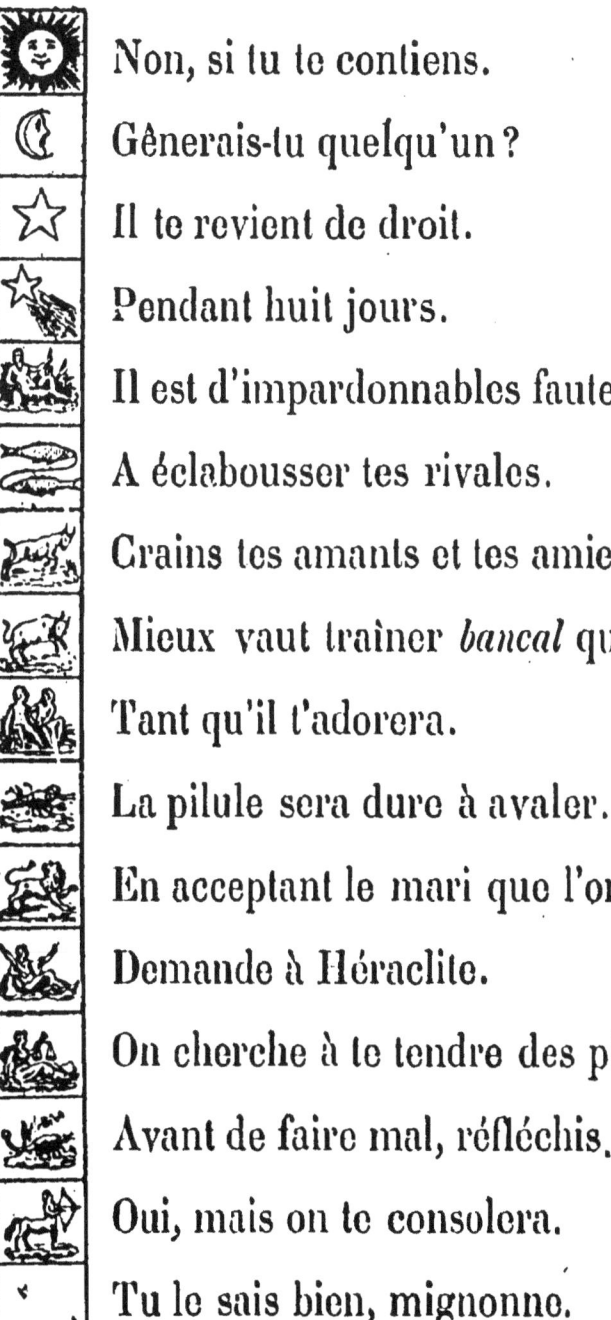

Non, si tu te contiens.

Gênerais-tu quelqu'un ?

Il te revient de droit.

Pendant huit jours.

Il est d'impardonnables fautes.

A éclabousser tes rivales.

Crains tes amants et tes amies.

Mieux vaut traîner *bancal* que l'être.

Tant qu'il t'adorera.

La pilule sera dure à avaler.

En acceptant le mari que l'on t'offre.

Demande à Héraclite.

On cherche à te tendre des pièges.

Avant de faire mal, réfléchis.

Oui, mais on te consolera.

Tu le sais bien, mignonne.

RÉPONSES DE L'ORACLE 129

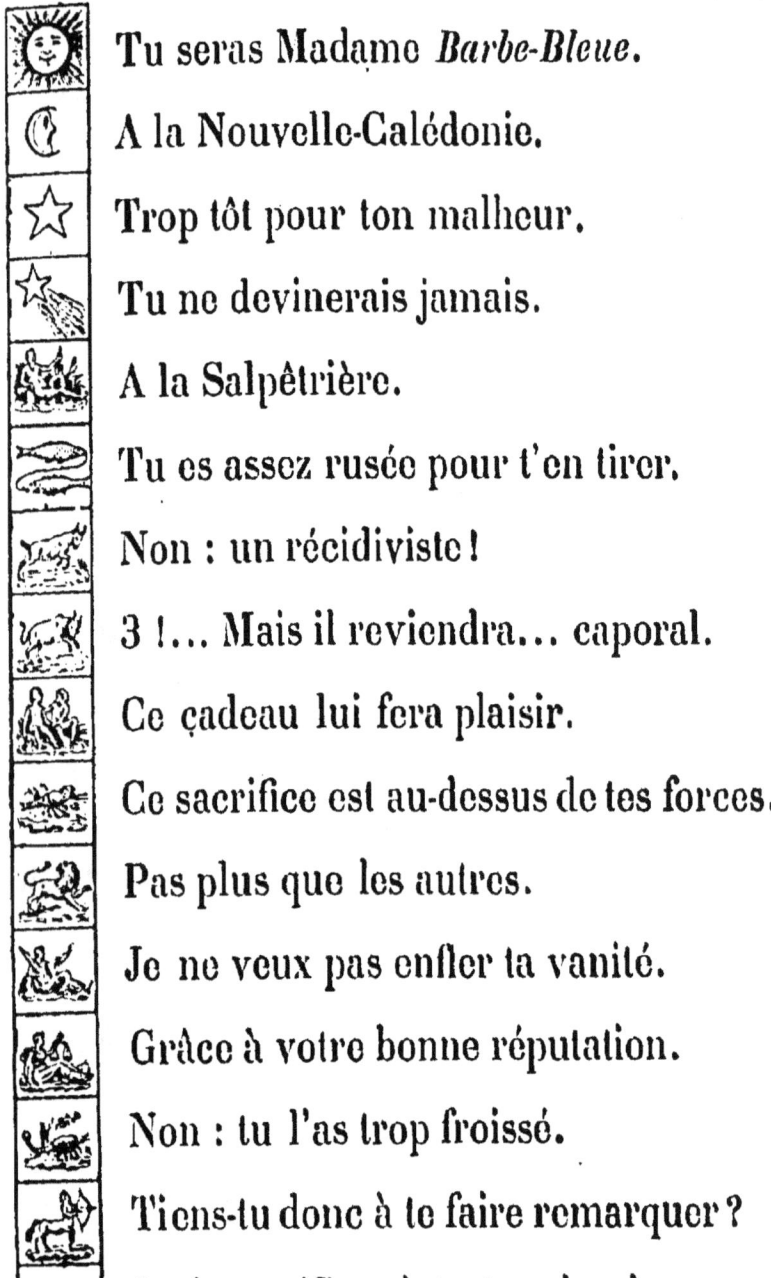

Tu seras Madame *Barbe-Bleue*.

A la Nouvelle-Calédonie.

Trop tôt pour ton malheur.

Tu ne devinerais jamais.

A la Salpêtrière.

Tu es assez rusée pour t'en tirer.

Non : un récidiviste !

3 !... Mais il reviendra... caporal.

Ce cadeau lui fera plaisir.

Ce sacrifice est au-dessus de tes forces.

Pas plus que les autres.

Je ne veux pas enfler ta vanité.

Grâce à votre bonne réputation.

Non : tu l'as trop froissé.

Tiens-tu donc à te faire remarquer ?

On les préfère, à tort ou à raison.

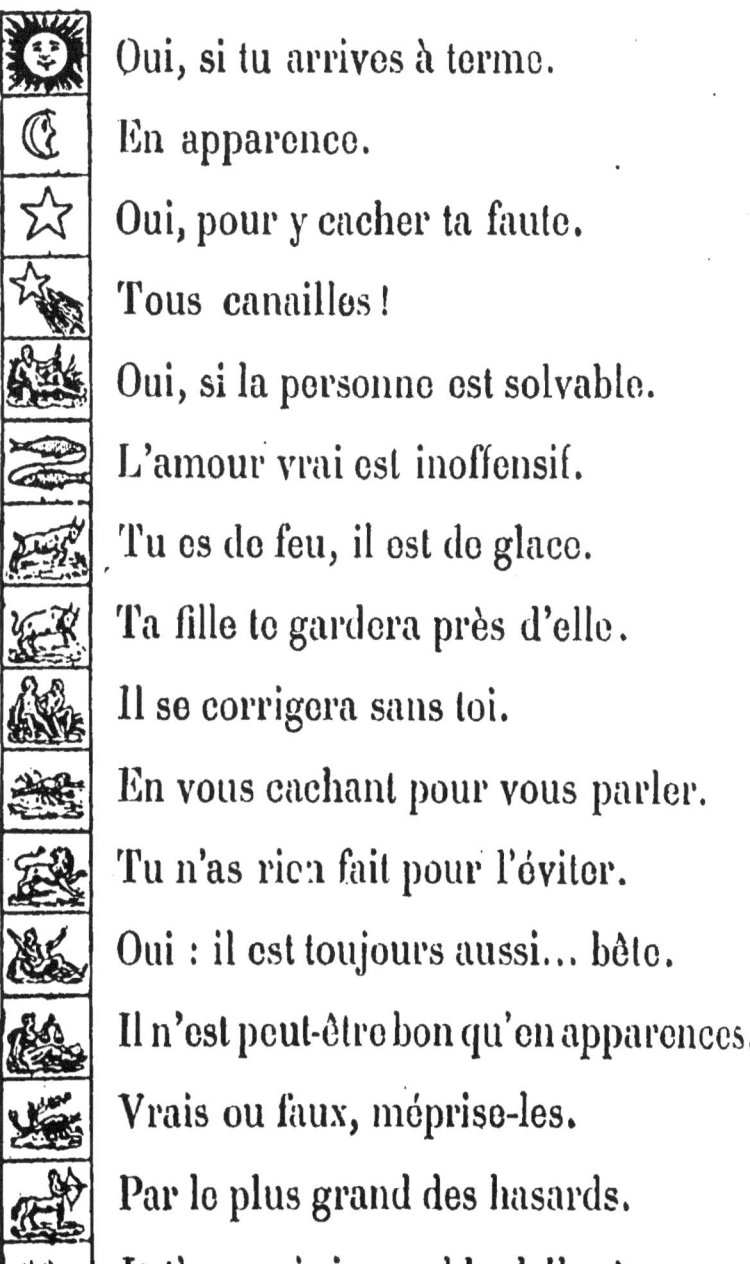

Oui, si tu arrives à terme.

En apparence.

Oui, pour y cacher ta faute.

Tous canailles!

Oui, si la personne est solvable.

L'amour vrai est inoffensif.

Tu es de feu, il est de glace.

Ta fille te gardera près d'elle.

Il se corrigera sans toi.

En vous cachant pour vous parler.

Tu n'as rien fait pour l'éviter.

Oui : il est toujours aussi... bête.

Il n'est peut-être bon qu'en apparences.

Vrais ou faux, méprise-les.

Par le plus grand des hasards.

Je t'en crois incapable, hélas!

RÉPONSES DE L'ORACLE 131

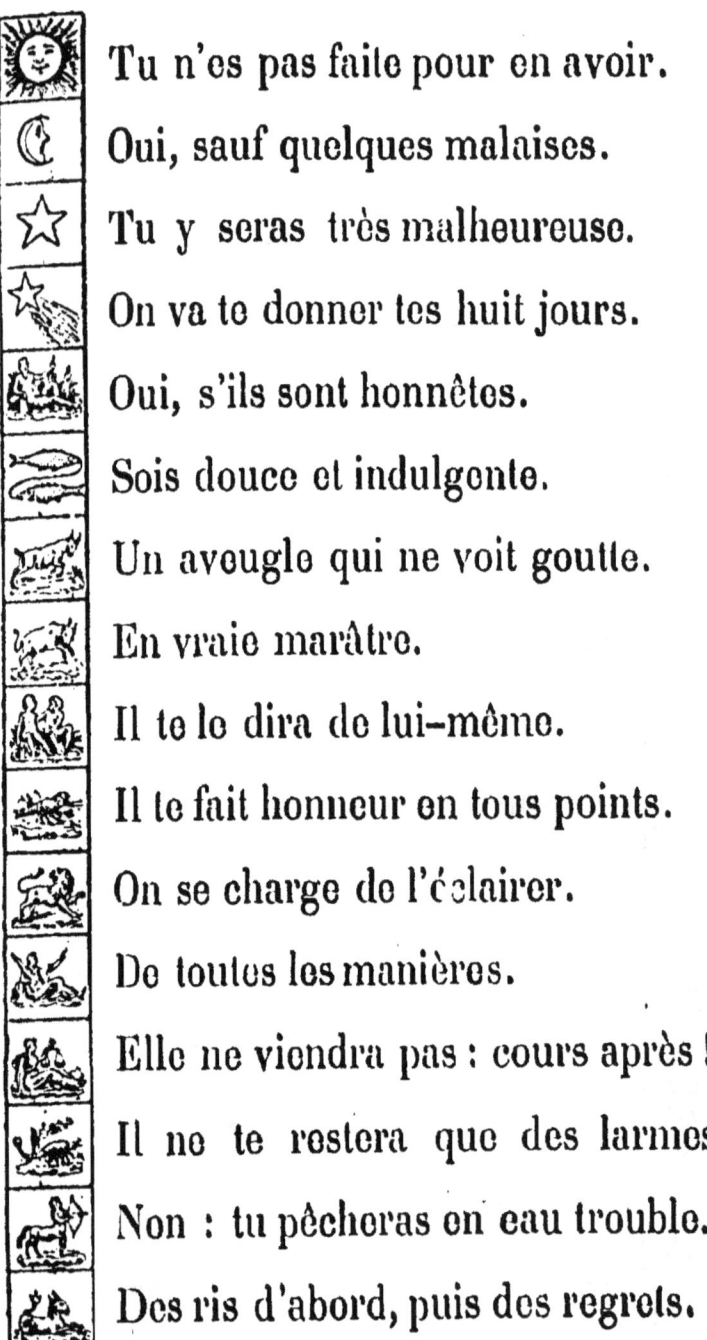

Tu n'es pas faite pour en avoir.

Oui, sauf quelques malaises.

Tu y seras très malheureuse.

On va te donner tes huit jours.

Oui, s'ils sont honnêtes.

Sois douce et indulgente.

Un aveugle qui ne voit goutte.

En vraie marâtre.

Il te le dira de lui-même.

Il te fait honneur en tous points.

On se charge de l'éclairer.

De toutes les manières.

Elle ne viendra pas : cours après !

Il ne te restera que des larmes.

Non : tu pêcheras en eau trouble.

Des ris d'abord, puis des regrets.

Oui, un gros lot à la loterie.

Entourée de gentils petits-enfants.

Non : des grimaces hypocrites.

Oui : ce serait plus honorable.

Tu sais bien que tu les renieras.

Tes soupçons sont immérités.

En continuant tes intrigues

Toutes les chances les attendent.

Une fille sage comme toi.

De quoi?... par qui?...

N'éveillons pas le chat qui dort.

Dis donc : oui, de bon cœur.

Oui, pour recommencer plus tard.

Puisqu'il doit être ton époux.

Non, s'il veut te rendre l'honneur.

On t'y a donc bien maltraitée?

RÉPONSES DE L'ORACLE 133

Oui, pleine de sottises…

Incessantes et scandaleuses.

Oh! la vilaine idée!

Oui, grâce à tes talents.

Ça changerait tes habitudes.

Il te chérit quand même…

L'excès en tout est un défaut.

Ne te fie qu'à toi seule.

Il n'a rien pour être exempté.

Tant que tu auras de l'argent.

Bah! tu le reverras quand même.

Par une explication loyale.

Consulte *Démocrite*.

Tu jouerais trop gros jeu.

Tu es plus à plaindre qu'à blâmer.

Une cruelle trahison…

RÉPONSES DE L'ORACLE

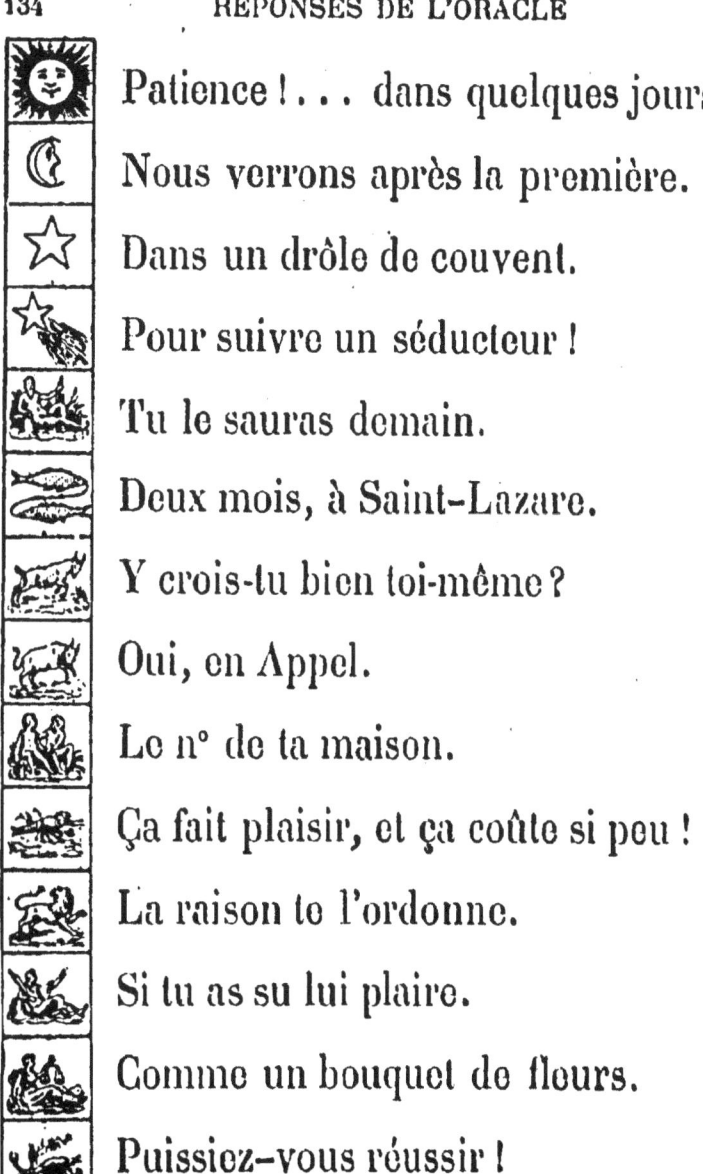

Patience !... dans quelques jours.

Nous verrons après la première.

Dans un drôle de couvent.

Pour suivre un séducteur !

Tu le sauras demain.

Deux mois, à Saint-Lazare.

Y crois-tu bien toi-même ?

Oui, en Appel.

Le n° de ta maison.

Ça fait plaisir, et ça coûte si peu !

La raison te l'ordonne.

Si tu as su lui plaire.

Comme un bouquet de fleurs.

Puissiez-vous réussir !

Non : il est trop vindicatif.

Le nombre de tes amoureux.

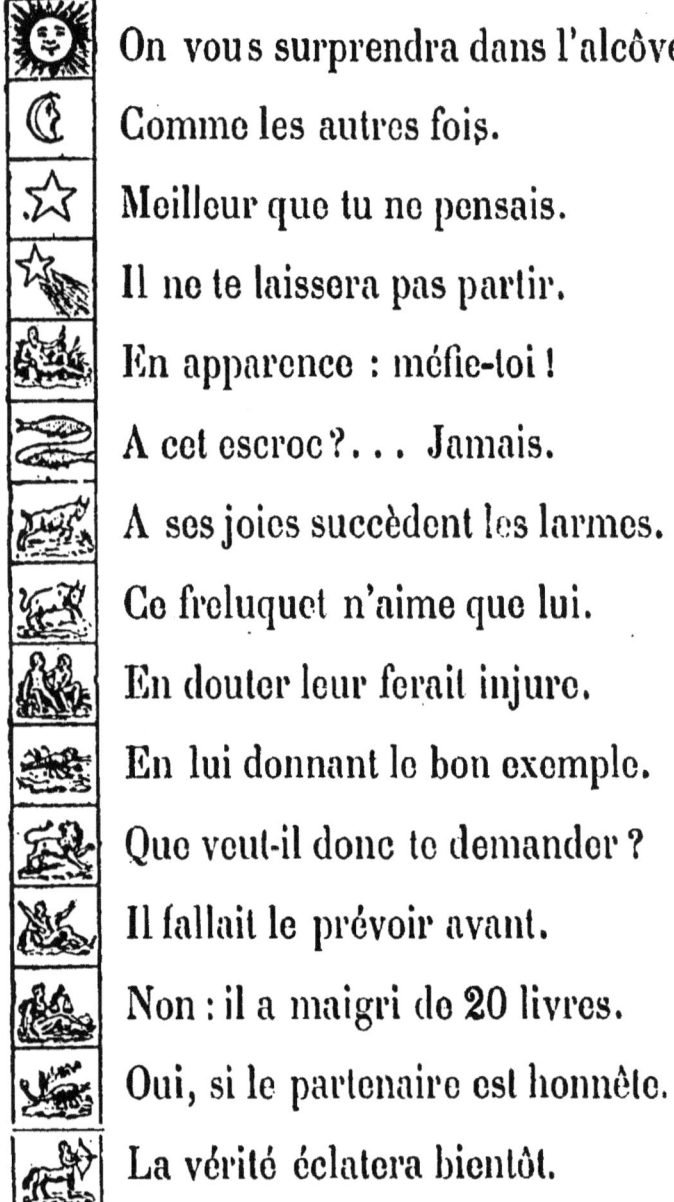

On vous surprendra dans l'alcôve.

Comme les autres fois.

Meilleur que tu ne pensais.

Il ne te laissera pas partir.

En apparence : méfie-toi !

A cet escroc ?... Jamais.

A ses joies succèdent les larmes.

Ce freluquet n'aime que lui.

En douter leur ferait injure.

En lui donnant le bon exemple.

Que veut-il donc te demander ?

Il fallait le prévoir avant.

Non : il a maigri de 20 livres.

Oui, si le partenaire est honnête.

La vérité éclatera bientôt.

Tout est bien fini entre vous.

A Charenton !

 Autant que la *mère Gigogne*.

 Jusqu'à 50 ans... puis, prends garde.

 Tu le sauras après essai.

 Que penserais-tu à leur place ?

 Ils ne seront jamais en mesure.

 Tendre ou sévère, rien n'y fera.

 Un muet qui ne répond rien.

 Dans l'ignorance et la fainéantise.

 De plus adroites y renoncent.

 Les dames surtout sont... communes.

 Il trouve qu'il lui ressemble...

 N'hésite pas plus longtemps.

 Tu la laisseras échapper.

 Non, si tu sais refréner tes caprices.

 Tu dégoteras *Grille-d'Égout*...

Peu t'importent les conséquences...

Oui, un ami sincère.

Tes folies t'accableront d'infirmités.

Oui : il mérite son pardon.

C'est l'ordre de Dieu même !

Oui : une dette sacrée.

Il a plus de motifs que toi.

C'est beaucoup pour une femme seule.

Ils auront peine à réussir.

Un beau gas dont tu seras fière.

Tout : jusqu'à ta chemise.

La litanie serait trop longue.

Si tu dis non, tu le regretteras.

Tu as assez de caractère pour cela.

Il t'aime trop pour te trahir.

Ne t'y expose pas !

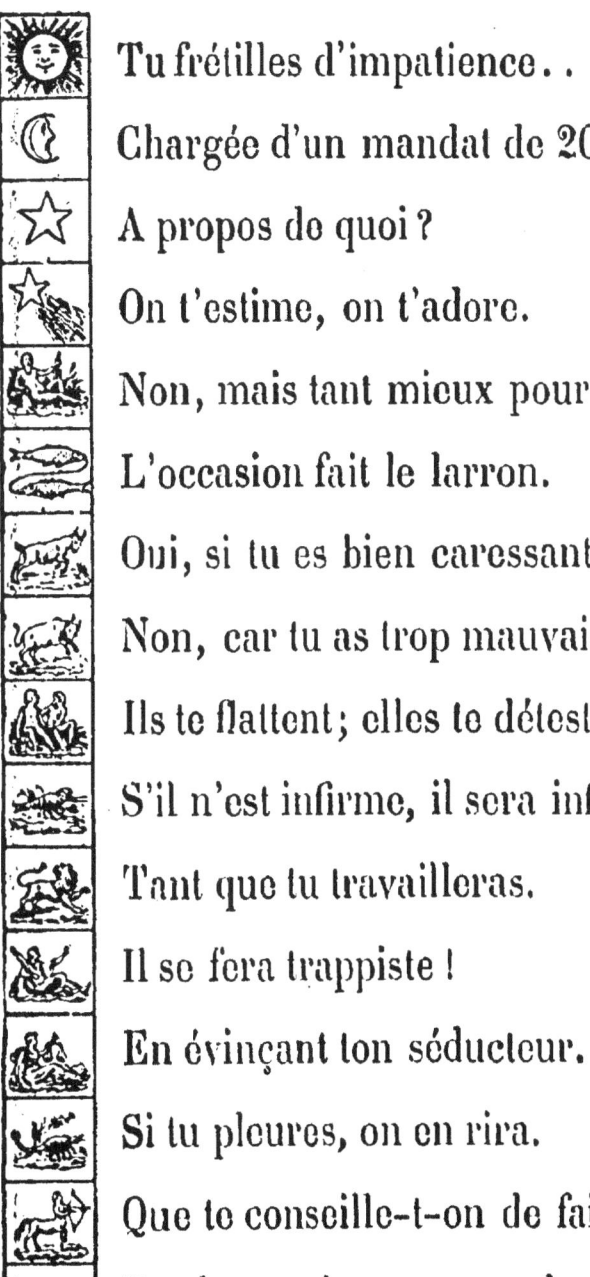

Tu frétilles d'impatience..

Chargée d'un mandat de 20 sous.

A propos de quoi?

On t'estime, on t'adore.

Non, mais tant mieux pour toi.

L'occasion fait le larron.

Oui, si tu es bien caressante.

Non, car tu as trop mauvais goût.

Ils te flattent; elles te détestent.

S'il n'est infirme, il sera infirmier.

Tant que tu travailleras.

Il se fera trappiste!

En évinçant ton séducteur.

Si tu pleures, on en rira.

Que te conseille-t-on de faire?

Pendant trois ou quatre heures.

RÉPONSES DE L'ORACLE

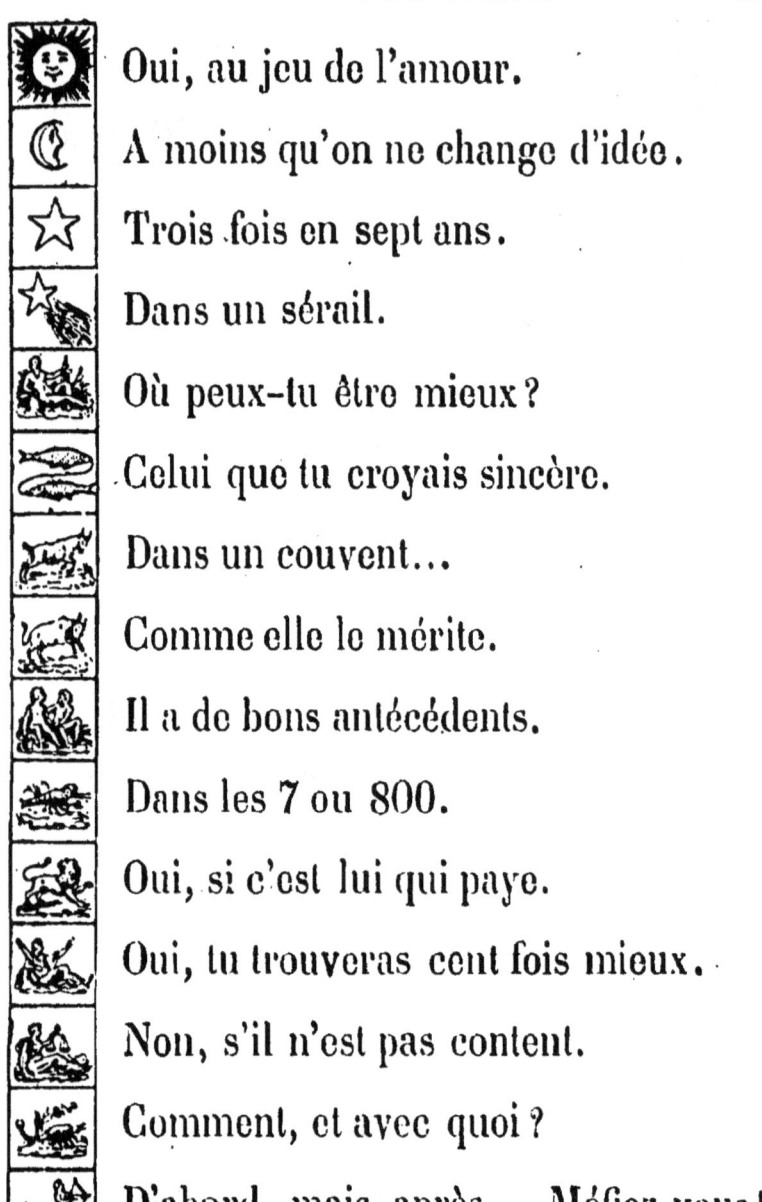

Oui, au jeu de l'amour.

A moins qu'on ne change d'idée.

Trois fois en sept ans.

Dans un sérail.

Où peux-tu être mieux ?

Celui que tu croyais sincère.

Dans un couvent...

Comme elle le mérite.

Il a de bons antécédents.

Dans les 7 ou 800.

Oui, si c'est lui qui paye.

Oui, tu trouveras cent fois mieux.

Non, s'il n'est pas content.

Comment, et avec quoi ?

D'abord, mais après... Méfiez-vous !

Oui, et tant mieux pour toi.

Après chaque bal où tu danseras trop.

 Ce sera plutôt une méprise.

 Oui, à moins d'accidents.

 Les mains pleines on est bien reçu.

 Fais comme il te plaira.

 Les soupçonner serait très mal.

 Oui, si la somme n'est pas forte.

 Un pur amour est le souverain bien.

 Il te le dit : ne le crois pas...

 Si tu as été bonne pour eux.

 En lui refusant tes... faveurs.

 Petite ! pourquoi ce huis clos ?

 Tu seras pincée avant peu.

 Il doit lui manquer quelque chose.

 Tu t'es déjà trop avancée.

 On dit que tu es belle, est-ce faux ?

RÉPONSES DE L'ORACLE

Par la perte de... tes illusions.

A la morgue.

Six en trois fois.

Sombre et souffreteuse.

Tu n'es jamais bien nulle part.

Les maîtres ne sont jamais contents.

Cet homme est la loyauté même.

Sa conduite est ignoble.

Un bon Jeannot.

Dans la débauche et le désordre.

En exigeant une explication.

Je t'en fais compliment sans blague.

Pas le moins du monde.

Tu gagneras au change.

Elle a oublié ton adresse.

Après nous, la fin du monde !

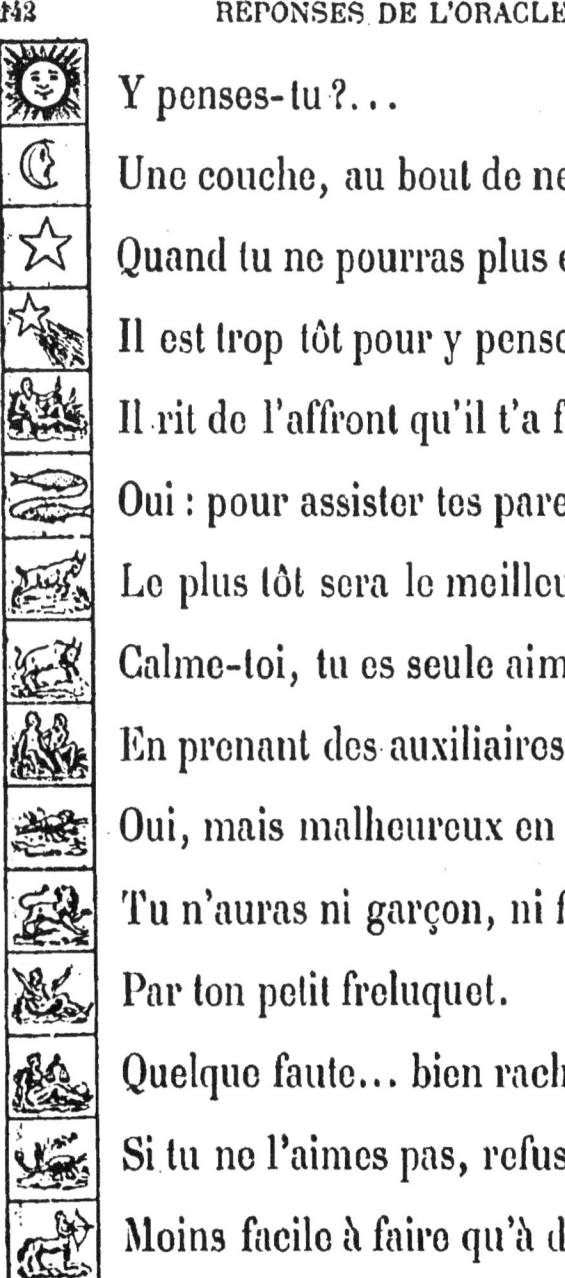

Y penses-tu?...

Une couche, au bout de neuf mois.

Quand tu ne pourras plus en jouir.

Il est trop tôt pour y penser.

Il rit de l'affront qu'il t'a fait.

Oui : pour assister tes parents.

Le plus tôt sera le meilleur.

Calme-toi, tu es seule aimée.

En prenant des auxiliaires.

Oui, mais malheureux en ménage.

Tu n'auras ni garçon, ni fille.

Par ton petit freluquet.

Quelque faute... bien rachetée.

Si tu ne l'aimes pas, refuse.

Moins facile à faire qu'à dire.

Te fier à un inconnu?...

RÉPONSES DE L'ORACLE 143

Au prochain terme.

Si je dis : non, tu iras tout de même.

Oui : d'amour !

Jamais ! tu es si indulgente.

Oui, tu le débarrasserais...

Les concurrents sont bien nombreux.

Tu n'es donc pas sûre de toi ?

Grâce au gentil *juge de paix*...

A exhiber ta vanité.

Va ! sois sans peur et sans reproches.

Oui, s'il est poitrinaire.

Jusqu'à quarante-trois ans.

Il en rira comme une baleine.

Tu l'auras avant peu : courage !

Tes ris feraient couler des larmes.

Envoie-les donc tous promener.

 Oui, un bonhomme en pain d'épice.

 Quinze sous au *loto*.

 Oui, en voiture cellulaire...

 Tous les soirs... derrière la mairie.

 Sur un grabat.

 Tu y reviendras bien vite.

 Celui qui t'a pris... tes illusions.

 Tu le mériterais...

 Tes amis mêmes t'accusent.

 Grâce aux circonstances atténuantes

 Trop faible pour l'exempter.

 Tu n'as donc pas assez de bibelots ?

 Oui : Tout est contre vous.

 Le mieux, c'est de garder ton... cœur.

 Tu me donnes envie de rire.

 Vous défierez toute concurrence.

RÉPONSES DE L'ORACLE

Si tu as un bon avocat.

Trop pour toi, trop peu pour le docteur.

Très agréable, dans peu de temps.

Pour recommencer tout de suite.

On ne voudra plus te laisser partir.

Oui, pour planter des choux.

Tu as mal pris tes renseignements.

Ton bon cœur te perdra.

Un fol amour coûte souvent la vie.

Au delà de toute expression.

En es-tu vraiment digne ?

Il se laissera faire.

Des cachoteries ?... fi, mademoiselle !

Tu t'y prêtes à cœur-joie.

Nous verrons ça quand il viendra.

Est-ce toi que l'on marchande ?...

Crains des ans l'irréparable outrage !

Par ton mariage avec X...

A Saint-Lazare.

Douze !... mais des fausses couches.

Si tu modères tes excès.

Ça dépendra de ta conduite.

Comme les anciens.

Oui, s'ils gagnent à la loterie.

Pardonne pour être excusée.

Qui aime bien, châtie bien.

De manière à te faire honneur.

Furète, épie, guette...

Où diable as-tu recruté ça ?

Il est son père... à la mairie.

Oui, puisqu'il veut te planter là.

Tu courras longtemps sans l'atteindre.

Tu souffres donc bien ?...

Ce sont eux qui te chasseront.

Céder à quoi ?...

Peut-être, en cherchant bien.

Moins florissante que tu le mérites.

Il regrette de n'en avoir pas fait assez.

Oui, pour conserver ton honneur.

Tu as déjà trop tardé.

Pas encore, mais ouvre l'œil !

Qui trop embrasse, mal étreint.

Ils t'assureront de belles rentes.

Un luron comme son père.

Oui, la première fois.

Que de péchés cachés !

Qui pourrait te dicter un non ?

Il est bientôt temps de t'y prendre.

RÉPONSES DE L'ORACLE

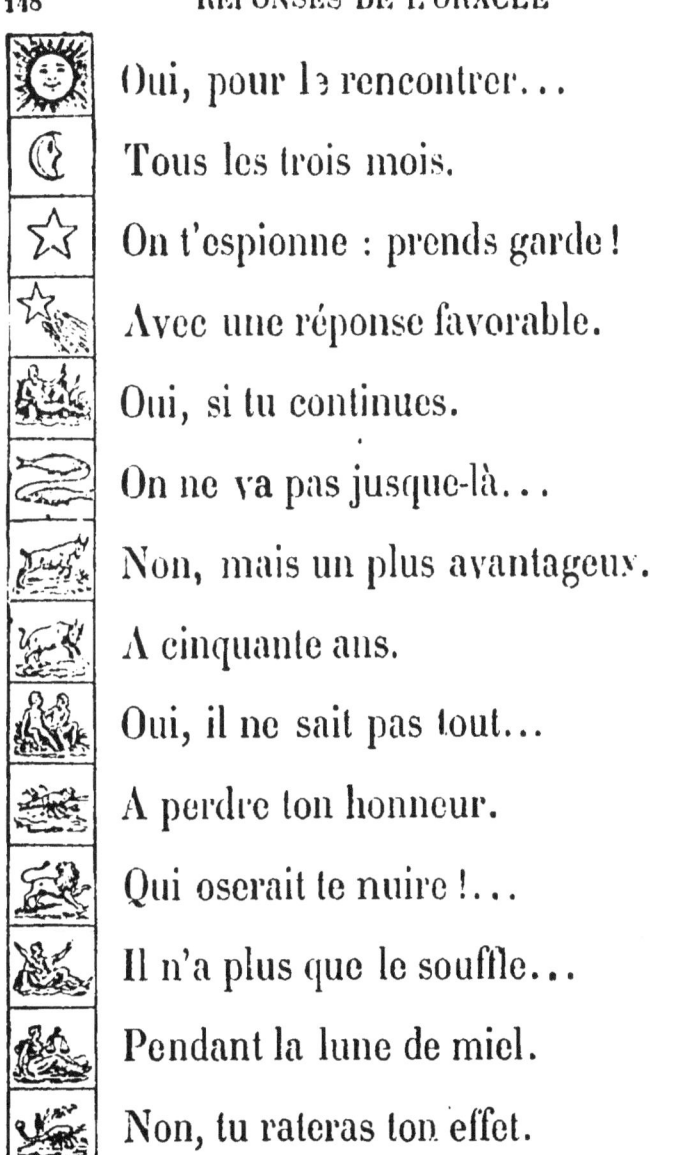

Oui, pour le rencontrer...

Tous les trois mois.

On t'espionne : prends garde !

Avec une réponse favorable.

Oui, si tu continues.

On ne va pas jusque-là...

Non, mais un plus avantageux.

A cinquante ans.

Oui, il ne sait pas tout...

A perdre ton honneur.

Qui oserait te nuire !...

Il n'a plus que le souffle...

Pendant la lune de miel.

Non, tu rateras ton effet.

En étant moins fainéante.

Eh ! fais donc ce que tu voudras...

RÉPONSES DE L'ORACLE

Oui, puisqu'il doit t'accompagner.

Un cadeau princier.

Beaucoup... à l'*écarté*...

Crains de l'entreprendre.

Ton premier mari t'enterrera.

Comme tu auras vécu.

Oui, parce qu'on semonce tes défauts.

Chose, ou Machin.

Es-tu bête !...

Tu seras réhabilitée.

Dame ! il y a flagrant délit.

Mauvais, mais on l'exemptera.

Avec le prix, soulage une infortune.

Il l'a juré : il reviendra.

Après quoi donc ?...

Mais brille donc d'abord chez toi.

Il a bien autre chose à faire.

Mieux vaut un arrangement amiable.

Des maladies imaginaires.

Oui, mais de courte durée.

Le forceps sera peut-être nécessaire.

Il t'aime tant !

Aux champs, tu pourras paître.

Oui trois, dont un voleur.

En toute sûreté.

Chauds serments lâchement trahis !

Oui, mais pour peu de temps.

Ils mourront peut-être avant toi.

Jamais complètement.

Pourquoi pas en famille ?...

Tu sauras très bien t'en tirer.

Non ! plus gai, plus ingambe...

RÉPONSES DE L'ORACLE

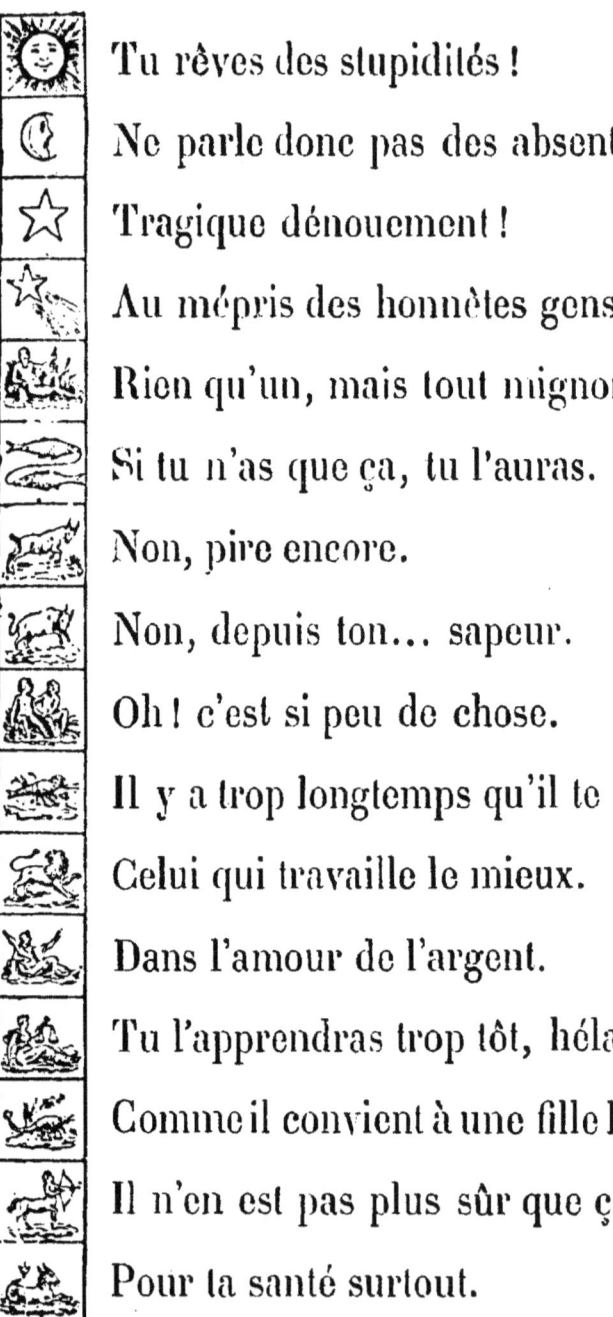

Tu rêves des stupidités !

Ne parle donc pas des absents.

Tragique dénouement !

Au mépris des honnêtes gens.

Rien qu'un, mais tout mignon.

Si tu n'as que ça, tu l'auras.

Non, pire encore.

Non, depuis ton... sapeur.

Oh ! c'est si peu de chose.

Il y a trop longtemps qu'il te nargue !

Celui qui travaille le mieux.

Dans l'amour de l'argent.

Tu l'apprendras trop tôt, hélas !

Comme il convient à une fille bien née

Il n'en est pas plus sûr que ça.

Pour ta santé surtout.

Tu sais bien qu'il n'en fera rien.

Oui, dans ce monde, mais dans l'autre ?

Pourquoi faire ?...

Il te le prendra...

Oui, dans le travail et la vertu.

Tu finiras dans un asile.

Jusqu'à la prochaine occasion.

Non, si l'on te fait des rentes.

Tu te feras tirer l'oreille.

Chasses tes sottes idées !

En les bernant à tour de rôle.

Leur ambition sera déçue.

Tu prendras ce qui viendra.

On ne t'enlèvera pas grand'chose.

Tu peux en être fière et heureuse.

Pour faire un heureux, réponds : oui !

RÉPONSES DE L'ORACLE

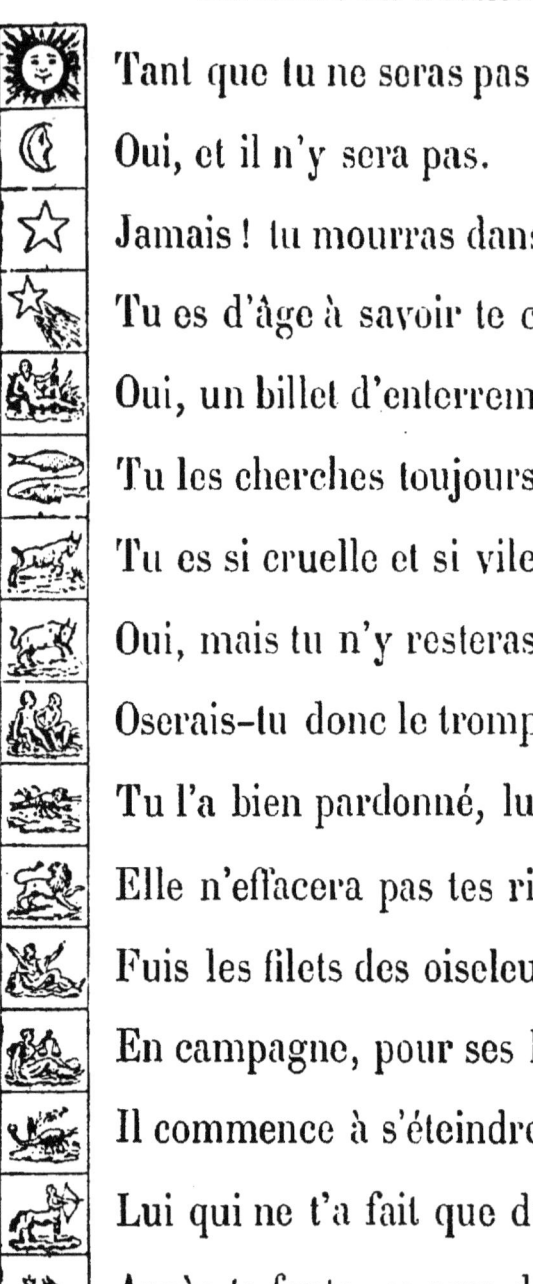

Tant que tu ne seras pas mariée.

Oui, et il n'y sera pas.

Jamais ! tu mourras dans ton gîte.

Tu es d'âge à savoir te conduire.

Oui, un billet d'enterrement.

Tu les cherches toujours.

Tu es si cruelle et si vile !

Oui, mais tu n'y resteras pas.

Oserais-tu donc le tromper ?

Tu l'a bien pardonné, lui !

Elle n'effacera pas tes rides.

Fuis les filets des oiseleurs !

En campagne, pour ses blessures.

Il commence à s'éteindre.

Lui qui ne t'a fait que du bien ?...

Après ta faute, ce sera difficile.

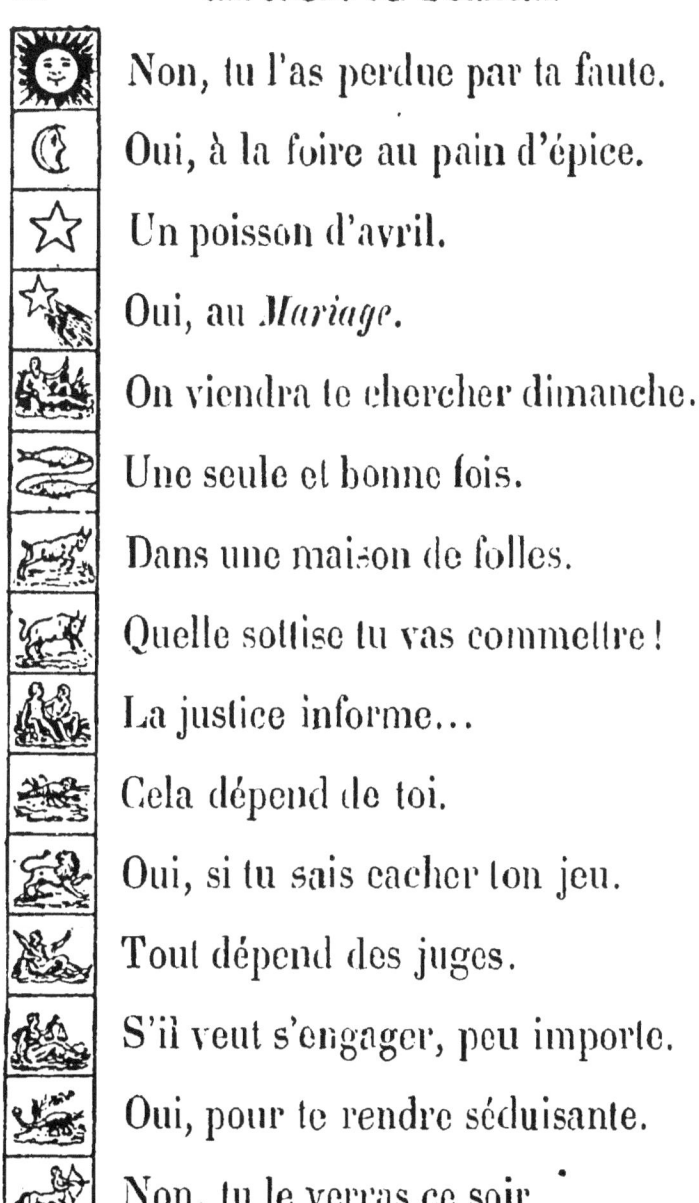

Non, tu l'as perdue par ta faute.

Oui, à la foire au pain d'épice.

Un poisson d'avril.

Oui, au *Mariage*.

On viendra te chercher dimanche.

Une seule et bonne fois.

Dans une maison de folles.

Quelle sottise tu vas commettre !

La justice informe...

Cela dépend de toi.

Oui, si tu sais cacher ton jeu.

Tout dépend des juges.

S'il veut s'engager, peu importe.

Oui, pour te rendre séduisante.

Non, tu le verras ce soir.

Oui, si tu sais alimenter sa flamme.

RÉPONSES DE L'ORACLE

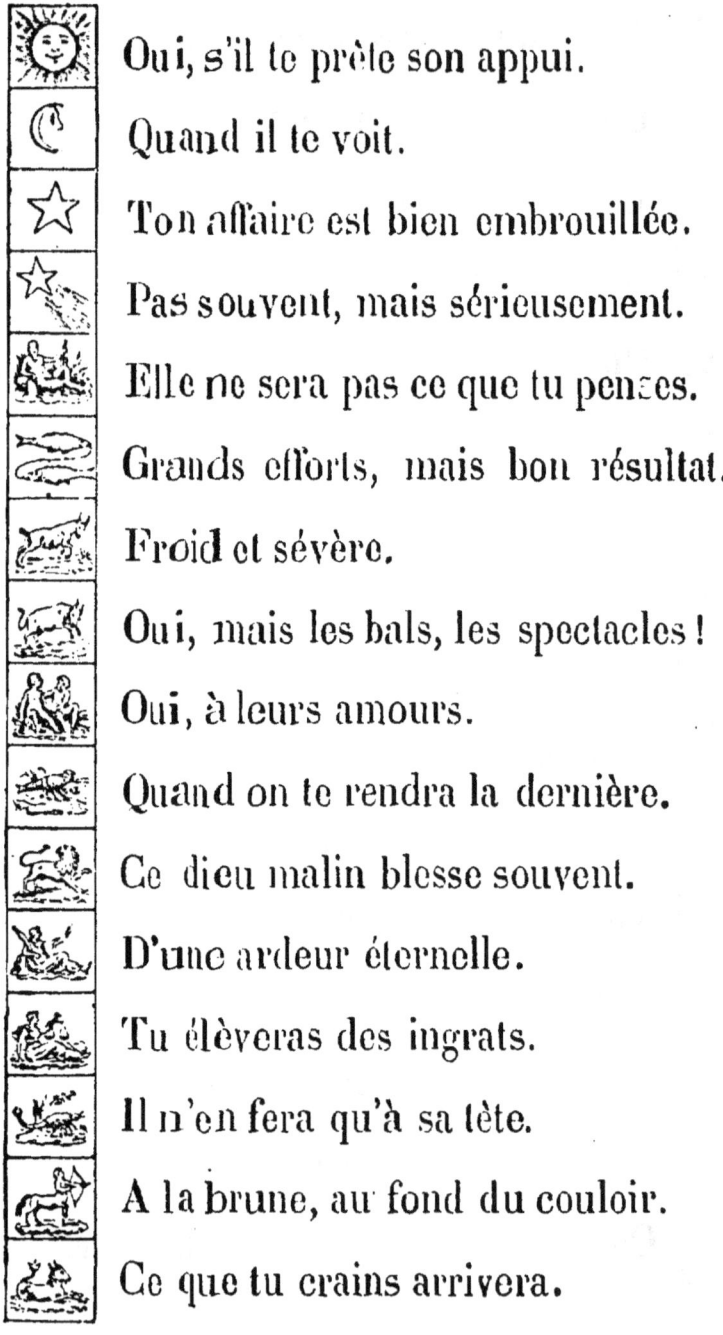

Oui, s'il te prête son appui.

Quand il te voit.

Ton affaire est bien embrouillée.

Pas souvent, mais sérieusement.

Elle ne sera pas ce que tu penses.

Grands efforts, mais bon résultat.

Froid et sévère.

Oui, mais les bals, les spectacles !

Oui, à leurs amours.

Quand on te rendra la dernière.

Ce dieu malin blesse souvent.

D'une ardeur éternelle.

Tu élèveras des ingrats.

Il n'en fera qu'à sa tête.

A la brune, au fond du couloir.

Ce que tu crains arrivera.

 C'est un ami de la maison.

 Oui, pas pour toi...

 Comme *Ninon de Lenclos*.

 Tout bêtement.

 A la honte pour ta famille.

 Deux phénomènes à montrer à la foire.

 Tu es taillée pour aller à cent ans.

 Non, mais pas plus mauvaise.

 Non, tu es trop sale et gourmande !

 A Pâques ou à la Trinité.

 Tes rigueurs peuvent tout gâter.

 Celui qui lâche la culotte.

 A ton exemple.

 Ils se trahiront eux-mêmes.

 Il y pleut injures et horions.

 Avoue que tu es une... rouée.

Tu es encore bien gamine !

Autant en emporte le vent.

La mort vient toujours assez vite.

Trop tôt, pour ton malheur.

Si tu crains, abstiens-toi.

Tu en ferais un trop mauvais usage.

Tu vivras de tes rentes.

Il te berne avec d'autres.

L'oisiveté engendre tous les vices.

Oui, en étant plus économe.

Tu ne le seras jamais trop.

Il ne t'en restera pas un.

Oui, mais la débauche les perdra.

Mâle ou femelle.

Veille au grain !...

Songe plutôt à l'avenir.

Oui, pour la coquetterie.

Oui, et tant mieux pour toi.

Ce bal causera ton malheur.

Oui, la concierge te déteste.

Bah ! tu es allée à bien d'autres.

Ton amant t'annonce son mariage.

Oui, affaire de jalousie.

Chasse loin cette sombre image !

Tu obtiens tout ce que tu veux.

Oui, si tu tiens à ton repos.

Non, il s'apprête à la vengeance.

Oh ! la vieille qui rêve des conquêtes !

Crains les pièges de tes rivales.

Il faudra bien des protections.

Jusqu'à ce qu'il te délaisse.

Il se mariera le même jour.

RÉPONSES DE L'ORACLE

Oui, pour mieux faire.

Tu possèdes ce rare trésor.

Non, il n'a pas eu de billet.

Une paire de jarretières.

Oui, aux *Jeux innocents*.

Remis aux calendes grecques.

Non, tu seras une veuve inconsolable.

Comme une brave fille.

Oui, pour suivre ton cher époux.

Ton voleur n'est pas loin.

Oui, dans un bouge infâme.

A la honte de tes ennemis.

Si son repentir est sincère.

Le n° du quantième du mois.

Il t'aime telle que tu es.

Qui pourrait t'y contraindre ?

160   RÉPONSES DE L'ORACLE

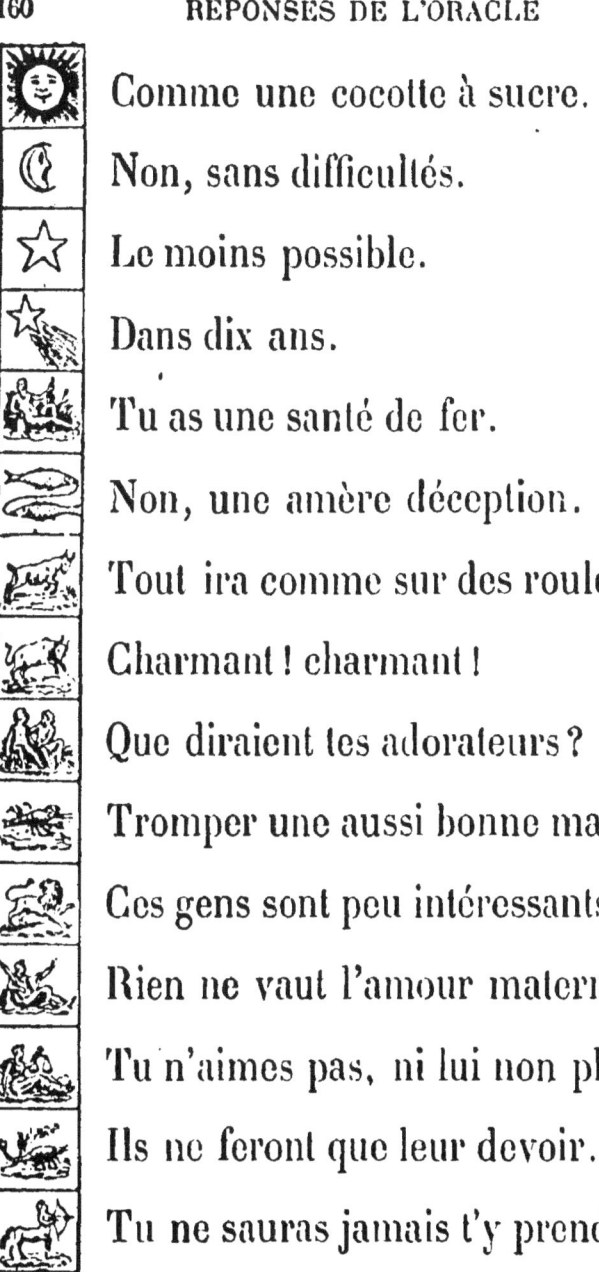

Comme une cocotte à sucre.

Non, sans difficultés.

Le moins possible.

Dans dix ans.

Tu as une santé de fer.

Non, une amère déception.

Tout ira comme sur des roulettes.

Charmant ! charmant !

Que diraient tes adorateurs ?

Tromper une aussi bonne maîtresse ?

Ces gens sont peu intéressants.

Rien ne vaut l'amour maternel !

Tu n'aimes pas, ni lui non plus.

Ils ne feront que leur devoir.

Tu ne sauras jamais t'y prendre.

Au clair de lune, sous le pont.

RÉPONSES DE L'ORACLE 161

 Puisqu'il ne te veut plus...

 Tu ne connais que lui.

 Au gré de tes désirs.

 Oui, ceux de l'esprit.

 Un duel entre deux rivaux.

 Sur la paille.

 Un petit frère et une petite sœur.

 Tu te tueras à la peine.

 Moins honorable.

 M⁰ te trouve bien... complaisante.

 Il ne fallait pas la prêter.

 Comme il est avec toi.

 Celui que tu prendras.

 Ils seront ce que tu les feras.

 Tu es vraiment bien curieuse.

 On ne peut plus... compromettant.

Es-tu capable d'en avoir ?

Et toi ?...

Il n'y pense même plus.

Ne désespère pas : tes peines finiront.

Oui, si la mort te les enlève...

Qu'il te plantera là après ..

Je te le souhaite, ma chère !

Ce que tu la feras,

Il s'accuse à genoux.

Le plaisir mène à la misère.

De reconnaissance ?... jamais !

Jalouse du passé ?

Tous tes pigeons vont s'envoler.

Leur sort fera bien des jaloux.

Du sexe que tu aimes.

Crains plutôt ce qu'on te donnera.

Rien que de très banal.

Tu l'emportes sur toutes.

Oui, en charmant ton célibat.

Non, maman se méfie...

Il faut bien, puisque l'on t'expulse.

Quelle audace! quelle imprudence !

Quatre pages de flatteries... menteuses.

Tu as l'air d'en vouloir.

Qu'y gagnerait-on ?...

Il te passera devant le nez.

Non, si tu es une dévergondée.

Non, tu ne le mérites pas...

A faire manquer ton mariage.

Oh! tu ne crains ni Dieu ni diable.

Il fera un brave soldat.

De plus en plus grand.

Par un baiser.

Non, si elle est irréprochable,

Tu comptes sur un hypocrite.

Aimes-tu : le drame ou l'opérette ?

Un mirliton pour te distraire.

Le jeu te ruinera.

Oui, en chemin de fer.

Le premier te dégoûtera des autres.

Bravement : dans une ambulance.

Il le faut bien, hélas !

Personne ! tu t'es laissée prendre.

Tu ne peux l'échapper.

Oui : tu as un bon défenseur.

Oui : son cas est peu grave.

Celui que tu lui souhaites.

Passe-toi cette fantaisie.

RÉPONSES DE L'ORACLE

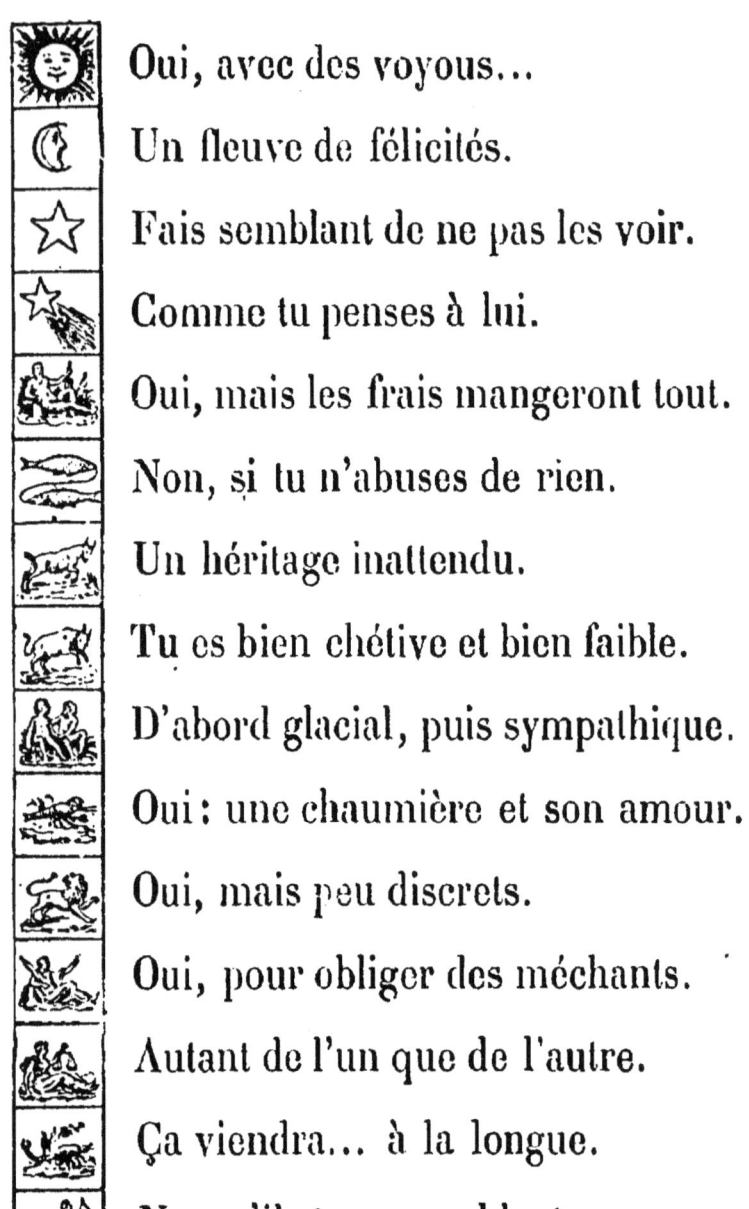

Oui, avec des voyous...

Un fleuve de félicités.

Fais semblant de ne pas les voir.

Comme tu penses à lui.

Oui, mais les frais mangeront tout.

Non, si tu n'abuses de rien.

Un héritage inattendu.

Tu es bien chétive et bien faible.

D'abord glacial, puis sympathique.

Oui : une chaumière et son amour.

Oui, mais peu discrets.

Oui, pour obliger des méchants.

Autant de l'un que de l'autre.

Ça viendra... à la longue.

Non, s'ils te ressemblent.

En le rendant jaloux.

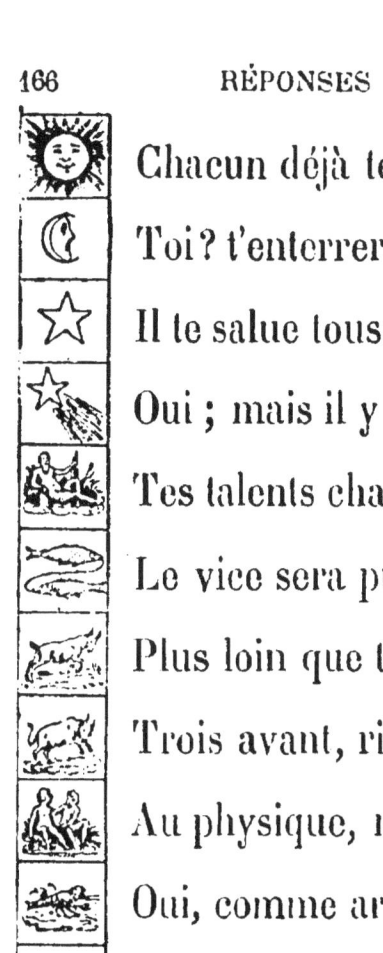 Chacun déjà te montre au doigt.

Toi ? t'enterrer dans un cloître ?...

Il te salue tous les matins.

Oui ; mais il y aura du tirage.

Tes talents charmeront toujours.

Le vice sera puni.

Plus loin que tu ne voudrais.

Trois avant, rien après le mariage.

Au physique, non au moral.

Oui, comme argent.

Mme te trouve trop bien... avec M^r.

C'est très douteux.

Est-ce qu'il te ménage, lui ?...

Celui qui fait tous vos caprices.

Le père les gâtera trop.

En seras-tu plus riche après ?

RÉPONSES DE L'ORACLE

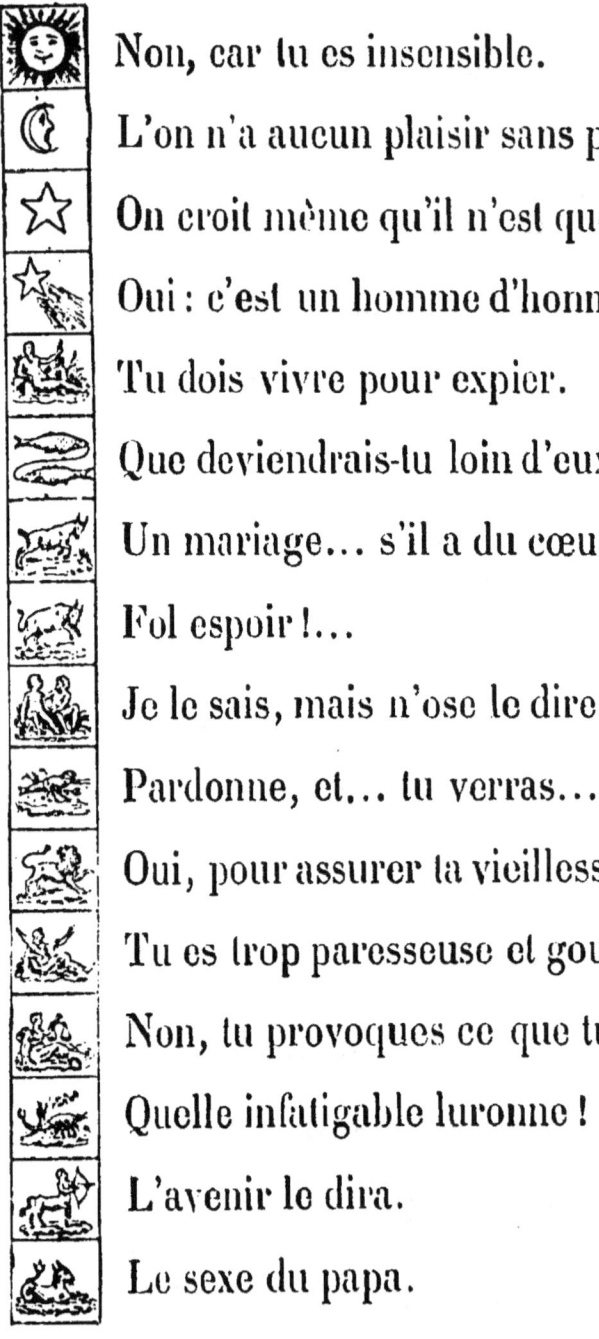

Non, car tu es insensible.

L'on n'a aucun plaisir sans peine.

On croit même qu'il n'est que temps !

Oui : c'est un homme d'honneur.

Tu dois vivre pour expier.

Que deviendrais-tu loin d'eux ?

Un mariage... s'il a du cœur.

Fol espoir !...

Je le sais, mais n'ose le dire.

Pardonne, et... tu verras...

Oui, pour assurer ta vieillesse.

Tu es trop paresseuse et gourmande.

Non, tu provoques ce que tu crains.

Quelle infatigable luronne !

L'avenir le dira.

Le sexe du papa.

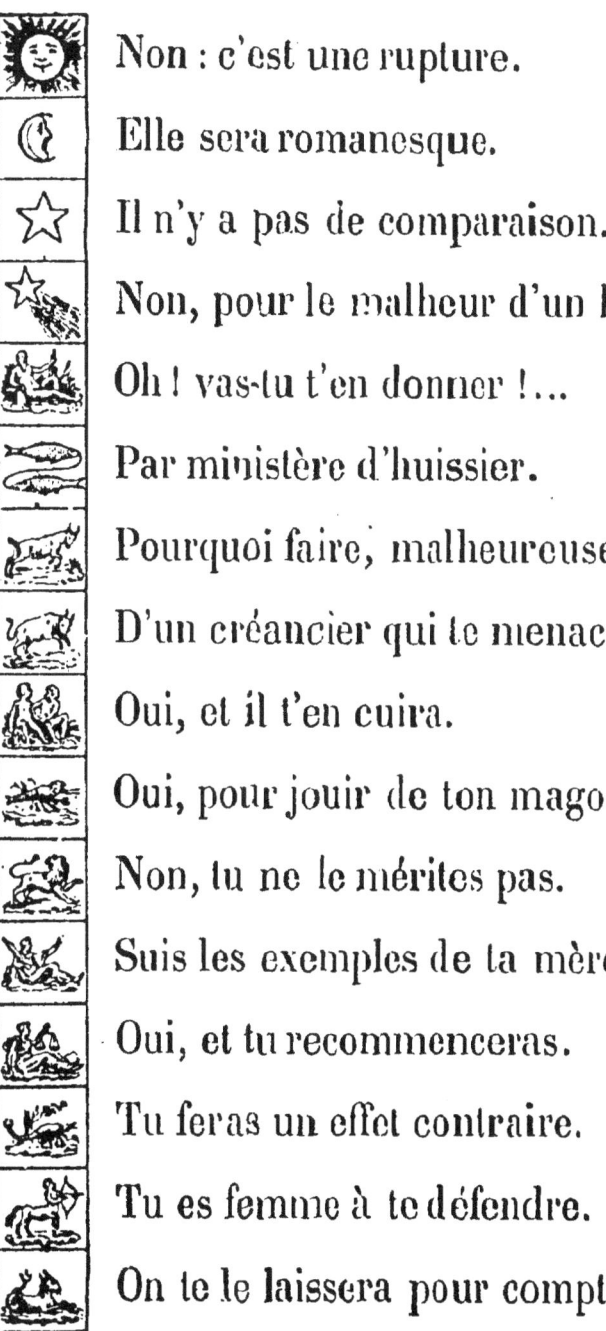

Non : c'est une rupture.

Elle sera romanesque.

Il n'y a pas de comparaison.

Non, pour le malheur d'un homme.

Oh ! vas-tu t'en donner !...

Par ministère d'huissier.

Pourquoi faire, malheureuse ?

D'un créancier qui te menace.

Oui, et il t'en cuira.

Oui, pour jouir de ton magot.

Non, tu ne le mérites pas.

Suis les exemples de ta mère.

Oui, et tu recommenceras.

Tu feras un effet contraire.

Tu es femme à te défendre.

On te le laissera pour compte.

RÉPONSES DE L'ORACLE

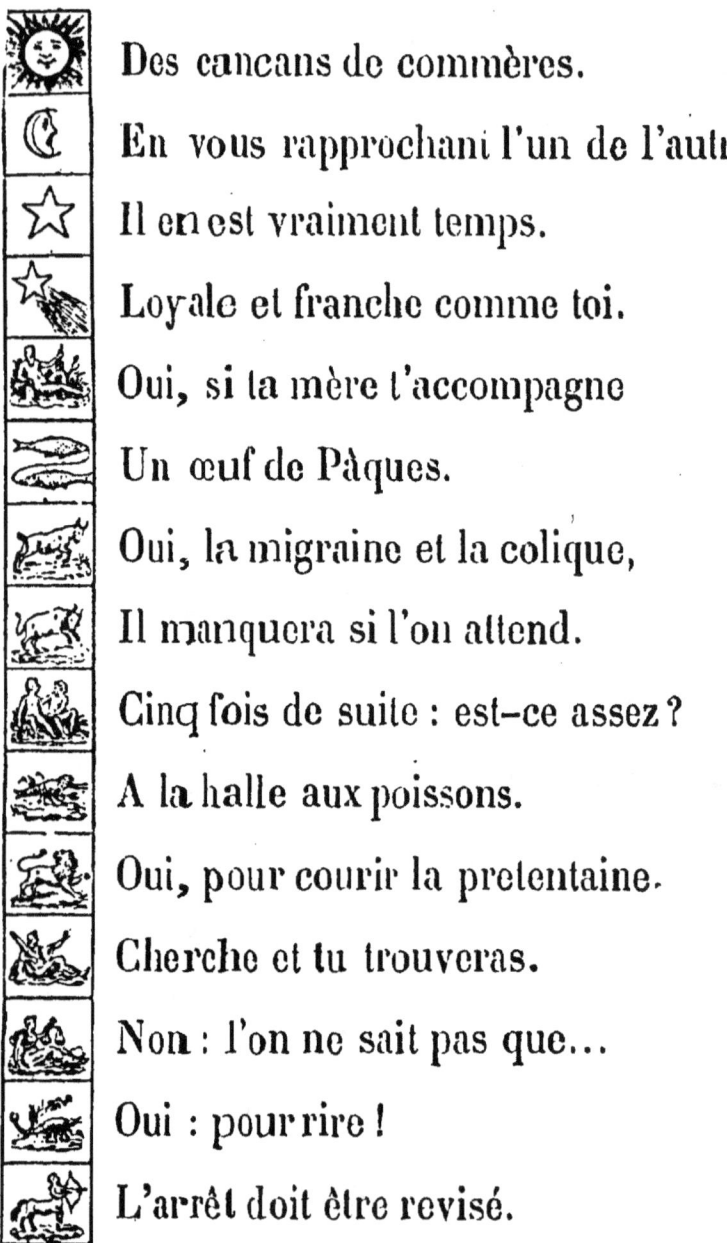

Des cancans de commères.

En vous rapprochant l'un de l'autre.

Il en est vraiment temps.

Loyale et franche comme toi.

Oui, si ta mère t'accompagne

Un œuf de Pâques.

Oui, la migraine et la colique,

Il manquera si l'on attend.

Cinq fois de suite : est-ce assez ?

A la halle aux poissons.

Oui, pour courir la prétentaine.

Cherche et tu trouveras.

Non : l'on ne sait pas que...

Oui : pour rire !

L'arrêt doit être revisé.

Il partira : tant mieux pour toi !

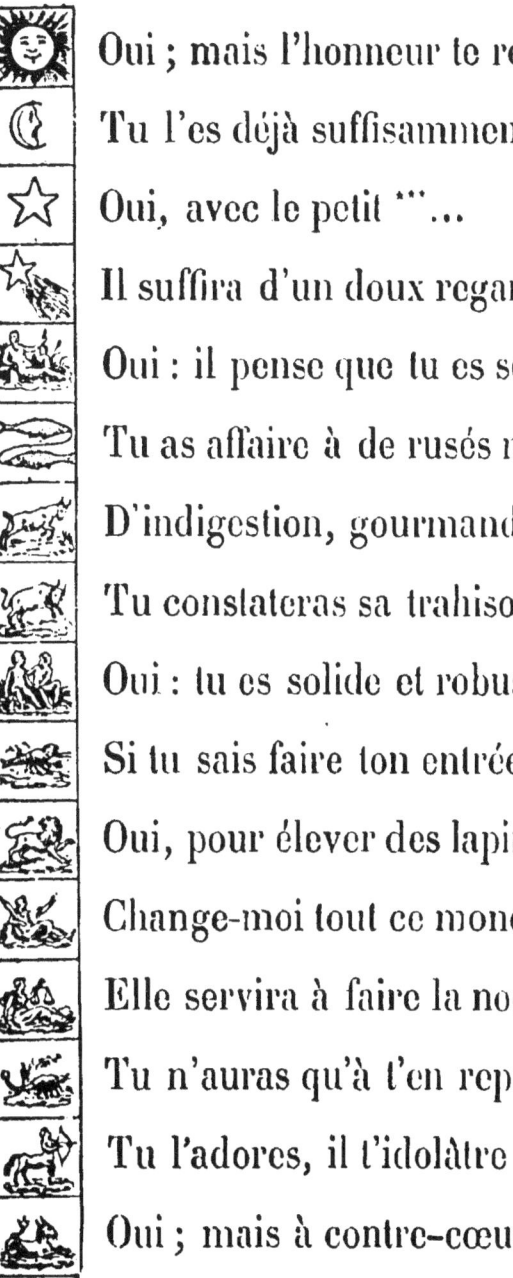

Oui ; mais l'honneur te restera.

Tu l'es déjà suffisamment.

Oui, avec le petit ***...

Il suffira d'un doux regard.

Oui : il pense que tu es sotte.

Tu as affaire à de rusés matois.

D'indigestion, gourmande !

Tu constateras sa trahison.

Oui : tu es solide et robuste.

Si tu sais faire ton entrée.

Oui, pour élever des lapins.

Change-moi tout ce monde-là !

Elle servira à faire la noce.

Tu n'auras qu'à t'en repentir.

Tu l'adores, il t'idolâtre !

Oui ; mais à contre-cœur.

RÉPONSES DE L'ORACLE

Vous saurez cacher votre jeu.

Non, mais l'on te plaindra.

Quel vide tu y laisserais !

Il t'a offert son... parapluie hier.

Certainement... si c'est possible.

Pour lui ?... toujours.

Par une scène de larmes.

A briller parmi tes pareilles.

Cinq bâtards et un légitime.

Crains les rhumes de cerveau.

Un paradis... de Mahomet.

Ils seraient bien difficiles.

Plus tôt qu'on ne l'a promis.

Ferme, mais sans excès.

Le plus indulgent pour vos torts.

Avec trop de sévérité.

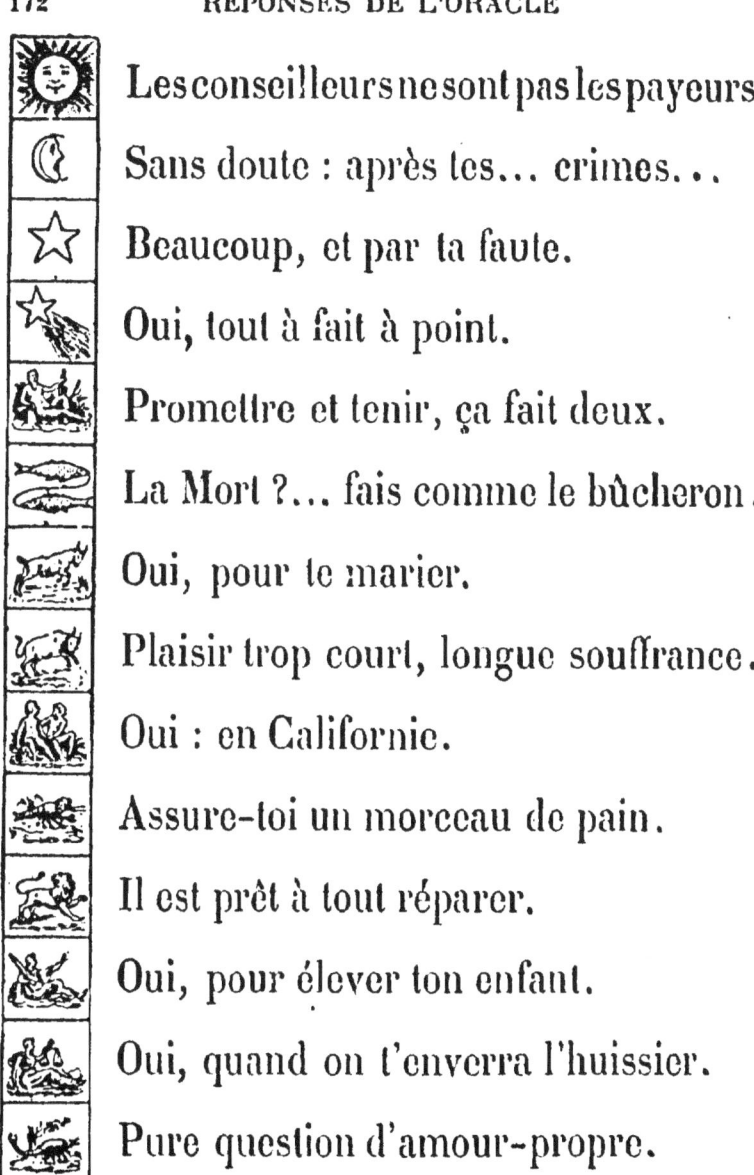

Les conseilleurs ne sont pas les payeurs.

Sans doute : après tes... crimes...

Beaucoup, et par ta faute.

Oui, tout à fait à point.

Promettre et tenir, ça fait deux.

La Mort ?... fais comme le bûcheron.

Oui, pour te marier.

Plaisir trop court, longue souffrance.

Oui : en Californie.

Assure-toi un morceau de pain.

Il est prêt à tout réparer.

Oui, pour élever ton enfant.

Oui, quand on t'enverra l'huissier.

Pure question d'amour-propre.

Moins tu en auras, moins tu en perdras.

Comme leur mère.

RÉPONSES DE L'ORACLE

Soyez prudents et économes.

Il voudrait revenir, mais il n'ose.

Les allouettes te viendront toutes rôties.

Tu sais bien que tu es... divine.

Oui et non : devine si tu peux.

Pour attraper une fluxion.

Oui, mais tu reviendras.

Oui, pour lui donner son congé.

Las !... personne ne pense à toi !...

Oui : l'on vous conduira au poste.

Dame ! il pourrait se remarier.

Tu ne sais pas t'y prendre.

Avec ça qu'il se gêne, lui !

Ta faute est assez expiée.

La simplicité te va mieux.

Fais ce que dois, advienne que pourra!

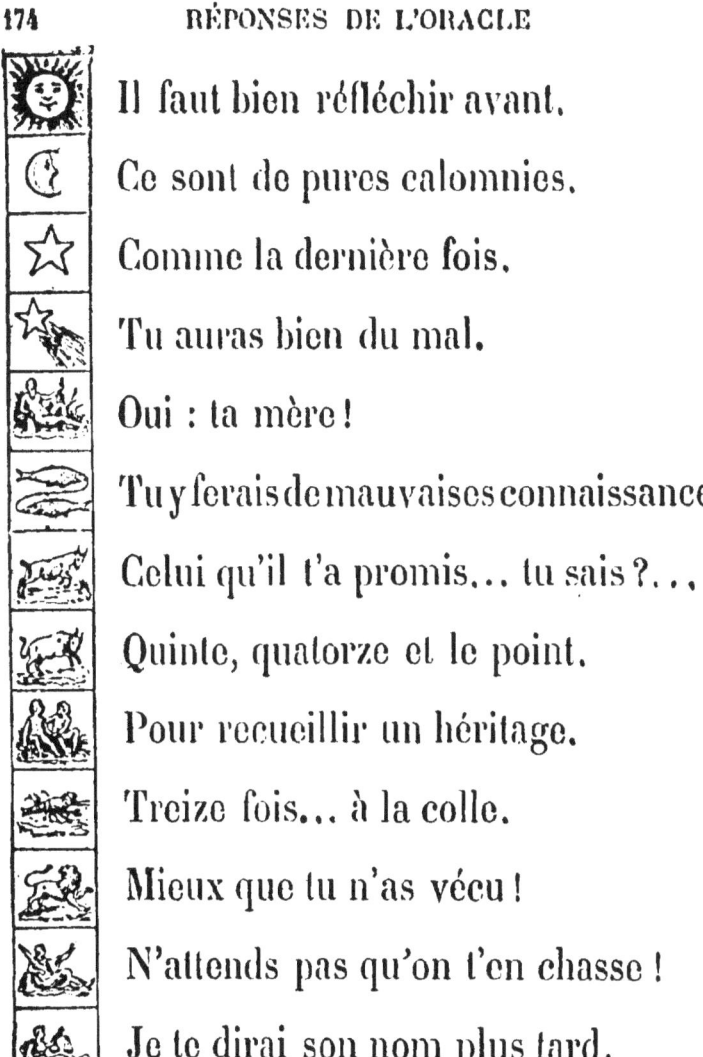

Il faut bien réfléchir avant.

Ce sont de pures calomnies.

Comme la dernière fois.

Tu auras bien du mal.

Oui : ta mère !

Tu y ferais de mauvaises connaissances.

Celui qu'il t'a promis... tu sais ?...

Quinte, quatorze et le point.

Pour recueillir un héritage.

Treize fois... à la colle.

Mieux que tu n'as vécu !

N'attends pas qu'on t'en chasse !

Je te dirai son nom plus tard.

Oui, si l'on te dénonce !

Oh ! l'on sait bien ce que tu vaux.

On le tient, on le gardera.

RÉPONSES DE L'ORACLE 175

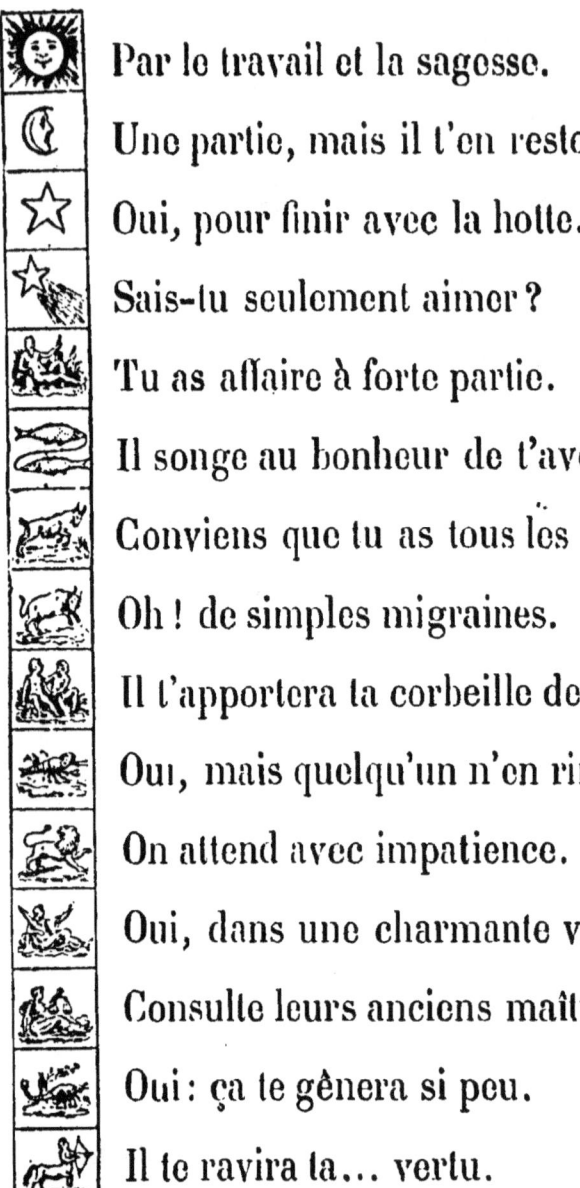

Par le travail et la sagesse.

Une partie, mais il t'en restera assez.

Oui, pour finir avec la hotte.

Sais-tu seulement aimer ?

Tu as affaire à forte partie.

Il songe au bonheur de t'avoir.

Conviens que tu as tous les torts.

Oh ! de simples migraines.

Il t'apportera la corbeille de noces.

Oui, mais quelqu'un n'en rira pas.

On attend avec impatience.

Oui, dans une charmante villa.

Consulte leurs anciens maîtres.

Oui : ça te gênera si peu.

Il te ravira ta... vertu.

Il t'a aimée, mais c'est fini !

176 RÉPONSES DE L'ORACLE

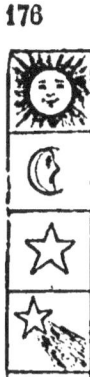 Tu n'as qu'à le vouloir.

Discret, mais maladroit.

C'est *lui* que l'on méprisera.

Te détruire?... oh! jamais!

Tu ne devines pas?...

Ce caprice te coûtera cher...

Combien t'en reste-t-il?

Le traître sera démasqué.

Tu n'auras pas le prix Montyon.

Tu fais tout pour n'en pas avoir.

Ton mal vient de tes angoisses.

Une vraie galère!

Autant que tu l'es d'eux.

Ton débiteur est de mauvaise foi.

Indulgente sans faiblesse.

C'est celui qui sait rester homme.

RÉPONSES DE L'ORACLE 177

Ris, si tu en as envie.

Oui, d'un ami sincère.

Les coupables seuls en éprouvent.

Ton choix ne promet rien de bon.

Oui !... je comprends ton impatience...

C'est son devoir puisqu'il t'a...

Il est encore des jours heureux !...

Oui, pour suivre ton séducteur.

Le désespoir de tes parents.

Un bon mari, de beaux enfants.

On trouvera que tu vis trop longtemps.

Tu oses croire un imposteur ?

Tu as déjà trop hésité...

Oui, pour éviter un esclandre.

Oui, si tu l'aimes bien...

Ah ! tu fais un joli métier !

Un soleil d'Austerlitz !

Vous méritez toutes les chances.

Non : il n'y pense déjà plus.

Une série de folies.

Ton amoureux te le dira.

Forcément, faute d'épouseur.

Il n'y dansera qu'avec toi.

Ça dépend de ton... protecteur.

Tu l'as promis, et il t'attend.

Une lettre de rupture.

C'est ton élément.

Une seule personne.

Non, tu serais trop maladroite.

Œil pour œil, dent pour dent !

Pour cette fois... mais tiens-toi !

A te mettre en butte aux cancans.

RÉPONSES DE L'ORACLE 179

De plus en plus aimable.

Oui, si tu veux être volée.

Il n'y a pas de fumée sans feu.

Tout naturellement.

Tu es donc lasse ?...

Cherches bien et tu trouveras.

Consulte les affiches.

Tu ne te doutes pas de qui...

Capote à tous les jeux.

Où veux-tu partir, imprudente ?...

Une fois légitimement, et puis...

Tristement.

Oui, pour être *nounou*.

Un farceur ! ce n'est qu'une niche.

Pour vingt ans au moins.

Entre nous : es-tu bien honnête ?

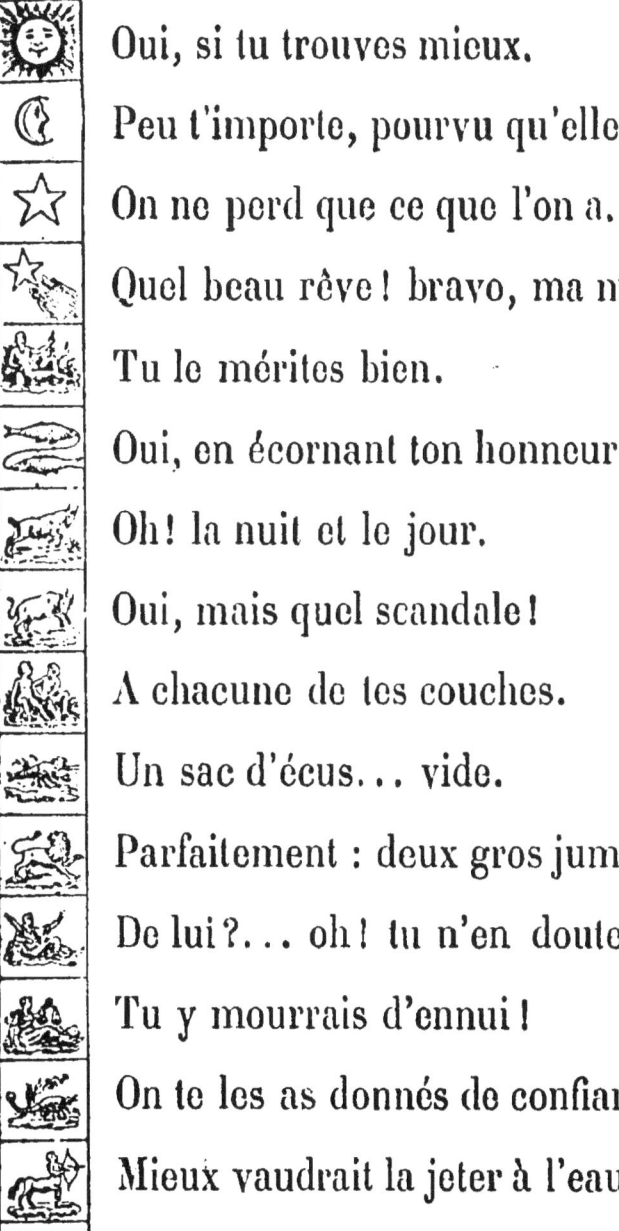

Oui, si tu trouves mieux.

Peu t'importe, pourvu qu'elle vienne.

On ne perd que ce que l'on a.

Quel beau rêve ! bravo, ma mie !

Tu le mérites bien.

Oui, en écornant ton honneur.

Oh ! la nuit et le jour.

Oui, mais quel scandale !

A chacune de tes couches.

Un sac d'écus... vide.

Parfaitement : deux gros jumeaux.

De lui ?... oh ! tu n'en doutes pas...

Tu y mourrais d'ennui !

On te les as donnés de confiance.

Mieux vaudrait la jeter à l'eau.

L'amour impur seul est funeste.

Ni oui, ni non : attends !

Espérons-le, ô mon Dieu !

Garde-toi à carreau.

Si tu cesses d'être estimable.

Pendant un mois.

Il a des moustaches en accroche-cœur.

C'est entendu !... tu l'auras !...

A perpétuité.

Par le triomphe de la vertu !

De la maladie à la mort.

Deux garçons puis trois filles.

Soigne-toi, il n'est que temps.

Que fais-tu actuellement ?

Un peu plus qu'au commencement.

On reniera la dette.

Tu tiens la culotte : garde-la !

RÉPONSES DE L'ORACLE

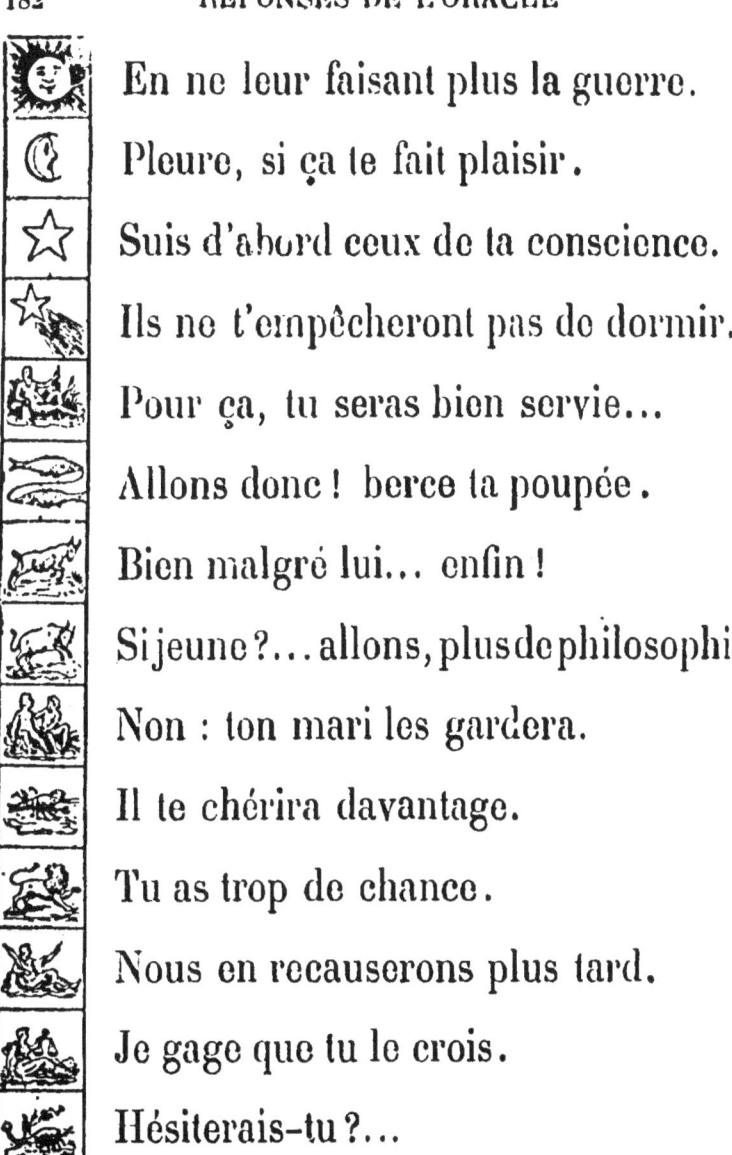

En ne leur faisant plus la guerre.

Pleure, si ça te fait plaisir.

Suis d'abord ceux de ta conscience.

Ils ne t'empêcheront pas de dormir.

Pour ça, tu seras bien servie...

Allons donc! berce ta poupée.

Bien malgré lui... enfin!

Si jeune?... allons, plus de philosophie.

Non : ton mari les gardera.

Il te chérira davantage.

Tu as trop de chance.

Nous en recauserons plus tard.

Je gage que tu le crois.

Hésiterais-tu?...

Quand tu feras un héritage.

Tu te rends malade sans cause.

RÉPONSES DE L'ORACLE

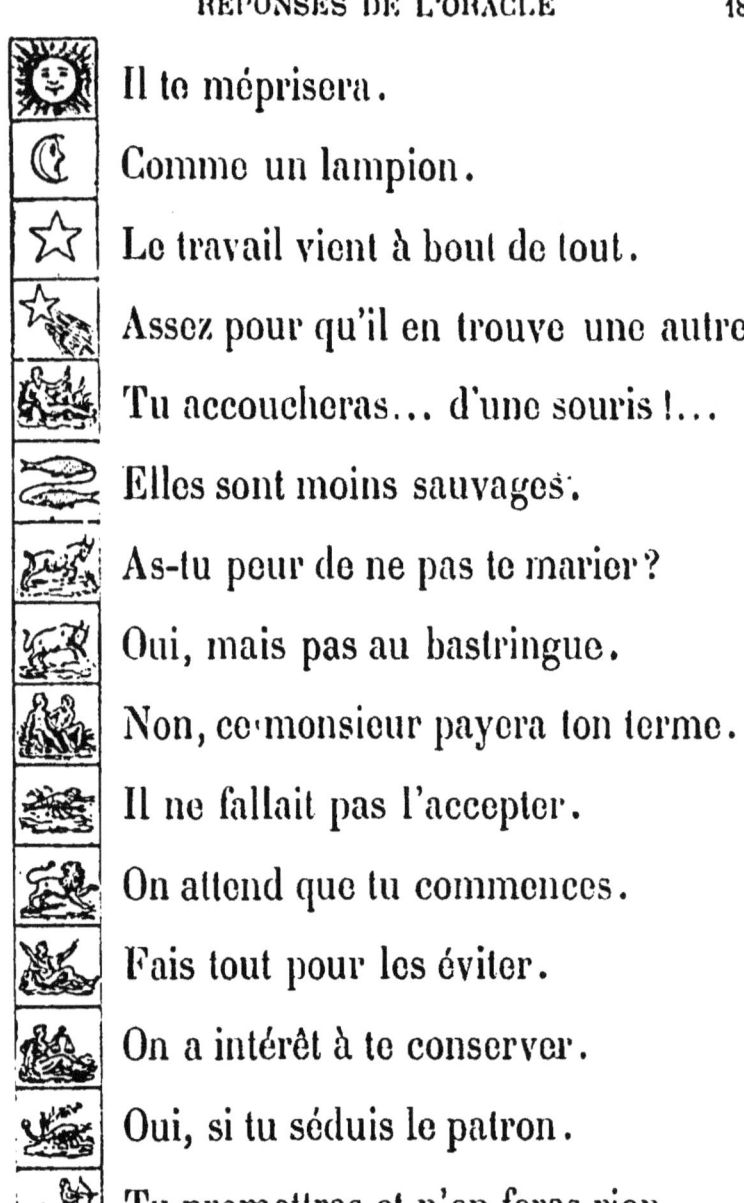

Il te méprisera.

Comme un lampion.

Le travail vient à bout de tout.

Assez pour qu'il en trouve une autre.

Tu accoucheras... d'une souris !...

Elles sont moins sauvages.

As-tu peur de ne pas te marier ?

Oui, mais pas au bastringue.

Non, ce monsieur payera ton terme.

Il ne fallait pas l'accepter.

On attend que tu commences.

Fais tout pour les éviter.

On a intérêt à te conserver.

Oui, si tu séduis le patron.

Tu promettras et n'en feras rien

Conduis-toi bien, et ne crains rien.

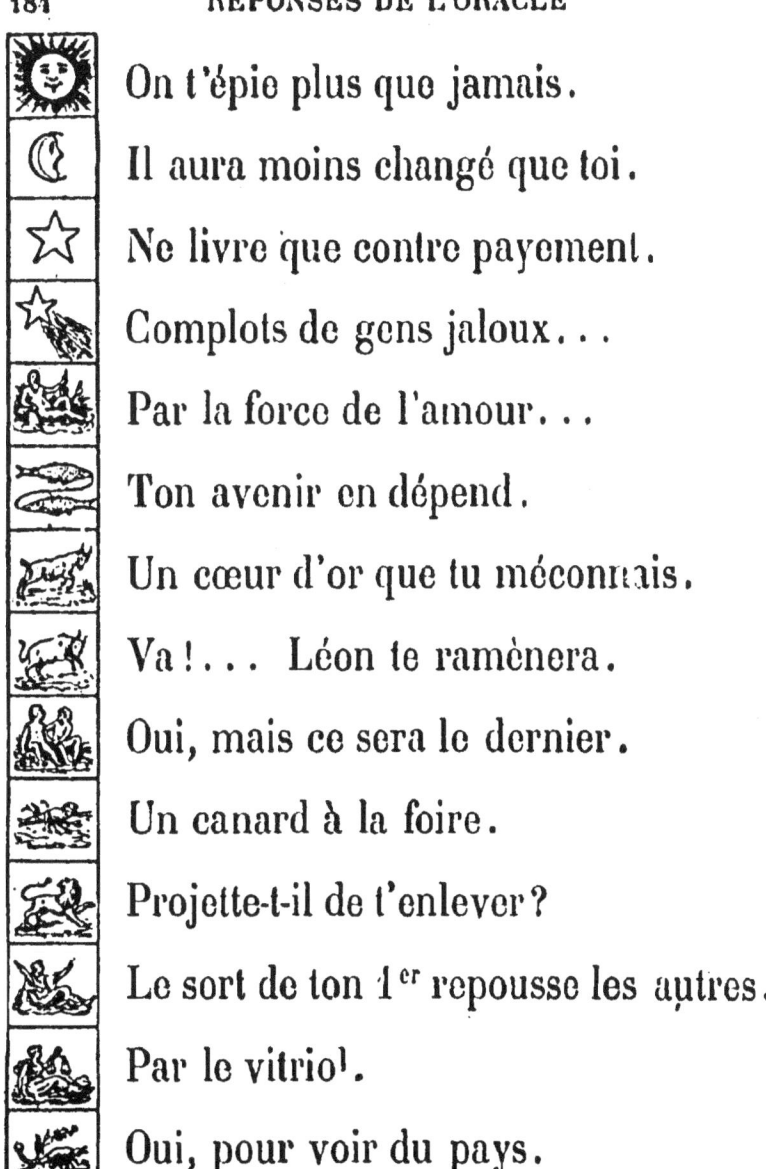

On t'épie plus que jamais.

Il aura moins changé que toi.

Ne livre que contre payement.

Complots de gens jaloux...

Par la force de l'amour...

Ton avenir en dépend.

Un cœur d'or que tu méconnais.

Va!... Léon te ramènera.

Oui, mais ce sera le dernier.

Un canard à la foire.

Projette-t-il de t'enlever?

Le sort de ton 1er repousse les autres.

Par le vitriol.

Oui, pour voir du pays.

Le fils de ta portière.

Chez un mari jaloux.

Il est assez sot pour le croire.

Non, si tu tombes plus mal.

Par des sentiers tortueux.

Elle est trop bien hypothéquée.

On t'arrêtera sur le bord de l'abîme.

Il ne faut pas dire : « Fontaine... »

L'argent est un levier puissant.

Chaque fois qu'il lui tombe un œil.

Oui, en première instance.

La rage de dents tous les mois.

Souhaite de n'en pas avoir...

Oui, mais l'enfant survivra-t-il ?

Tu es toujours la bien venue.

Tu barboteras dans les mares.

Retourne au bureau de placement.

Pour cette fois, oui !

RÉPONSES DE L'ORACLE

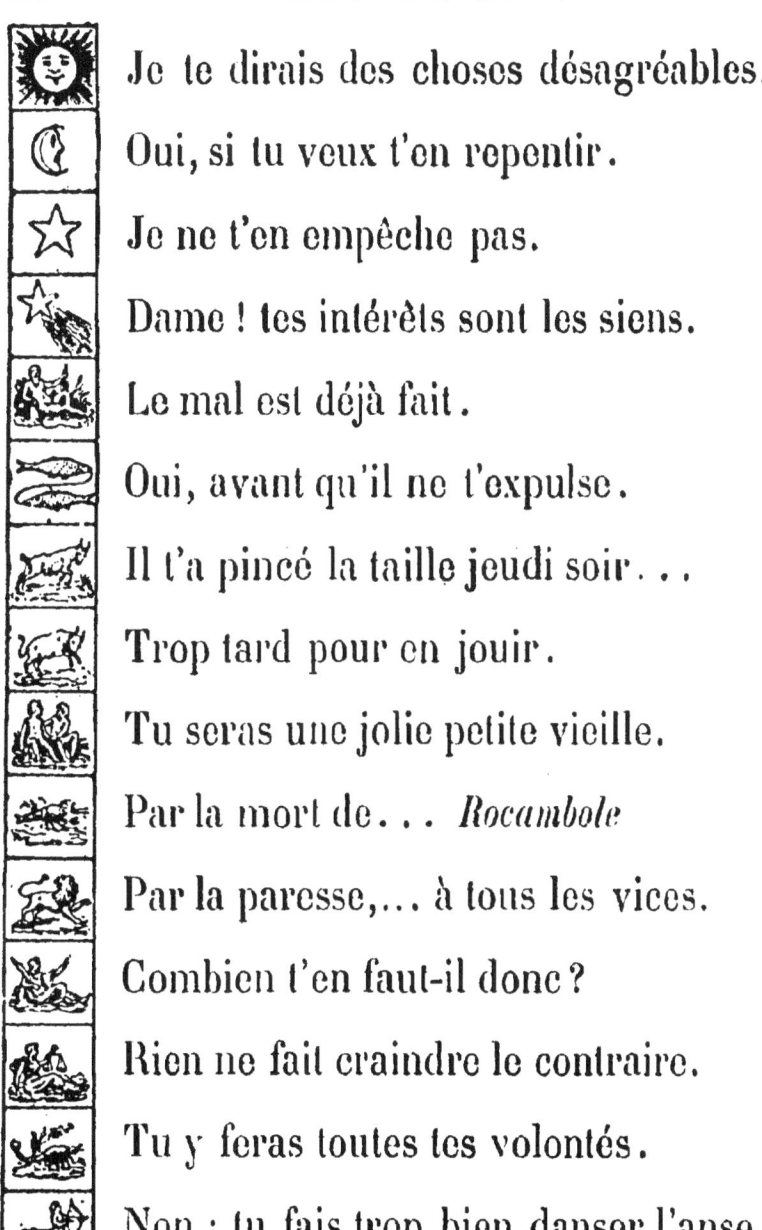

Je te dirais des choses désagréables.

Oui, si tu veux t'en repentir.

Je ne t'en empêche pas.

Dame ! tes intérêts sont les siens.

Le mal est déjà fait.

Oui, avant qu'il ne t'expulse.

Il t'a pincé la taille jeudi soir...

Trop tard pour en jouir.

Tu seras une jolie petite vieille.

Par la mort de... *Rocambole*

Par la paresse,... à tous les vices.

Combien t'en faut-il donc ?

Rien ne fait craindre le contraire.

Tu y feras toutes tes volontés.

Non : tu fais trop bien danser l'anse !

Oui, après des poursuites.

Il en bondira de joie.

En étant bonne et douce.

Ça ne se commande pas...

Les conseils d'un fourbe? imprudente!

Cuisants et éternels...

Non, jamais avec lui !

Oui, oui, depuis longtemps.

C'est une vraie girouette.

Quelle lubie te prend ?

Pour échapper à leurs justes reproches.

Comme les autres fois.

L'or ne fait pas le bonheur.

Tu iras chanter dans les cours.

Cet homme t'a donc fascinée ?

Oui, pour t'arracher à la honte.

Oui, s'il se paye sur la bête.

188 RÉPONSES DE L'ORACLE

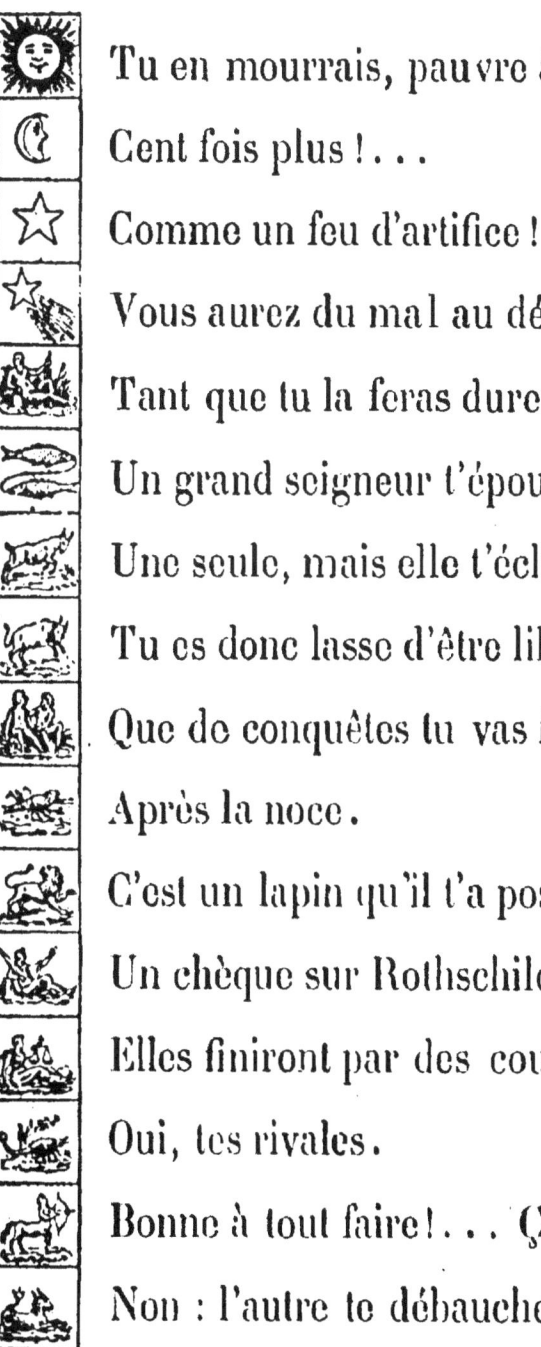

Tu en mourrais, pauvre âme !

Cent fois plus !...

Comme un feu d'artifice !

Vous aurez du mal au début.

Tant que tu la feras durer.

Un grand seigneur t'épousera.

Une seule, mais elle t'éclipse...

Tu es donc lasse d'être libre !

Que de conquêtes tu vas faire ?

Après la noce.

C'est un lapin qu'il t'a posé...

Un chèque sur Rothschild.

Elles finiront par des coups.

Oui, tes rivales.

Bonne à tout faire !... Ça t'ira.

Non : l'autre te débauchera.

 Il trouvera bien un moyen.

Aujourd'hui oui, mais demain?...

Non, il a appris ta conduite.

Consulte des experts.

Vrais en partie.

Je me le demande.

Oui, pour te faire pardonner.

Les femmes se jalousent entre elles.

Seule?... Que dirait le monde?

Tout à fait comique.

Des dettes, et le déshonneur.

Tout réussira pour le mieux.

Un seul mari qui te rendra heureuse.

Comme tes semblables.

Tu veux donc désespérer ta mère?

Tes baisers te seront rendus.

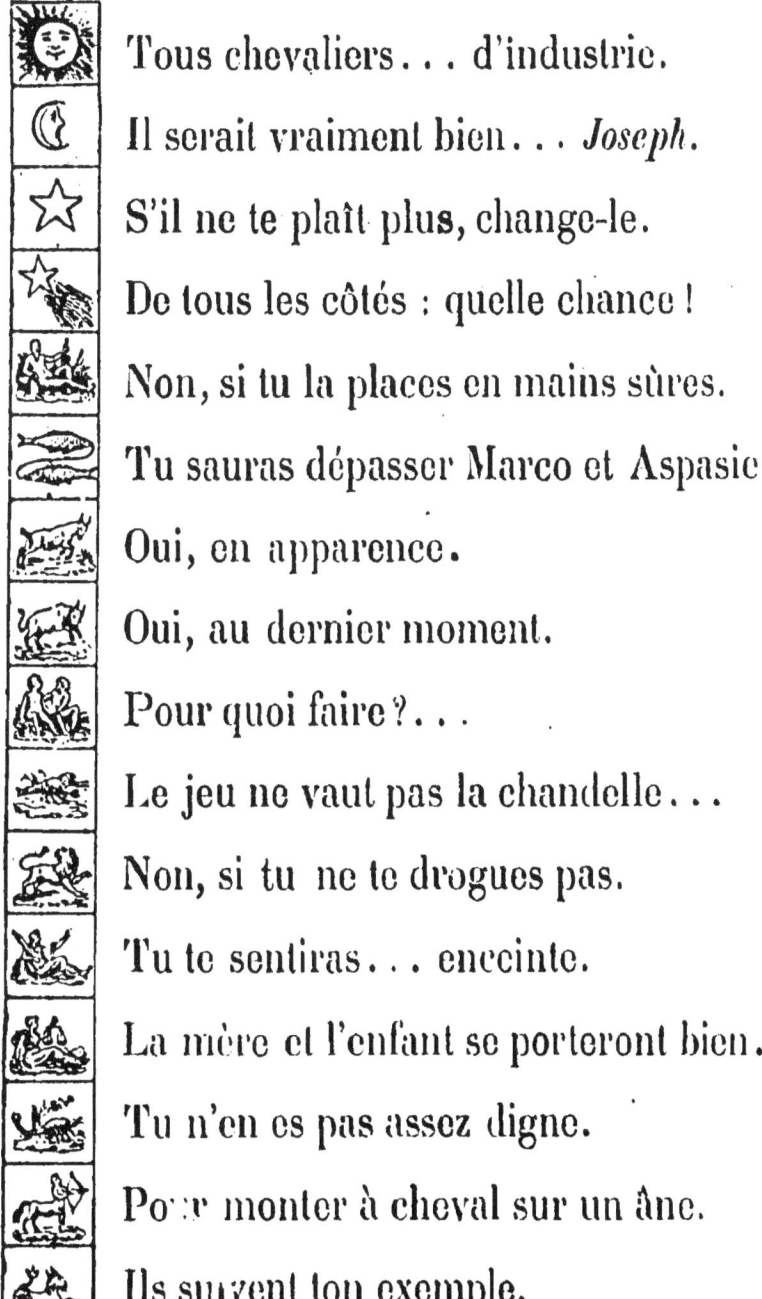

Tous chevaliers... d'industrie.

Il serait vraiment bien... *Joseph*.

S'il ne te plaît plus, change-le.

De tous les côtés : quelle chance !

Non, si tu la places en mains sûres.

Tu sauras dépasser Marco et Aspasie.

Oui, en apparence.

Oui, au dernier moment.

Pour quoi faire ?...

Le jeu ne vaut pas la chandelle...

Non, si tu ne te drogues pas.

Tu te sentiras... enceinte.

La mère et l'enfant se porteront bien.

Tu n'en es pas assez digne.

Pour monter à cheval sur un âne.

Ils suivent ton exemple.

RÉPONSES DE L'ORACLE

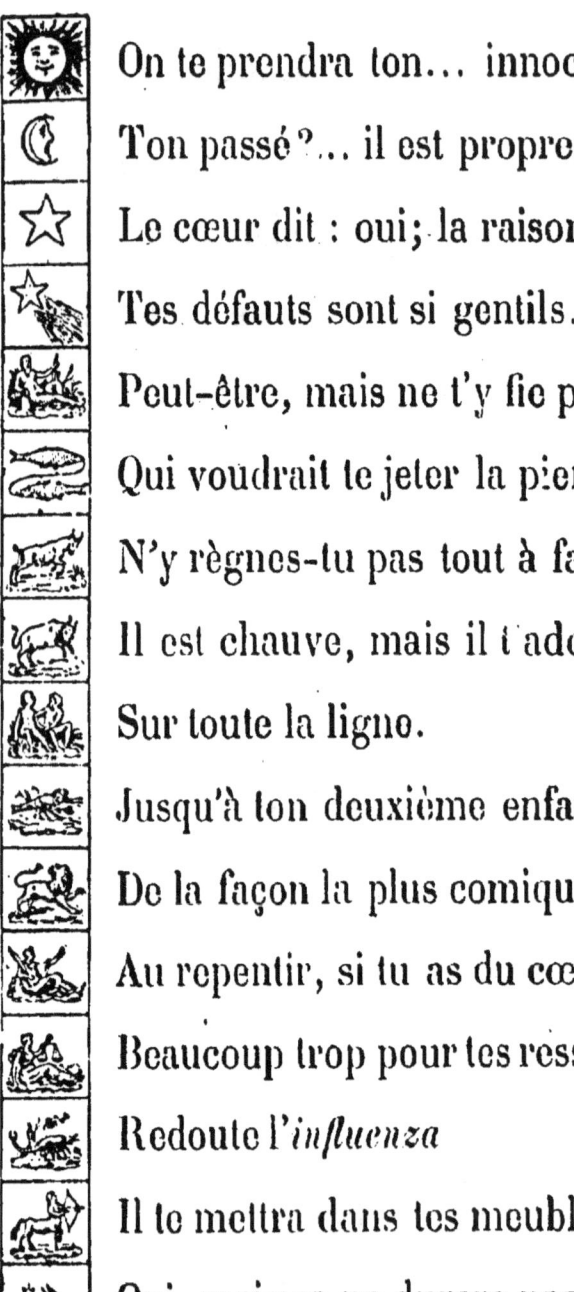

On te prendra ton... innocence.

Ton passé?... il est propre.

Le cœur dit : oui; la raison : non.

Tes défauts sont si gentils...

Peut-être, mais ne t'y fie pas.

Qui voudrait te jeter la pierre?

N'y règnes-tu pas tout à fait?

Il est chauve, mais il t'adore.

Sur toute la ligne.

Jusqu'à ton deuxième enfant.

De la façon la plus comique.

Au repentir, si tu as du cœur.

Beaucoup trop pour tes ressources.

Redoute l'*influenza*

Il te mettra dans tes meubles.

Oui, mais ça ne durera pas.

RÉPONSES DE L'ORACLE

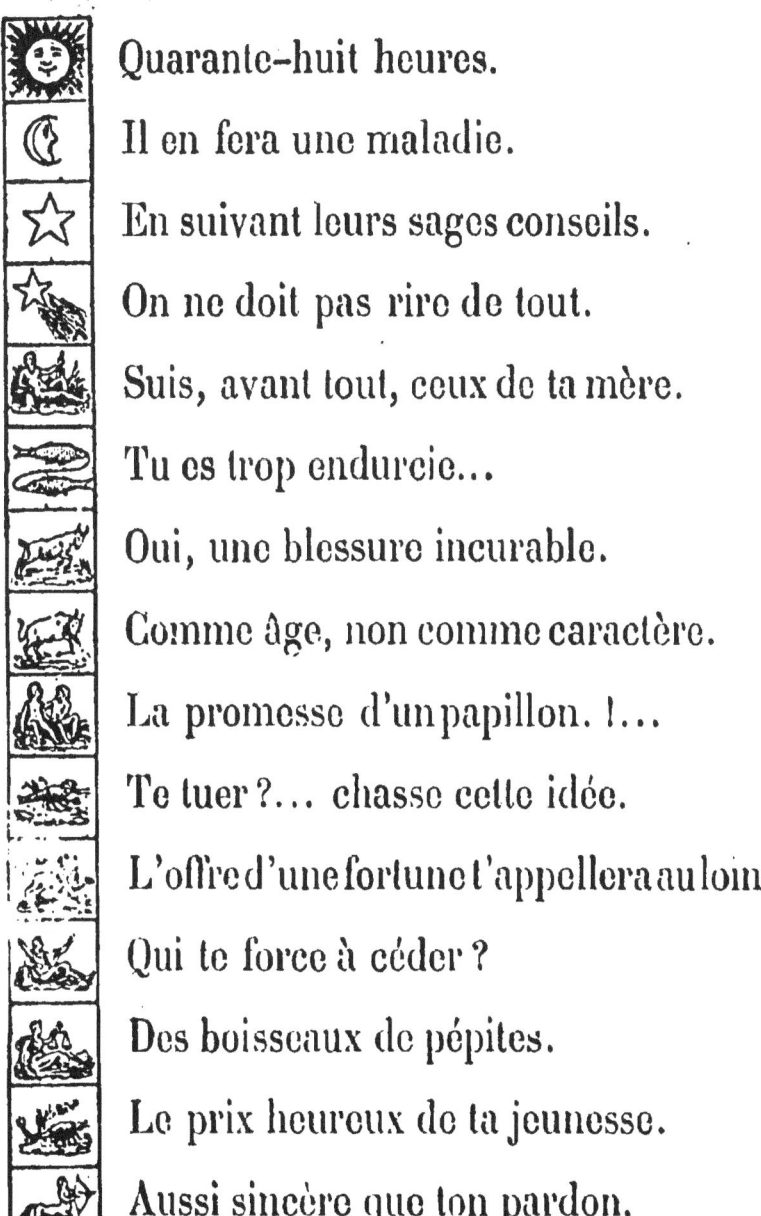

Quarante-huit heures.

Il en fera une maladie.

En suivant leurs sages conseils.

On ne doit pas rire de tout.

Suis, avant tout, ceux de ta mère.

Tu es trop endurcie...

Oui, une blessure incurable.

Comme âge, non comme caractère.

La promesse d'un papillon. !...

Te tuer ?... chasse cette idée.

L'offre d'une fortune t'appellera au loin.

Qui te force à céder ?

Des boisseaux de pépites.

Le prix heureux de ta jeunesse.

Aussi sincère que ton pardon.

C'est le fond qui manque le moins.

RÉPONSES DE L'ORACLE

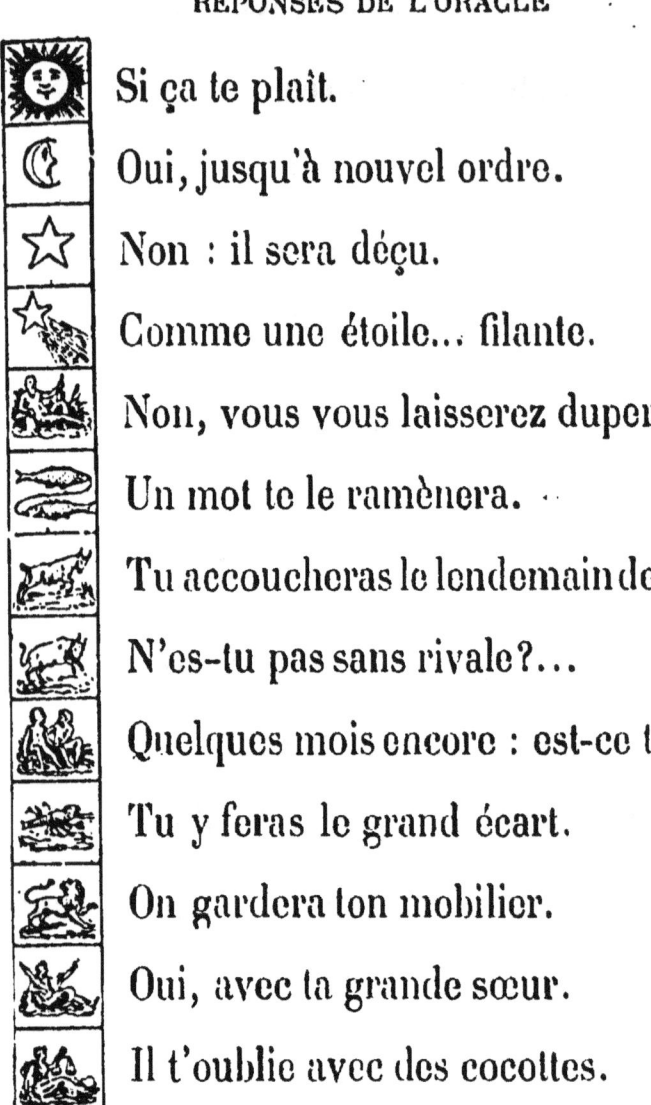

Si ça te plaît.

Oui, jusqu'à nouvel ordre.

Non : il sera déçu.

Comme une étoile... filante.

Non, vous vous laisserez duper.

Un mot te le ramènera.

Tu accoucheras le lendemain de noces.

N'es-tu pas sans rivale?...

Quelques mois encore : est-ce trop ?

Tu y feras le grand écart.

On gardera ton mobilier.

Oui, avec ta grande sœur.

Il t'oublie avec des cocottes.

Oui, avec ta belle-mère.

Tu les enterreras tous.

Tu as de trop mauvais antécédents.

RÉPONSES DE L'ORACLE

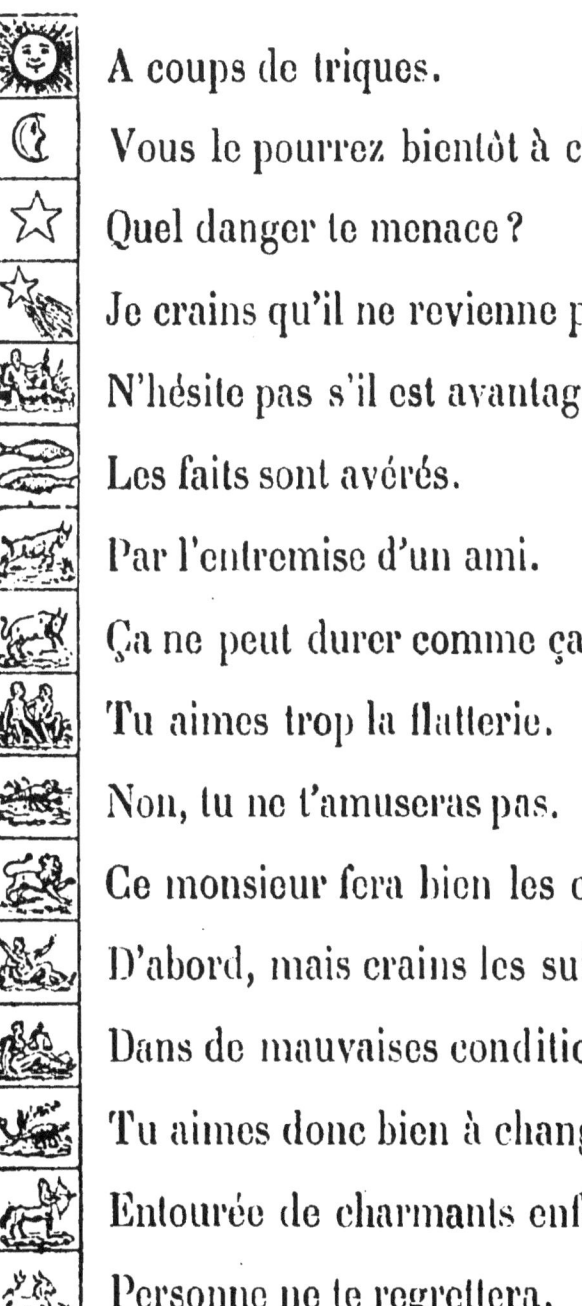

A coups de triques.

Vous le pourrez bientôt à ciel ouvert.

Quel danger te menace ?

Je crains qu'il ne revienne pas.

N'hésite pas s'il est avantageux.

Les faits sont avérés.

Par l'entremise d'un ami.

Ça ne peut durer comme ça.

Tu aimes trop la flatterie.

Non, tu ne t'amuseras pas.

Ce monsieur fera bien les choses.

D'abord, mais crains les suites.

Dans de mauvaises conditions.

Tu aimes donc bien à changer ?

Entourée de charmants enfants !

Personne ne te regrettera.

RÉPONSES DE L'ORACLE

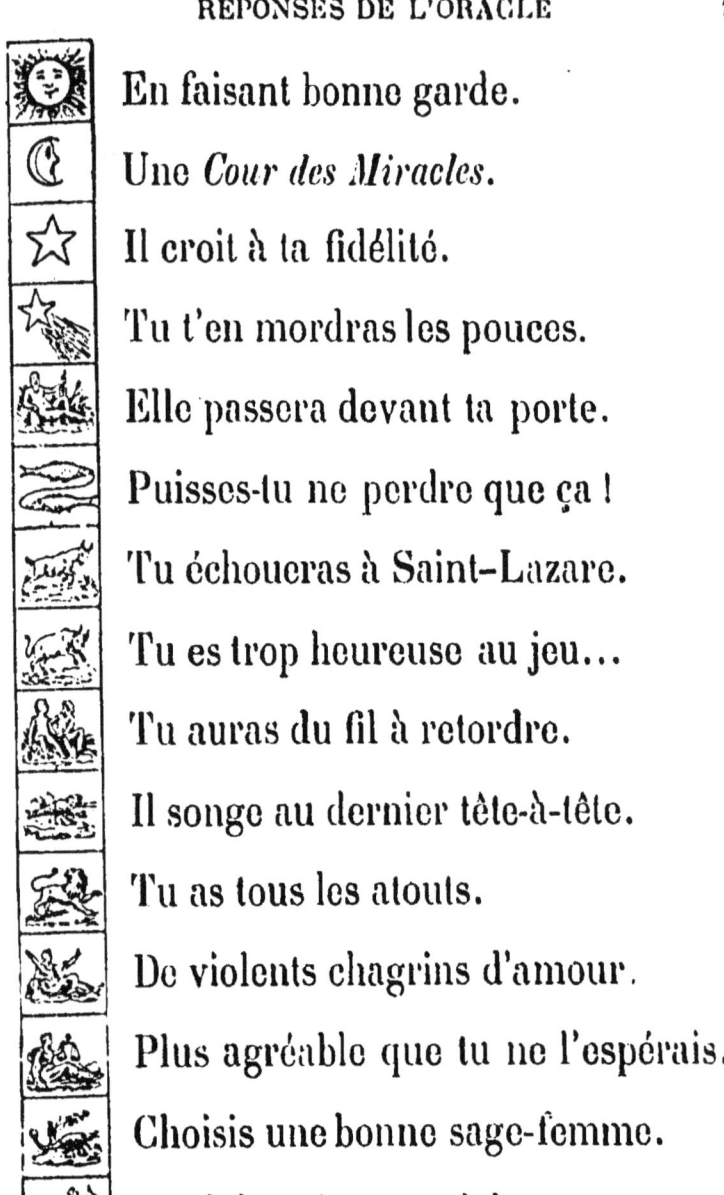

En faisant bonne garde.

Une *Cour des Miracles*.

Il croit à ta fidélité.

Tu t'en mordras les pouces.

Elle passera devant ta porte.

Puisses-tu ne perdre que ça !

Tu échoueras à Saint-Lazare.

Tu es trop heureuse au jeu...

Tu auras du fil à retordre.

Il songe au dernier tête-à-tête.

Tu as tous les atouts.

De violents chagrins d'amour.

Plus agréable que tu ne l'espérais.

Choisis une bonne sage-femme.

On doit te flanquer à la porte.

Pour revoir tes frères de lait.

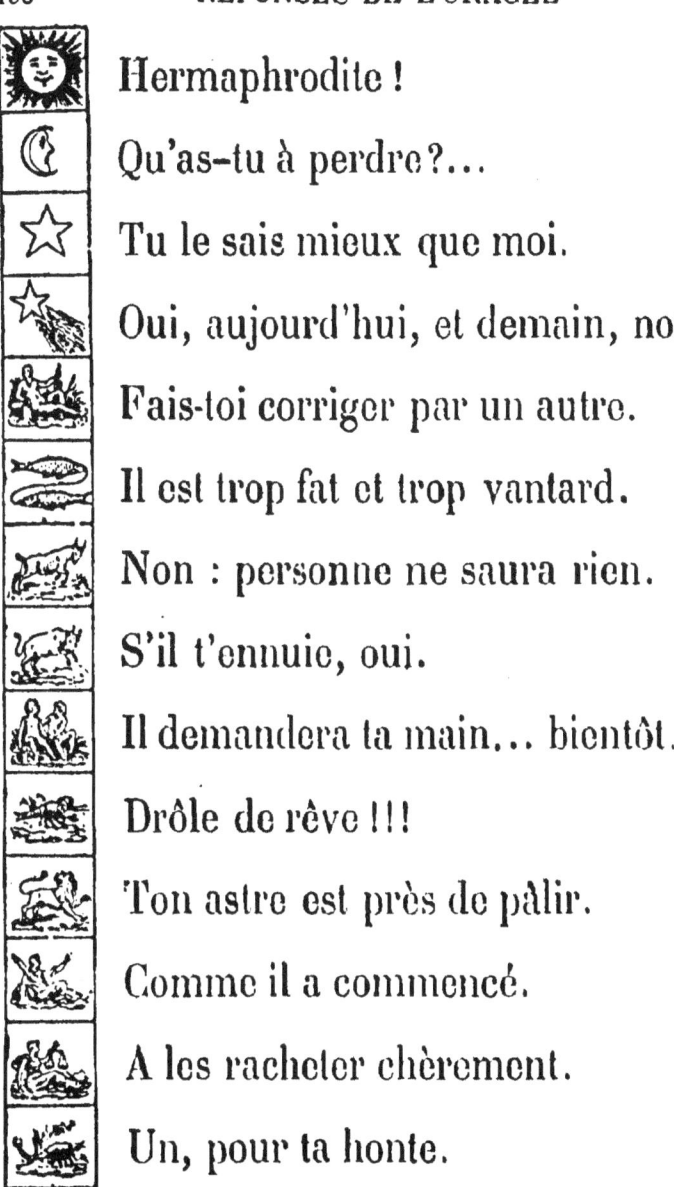

Hermaphrodite !

Qu'as-tu à perdre ?...

Tu le sais mieux que moi.

Oui, aujourd'hui, et demain, non.

Fais-toi corriger par un autre.

Il est trop fat et trop vantard.

Non : personne ne saura rien.

S'il t'ennuie, oui.

Il demandera ta main... bientôt.

Drôle de rêve !!!

Ton astre est près de pâlir.

Comme il a commencé.

A les racheter chèrement.

Un, pour ta honte.

Tu as une santé de fer.

Un lord ruiné t'épousera.

RÉPONSES DE L'ORACLE

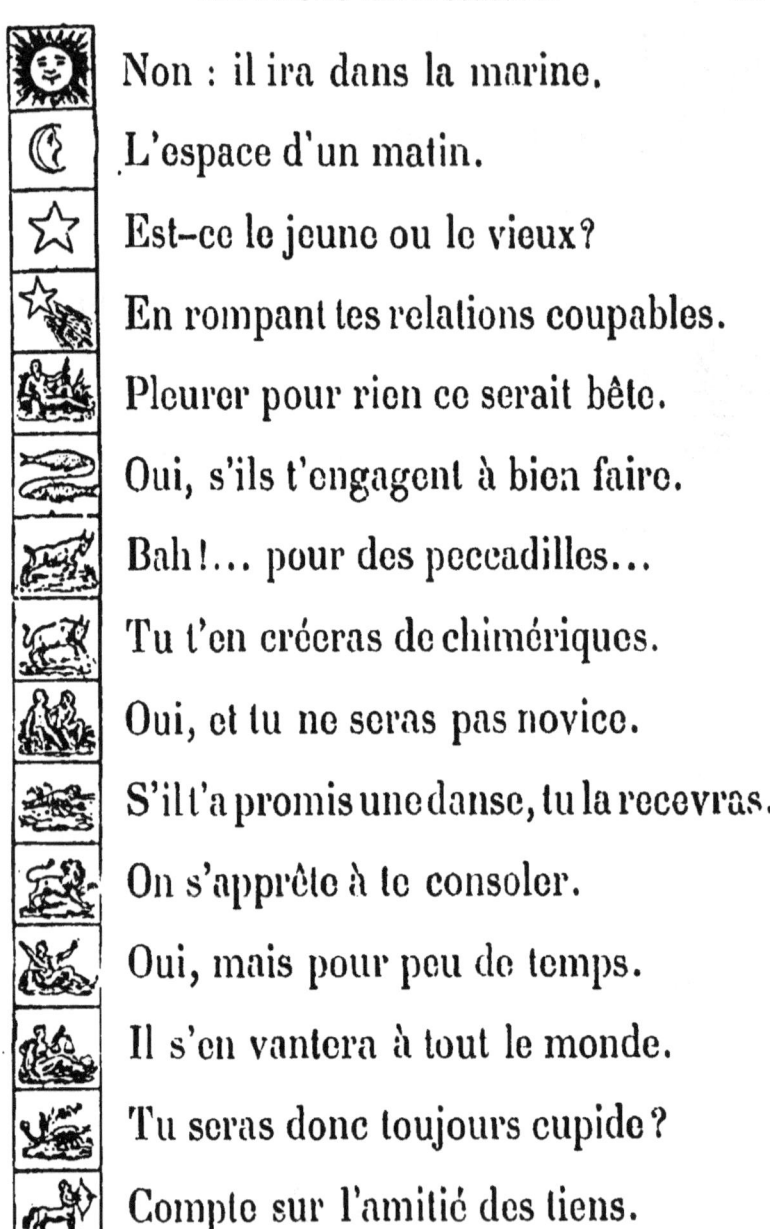

Non : il ira dans la marine.

L'espace d'un matin.

Est-ce le jeune ou le vieux ?

En rompant tes relations coupables.

Pleurer pour rien ce serait bête.

Oui, s'ils t'engagent à bien faire.

Bah !... pour des peccadilles...

Tu t'en créeras de chimériques.

Oui, et tu ne seras pas novice.

S'il t'a promis une danse, tu la recevras.

On s'apprête à te consoler.

Oui, mais pour peu de temps.

Il s'en vantera à tout le monde.

Tu seras donc toujours cupide ?

Compte sur l'amitié des tiens.

La faute n'était pas bien grande.

Nº 1...

Non : si c'est trop cher.

Oh! si tu crois qu'il tient à toi!

L'appétit vient en mangeant.

Tu as tout pour cela.

Je fais des vœux pour vous.

Deux jours, trois au plus.

Que tu seras trop remarquée.

Tâche de les surpasser.

Jusqu'à la fin des siècles.

Ta tante l'accompagnera.

On te prépare un bel hôtel.

Crains un piège.

Un billet parfumé du comte.

Suivies d'un bon raccommodement.

On attentera à tes jours.

RÉPONSES DE L'ORACLE

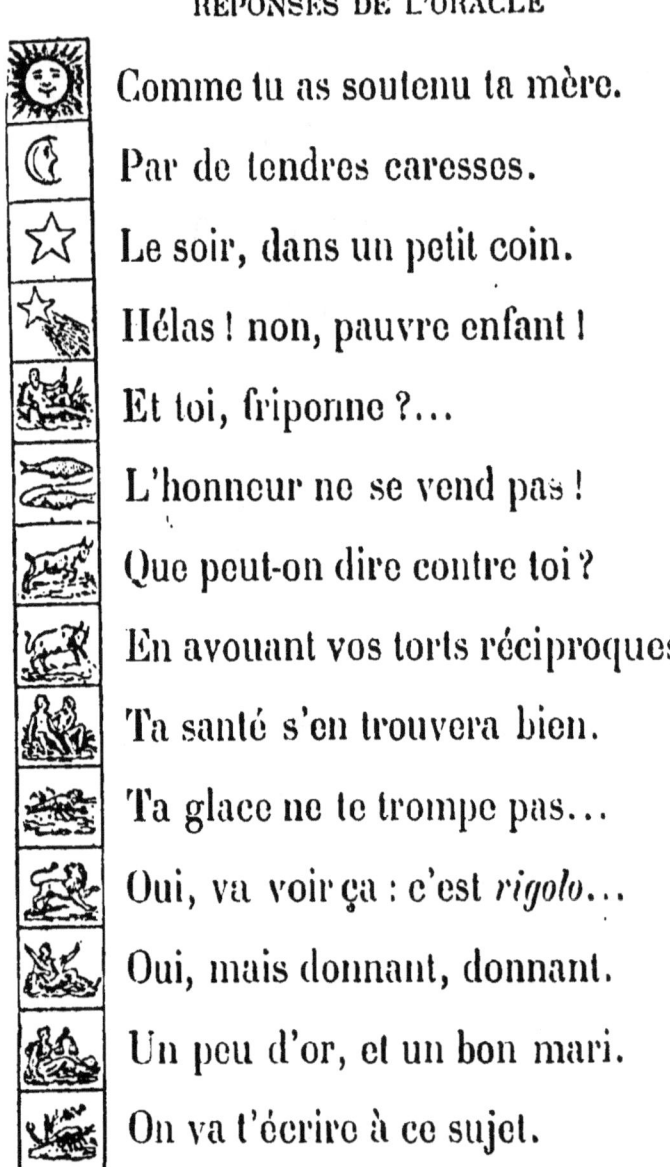

Comme tu as soutenu ta mère.

Par de tendres caresses.

Le soir, dans un petit coin.

Hélas ! non, pauvre enfant !

Et toi, friponne ?...

L'honneur ne se vend pas !

Que peut-on dire contre toi ?

En avouant vos torts réciproques.

Ta santé s'en trouvera bien.

Ta glace ne te trompe pas...

Oui, va voir ça : c'est *rigolo*...

Oui, mais donnant, donnant.

Un peu d'or, et un bon mari.

On va t'écrire à ce sujet.

A la première tu riras, mais les autres...

Après toi, le déluge !...

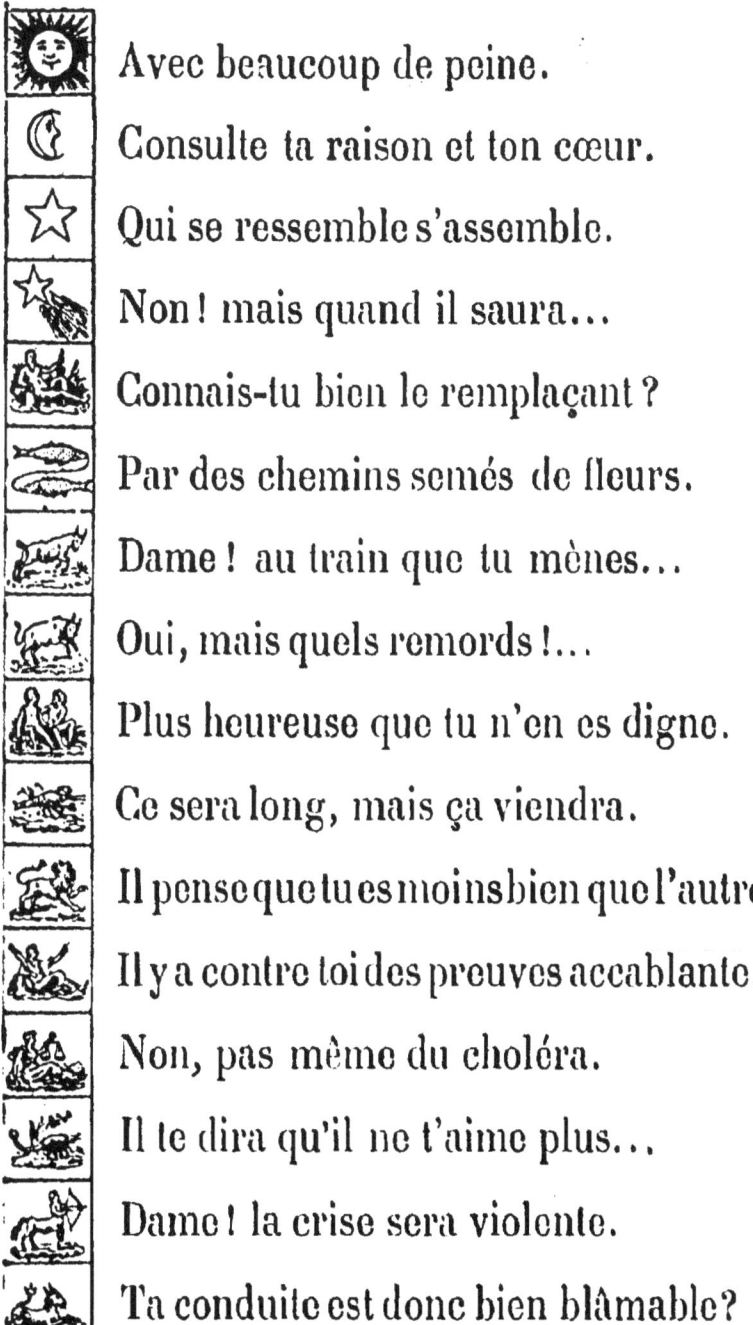

Avec beaucoup de peine.

Consulte ta raison et ton cœur.

Qui se ressemble s'assemble.

Non ! mais quand il saura...

Connais-tu bien le remplaçant ?

Par des chemins semés de fleurs.

Dame ! au train que tu mènes...

Oui, mais quels remords !...

Plus heureuse que tu n'en es digne.

Ce sera long, mais ça viendra.

Il pense que tu es moins bien que l'autre.

Il y a contre toi des preuves accablantes.

Non, pas même du choléra.

Il te dira qu'il ne t'aime plus...

Dame ! la crise sera violente.

Ta conduite est donc bien blâmable ?

RÉPONSES DE L'ORACLE

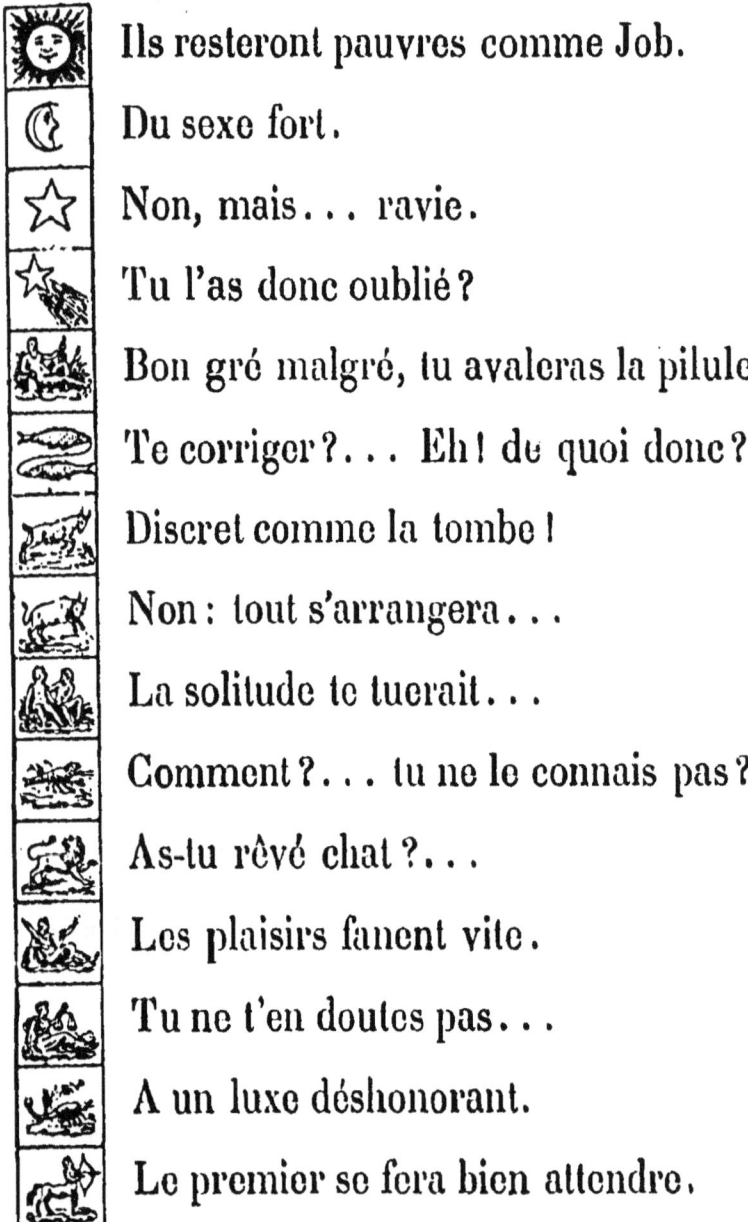

Ils resteront pauvres comme Job.

Du sexe fort.

Non, mais... ravie.

Tu l'as donc oublié ?

Bon gré malgré, tu avaleras la pilule.

Te corriger ?... Eh ! de quoi donc ?

Discret comme la tombe !

Non : tout s'arrangera...

La solitude te tuerait...

Comment ?... tu ne le connais pas ?

As-tu rêvé chat ?...

Les plaisirs fanent vite.

Tu ne t'en doutes pas...

A un luxe déshonorant.

Le premier se fera bien attendre.

Tu abuses trop des liqueurs.

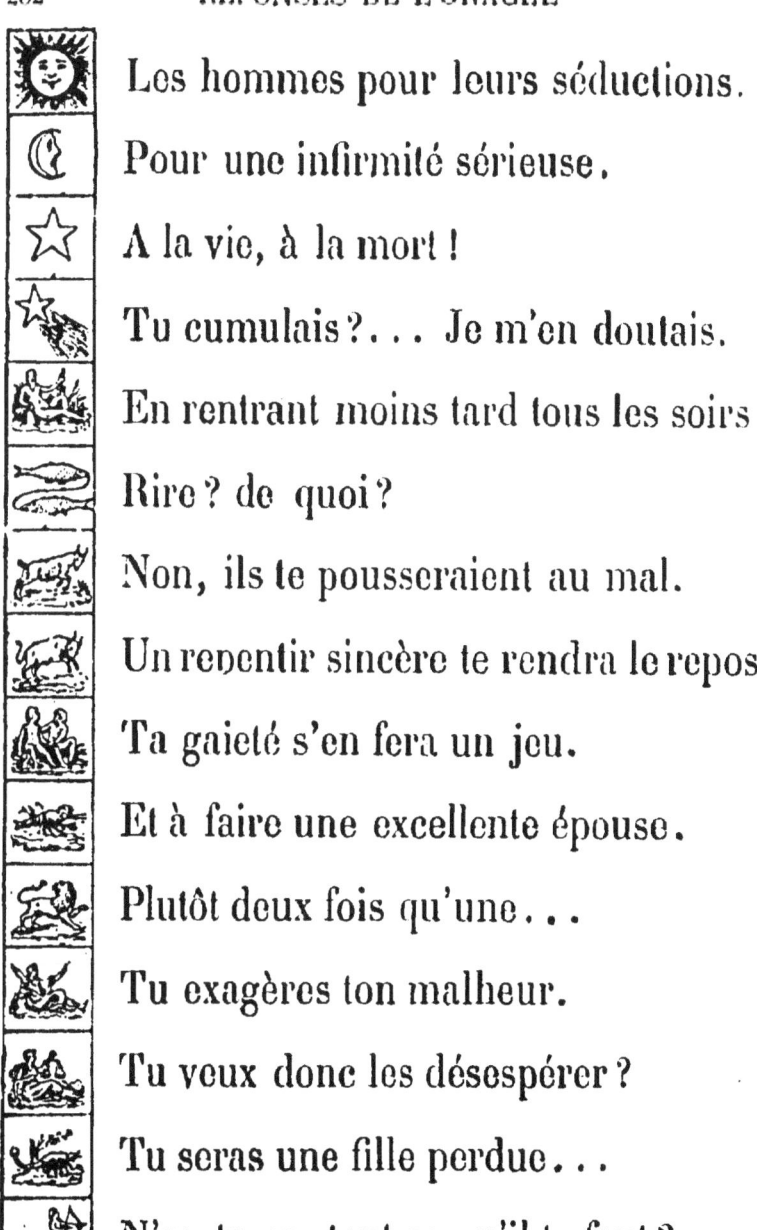

Les hommes pour leurs séductions.

Pour une infirmité sérieuse.

A la vie, à la mort !

Tu cumulais ?... Je m'en doutais.

En rentrant moins tard tous les soirs.

Rire ? de quoi ?

Non, ils te pousseraient au mal.

Un repentir sincère te rendra le repos.

Ta gaieté s'en fera un jeu.

Et à faire une excellente épouse.

Plutôt deux fois qu'une...

Tu exagères ton malheur.

Tu veux donc les désespérer ?

Tu seras une fille perdue...

N'as-tu pas tout ce qu'il te faut ?

Tu seras vieille à trente-cinq ans !

RÉPONSES DE L'ORACLE

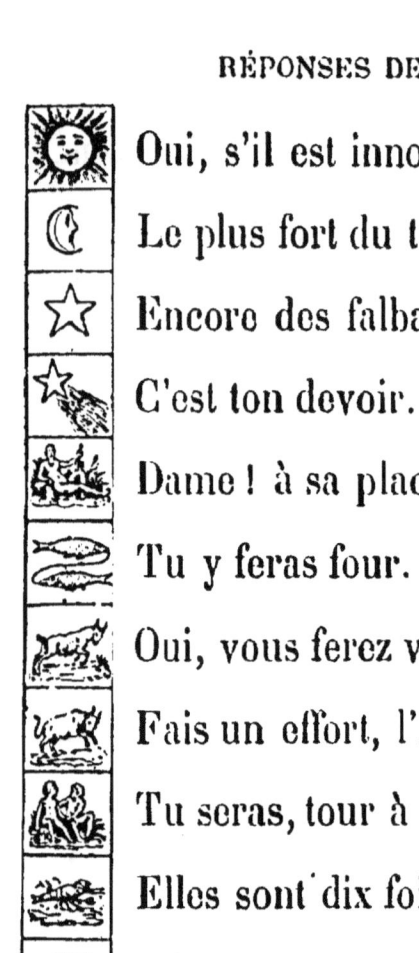

Oui, s'il est innocent.

Le plus fort du tirage.

Encore des falbalas!

C'est ton devoir.

Dame! à sa place...

Tu y feras four.

Oui, vous ferez vite fortune.

Fais un effort, l'Amour fera le reste.

Tu seras, tour à tour, riche et gueuse.

Elles sont dix fois mieux que toi.

Fille aimée, tu seras femme adorée.

Tu éclipseras tes rivales.

Oui, pour échapper aux cancans.

Avec un galant homme, ne crains rien.

Oui, des nouvelles de ta mère.

C'est toujours toi qui commences.

Tu n'es pas payée de retour.

Tu n'en auras pas besoin.

En l'égratignant jusqu'au sang.

Ce n'est pas facile : on vous suit.

Tu t'effrayais à tort.

Non : il a fait couper sa barbe.

Ça dépend de la marchandise.

C'est une amère plaisanterie.

En vous pardonnant.

Il n'est jamais trop tard.

Oui, et un ami dévoué.

A l'Hippodrome : il y a des bêtes.

Présent funeste si tu l'acceptes.

Fuis cette passion fatale !

Tu es heureuse, ne pars pas...

Avec un borgne, puis un manchot.

RÉPONSES DE L'ORACLE

Le tien !...

Comme on t'a élevée.

En n'ayant pas l'air de chercher.

Tout le monde s'y pique le nez.

Il l'aime comme ses petits boyaux.

Préfère l'utile au futile.

Tu peux te fouiller...

Oui, avec tous tes faux amis.

Le vice te prépare une mort précoce.

Un peu, beaucoup, pas du tout !

Tes parents tiennent bon.

Oui, quand il dort.

La justice peut se tromper.

Des dents ?... Mais ça s'arrache.

Le décès de ton prétendu.

Rien ne fait craindre le contraire.

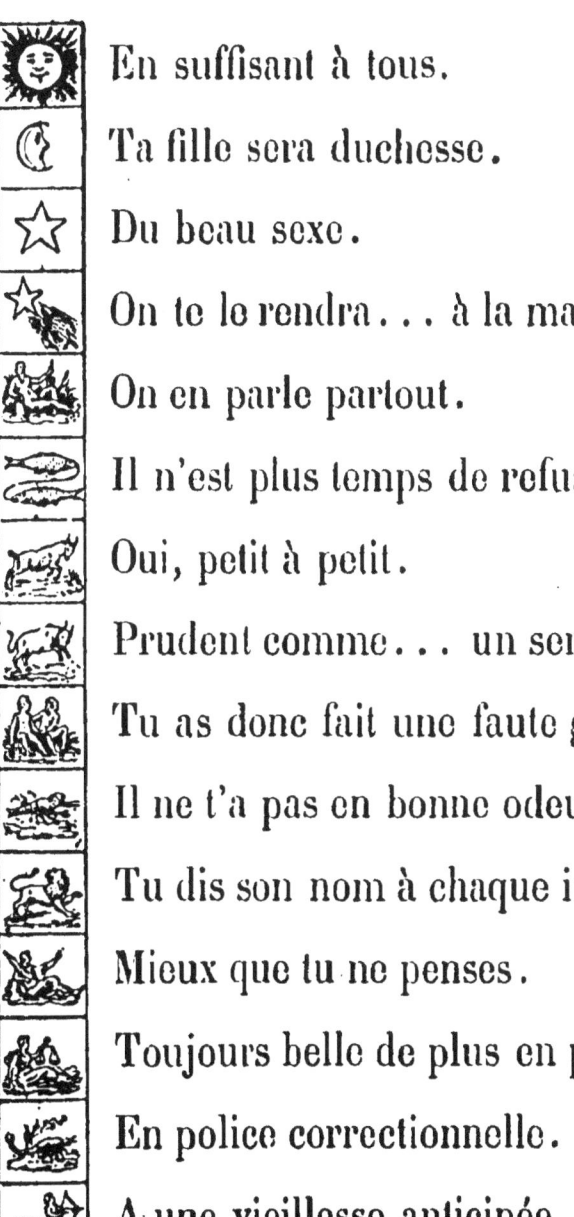

En suffisant à tous.

Ta fille sera duchesse.

Du beau sexe.

On te le rendra... à la mairie.

On en parle partout.

Il n'est plus temps de refuser.

Oui, petit à petit.

Prudent comme... un serpent.

Tu as donc fait une faute grave?

Il ne t'a pas en bonne odeur

Tu dis son nom à chaque instant.

Mieux que tu ne penses.

Toujours belle de plus en plus.

En police correctionnelle.

A une vieillesse anticipée.

Un gros, qui te ressemblera.

RÉPONSES DE L'ORACLE

Oui, pour maquiller ta laideur.

Les femmes pour leurs jalousies.

Oui, si tu deviens veuve.

Ce que vivent les roses.

Il s'en fiche comme d'une guigne.

Par des attentions filiales.

Pleurer ?... pourquoi ?...

L'un dit *blanc*, l'autre dit *noir*...

Si tu en as, ils seront bien légers.

Oui, quand il te délaissera.

Bonne n'est pas le mot.

Crois-y et bois de l'eau.

Non, tout n'est pas désespéré.

Oui, pour entrer en place.

Ce qui arrive aux sottes comme toi.

Oui, qui assurera ton existence.

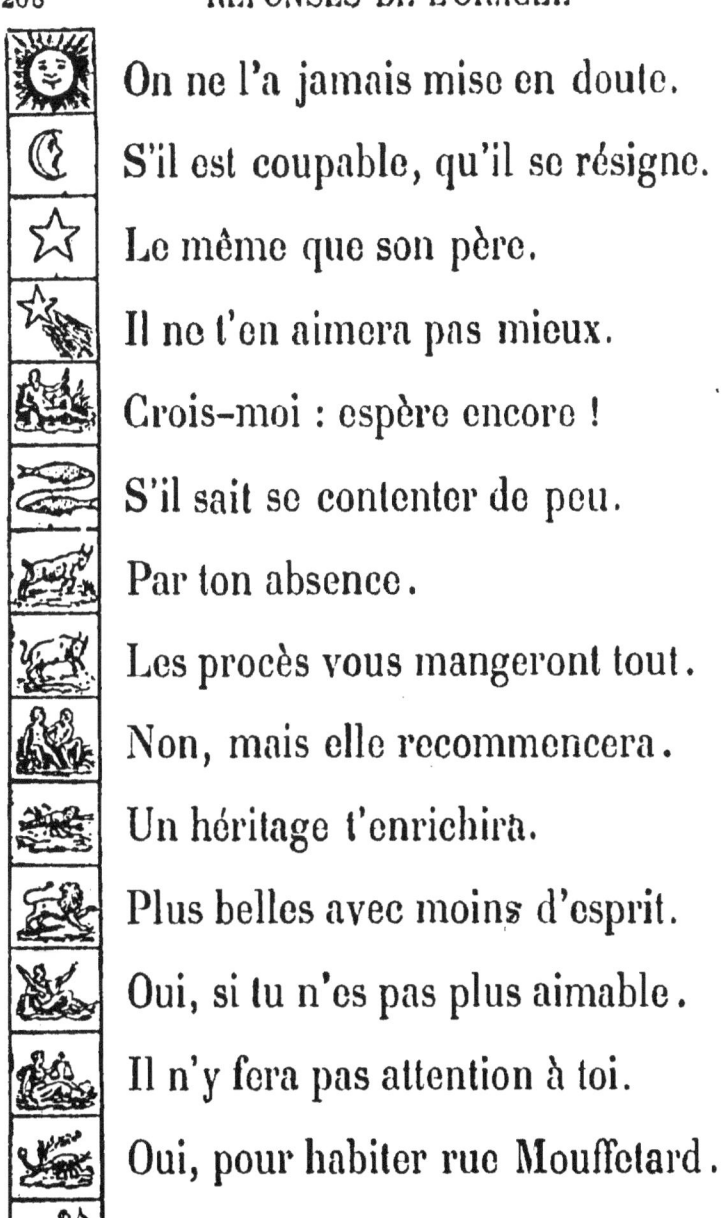

On ne l'a jamais mise en doute.
S'il est coupable, qu'il se résigne.
Le même que son père.
Il ne t'en aimera pas mieux.
Crois-moi : espère encore !
S'il sait se contenter de peu.
Par ton absence.
Les procès vous mangeront tout.
Non, mais elle recommencera.
Un héritage t'enrichira.
Plus belles avec moins d'esprit.
Oui, si tu n'es pas plus aimable.
Il n'y fera pas attention à toi.
Oui, pour habiter rue Mouffetard.
Tu t'y amuseras beaucoup.
Que peut-il répondre à tes sottises ?

Pas de roses sans épines !

Vingt fois plus.

Tu peux compter sur leur concours.

En le *coiffant*... tu sais comment.

Pourquoi donc en cachette ?

Tu sais bien le braver.

Oui, sauf un œil de moins.

Oui, si ta parole est donnée.

Avant d'y croire, assure-t'en.

Devant le berceau du bébé.

Mieux vaut tard que jamais !

Cela n'est pas possible.

Je te conseille le concert.

Un bébé pour tes étrennes.

Gain au jeu, perte en amour !

Oui, en train de plaisir.

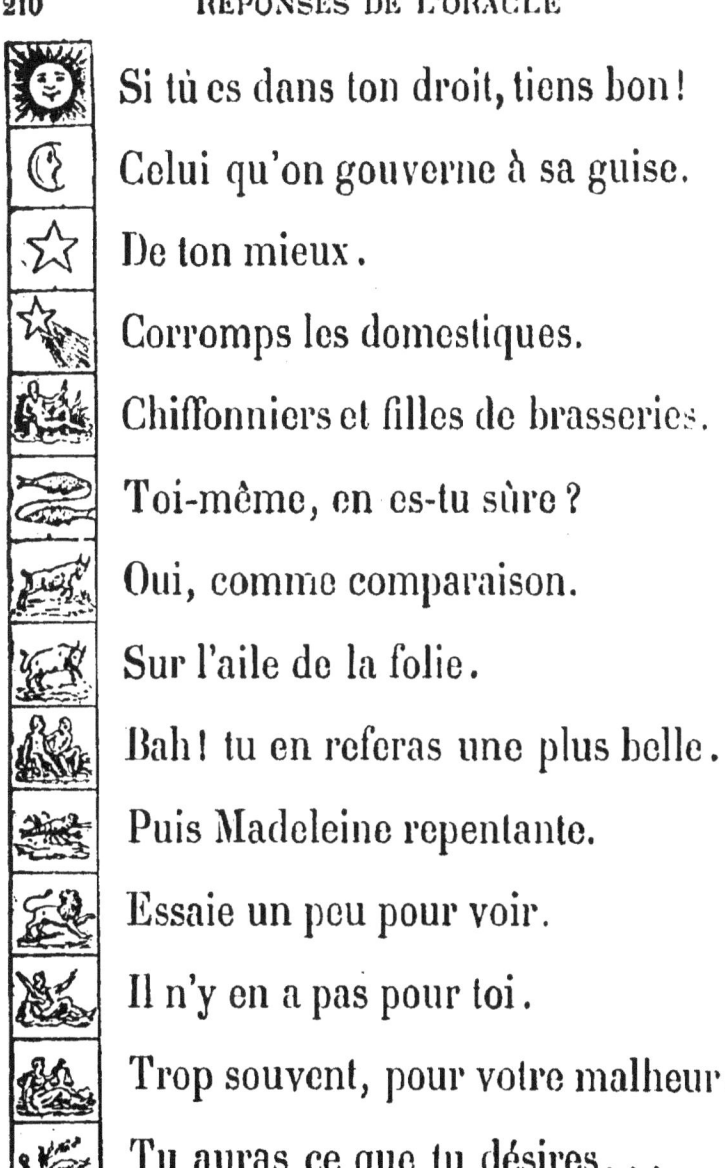

Si tù es dans ton droit, tiens bon !

Celui qu'on gouverne à sa guise.

De ton mieux.

Corromps les domestiques.

Chiffonniers et filles de brasseries.

Toi-même, en es-tu sûre ?

Oui, comme comparaison.

Sur l'aile de la folie.

Bah! tu en referas une plus belle.

Puis Madeleine repentante.

Essaie un peu pour voir.

Il n'y en a pas pour toi.

Trop souvent, pour votre malheur.

Tu auras ce que tu désires...

Comme par le passé.

Tu apprendras qu'on t'a volée.

RÉPONSES DE L'ORACLE

La jalousie est mauvaise conseillère.

Tu en as donc beaucoup?

Ton garçon sera millionnaire.

Fille et garçon... jumeaux.

Non, tu le donneras...

N'est-ce pas que tu es restée sage?...

Ta bouche contredit ton cœur.

L'habitude est invétérée.

Oh! plus que toi.

Oui, si tu commettais la faute.

Non, tu serais trop regrettée.

Il a une toque en velours.

Non, tu perds ton temps et tes peines.

De quels charmes veux-tu parler?

Par un divorce.

Plus loin que tu ne voudrais.

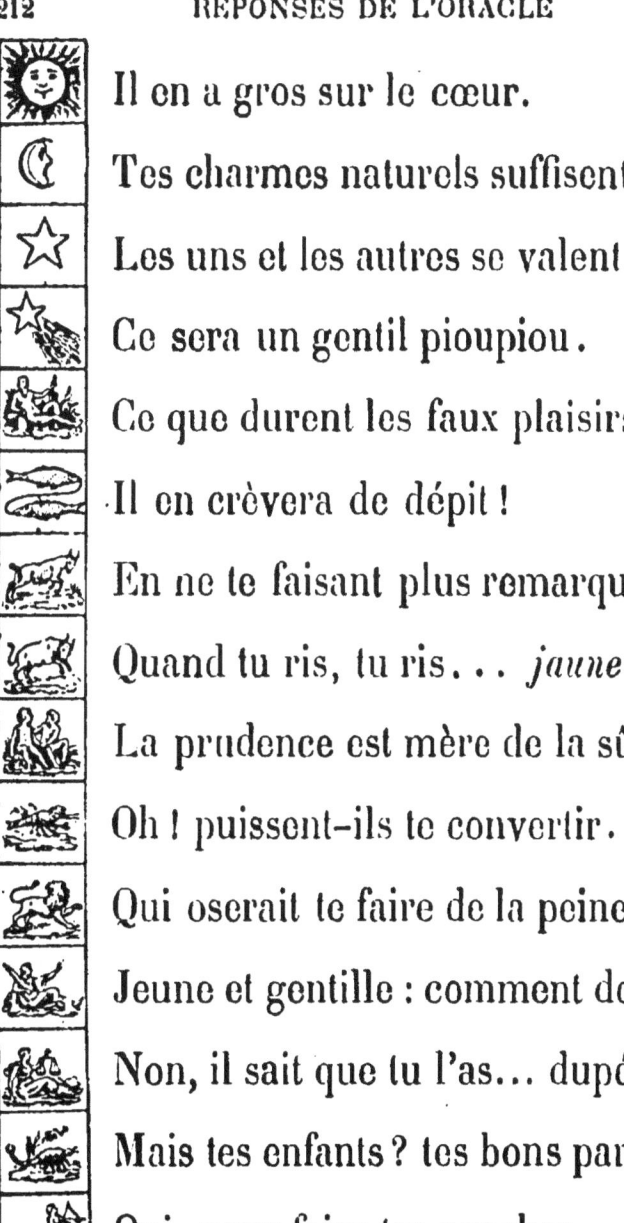

Il en a gros sur le cœur.

Tes charmes naturels suffisent.

Les uns et les autres se valent.

Ce sera un gentil pioupiou.

Ce que durent les faux plaisirs.

Il en crèvera de dépit !

En ne te faisant plus remarquer.

Quand tu ris, tu ris... *jaune*.

La prudence est mère de la sûreté.

Oh ! puissent-ils te convertir.

Qui oserait te faire de la peine ?

Jeune et gentille : comment donc ?...

Non, il sait que tu l'as... dupé.

Mais tes enfants ? tes bons parents ?

Oui, pour faire tes couches.

Oh ! rien de bon...

RÉPONSES DE L'ORACLE

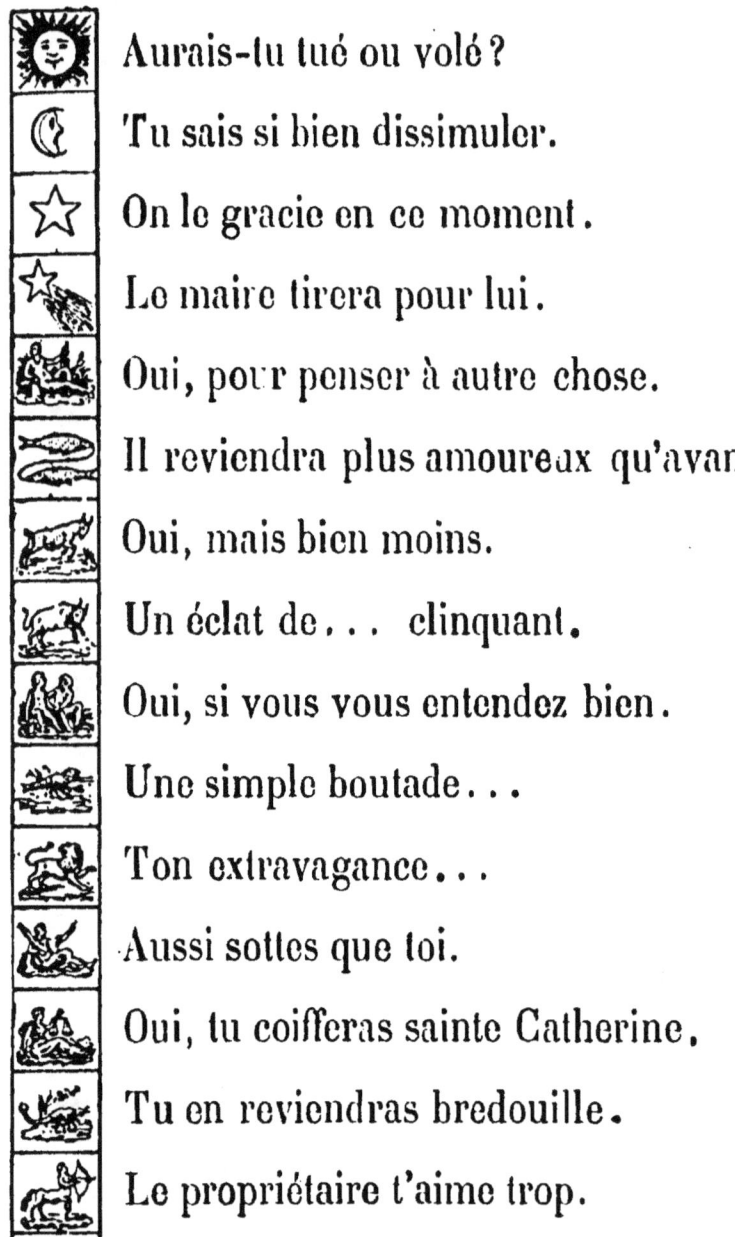

Aurais-tu tué ou volé?

Tu sais si bien dissimuler.

On le gracie en ce moment.

Le maire tirera pour lui.

Oui, pour penser à autre chose.

Il reviendra plus amoureux qu'avant.

Oui, mais bien moins.

Un éclat de... clinquant.

Oui, si vous vous entendez bien.

Une simple boutade...

Ton extravagance...

Aussi sottes que toi.

Oui, tu coifferas sainte Catherine.

Tu en reviendras bredouille.

Le propriétaire t'aime trop.

Tu rougiras en revenant.

Rendre service porte chance.

Je le crains.

Tu adores un perfide.

N'y compte pas du tout.

En t'amendant toi-même.

Écrivez-vous d'abord discrètement.

Tu n'as plus rien à perdre...

Il aura vieilli de dix ans.

Non, pas avec de telles gens.

Malheureusement vrais.

Par une franche explication.

Tu t'amendes, enfin !!!

Non, tu es trop mauvaise.

Oui, va voir couler l'eau.

Oui, de ton fiancé.

Crains-tu de perdre ? ne joue pas.

RÉPONSES DE L'ORACLE

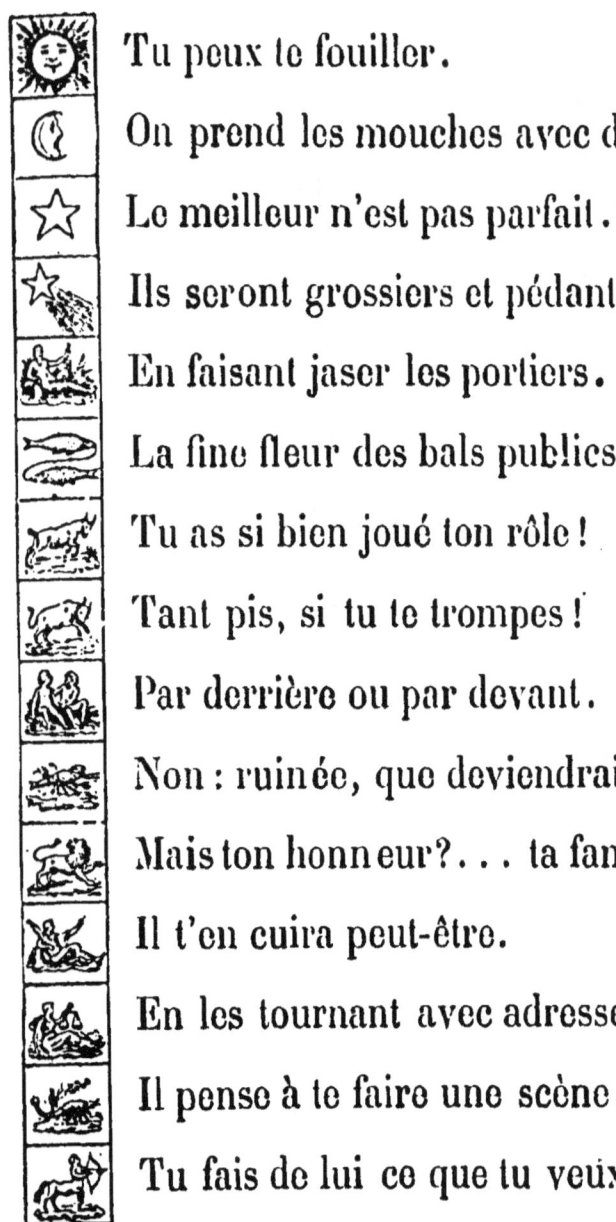

Tu peux te fouiller.

On prend les mouches avec du miel.

Le meilleur n'est pas parfait.

Ils seront grossiers et pédants.

En faisant jaser les portiers.

La fine fleur des bals publics.

Tu as si bien joué ton rôle !

Tant pis, si tu te trompes !

Par derrière ou par devant.

Non : ruinée, que deviendrais-tu ?

Mais ton honneur ?... ta famille ?...

Il t'en cuira peut-être.

En les tournant avec adresse.

Il pense à te faire une scène.

Tu fais de lui ce que tu veux.

Une seule fois : avant de trépasser.

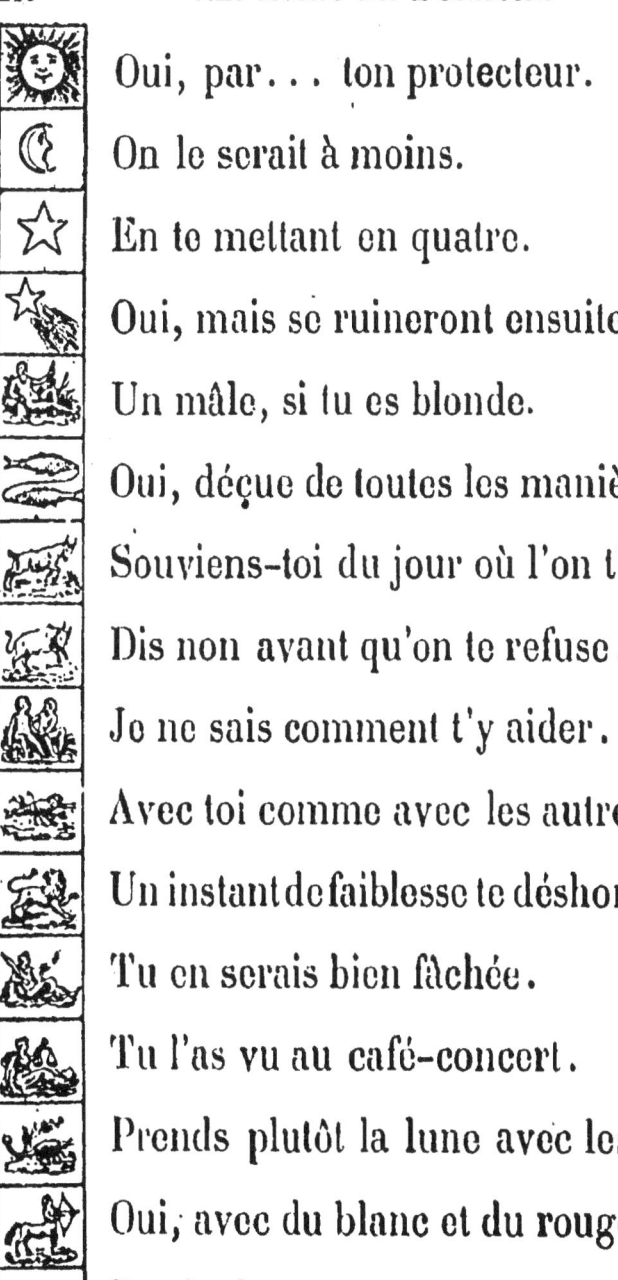

Oui, par... ton protecteur.

On le serait à moins.

En te mettant en quatre.

Oui, mais se ruineront ensuite.

Un mâle, si tu es blonde.

Oui, déçue de toutes les manières.

Souviens-toi du jour où l'on t'a... !

Dis non avant qu'on te refuse.

Je ne sais comment t'y aider.

Avec toi comme avec les autres.

Un instant de faiblesse te déshonorerait.

Tu en serais bien fâchée.

Tu l'as vu au café-concert.

Prends plutôt la lune avec les dents.

Oui, avec du blanc et du rouge.

Par la danse que tu recevras.

RÉPONSES DE L'ORACLE

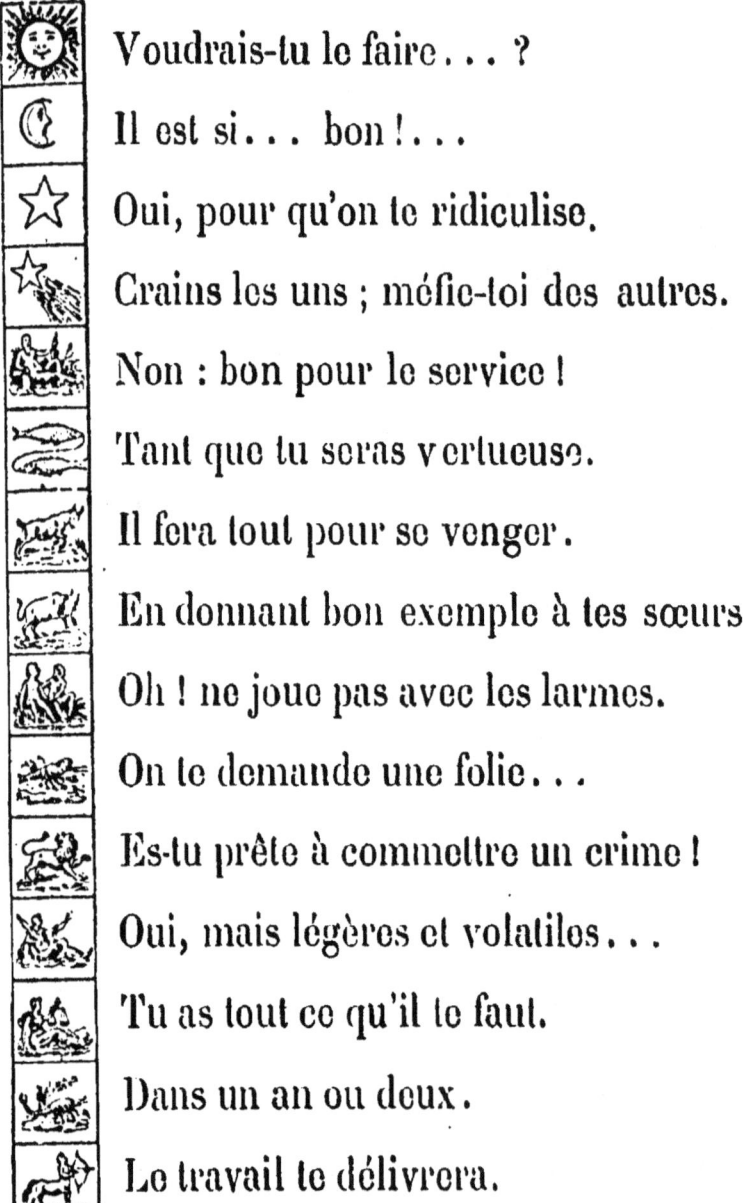

Voudrais-tu le faire... ?

Il est si... bon !...

Oui, pour qu'on te ridiculise.

Crains les uns ; méfie-toi des autres.

Non : bon pour le service !

Tant que tu seras vertueuse.

Il fera tout pour se venger.

En donnant bon exemple à tes sœurs.

Oh ! ne joue pas avec les larmes.

On te demande une folie...

Es-tu prête à commettre un crime !

Oui, mais légères et volatiles...

Tu as tout ce qu'il te faut.

Dans un an ou deux.

Le travail te délivrera.

Oui, pour faire à ta tête.

Volé, quoi ?...

Oui, si tu le mérites.

Oui, et hautement attestée.

Son avocat est un retors.

Très bon... pour le service.

Oui, pour plaire à ton cher et tendre.

Tu n'as pas su le retenir.

Tu seras sa bête noire.

Comme la lune.

Méfiez-vous d'un homme dangereux.

Non, si tu lui sautes au cou.

Tu ne feras pas d'ingrats.

C'est l'avis de tes amoureux.

Tes prétentions éloignent les galants.

Oui, au bal... des coiffeurs...

Oui, pour aller à la campagne.

RÉPONSES DE L'ORACLE 219

A bon maître, bon serviteur !

Oui, si tu veux être flouée.

On ne l'apprend qu'à l'essai.

Sucre pour miel, et ciel pour ciel !

Ils seront trop pauvres pour ça.

Hélas ! je le crois incurable.

Comment faisiez-vous jusqu'à présent ?

Ne fais donc pas la bête.

Non, car il s'est déniaisé.

Ça me semble un marché de dupe.

Ne crois pas à ces infamies.

Par une bonne lettre d'excuses.

Pourquoi as-tu tant tardé ?

Non ! non ! fourbe et menteuse ! ! !

Oh ! pour te donner en spectacle ?

Pour payer tes faveurs.

RÉPONSES DE L'ORACLE

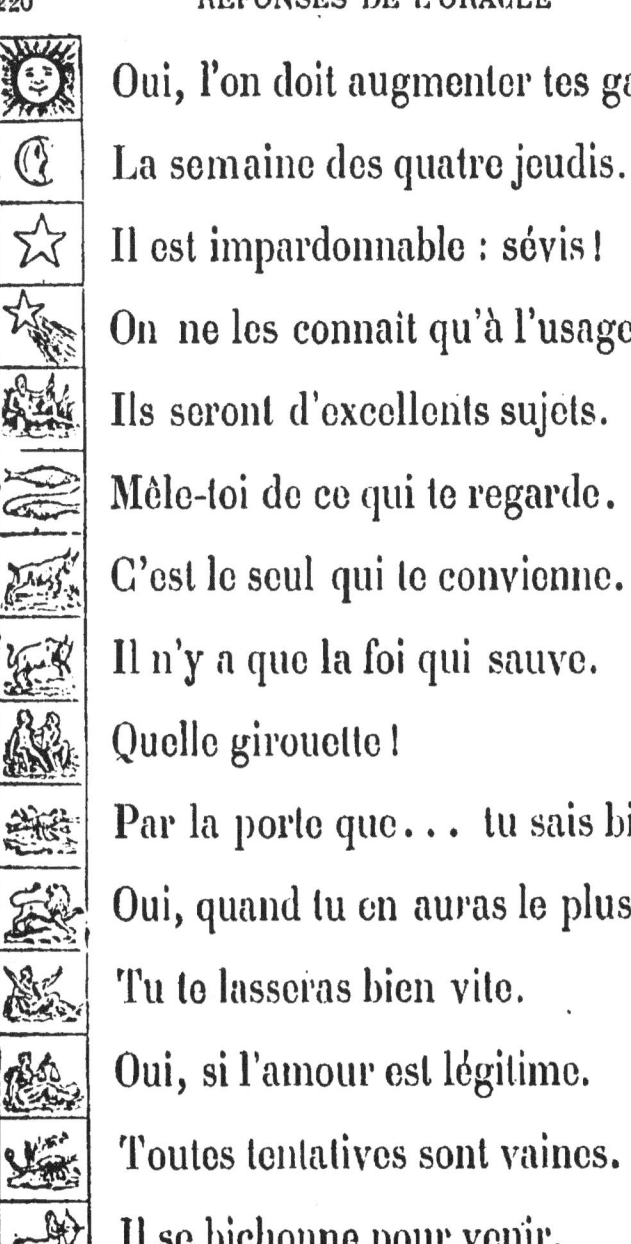

Oui, l'on doit augmenter tes gages.

La semaine des quatre jeudis…

Il est impardonnable : sévis !

On ne les connait qu'à l'usage.

Ils seront d'excellents sujets.

Mêle-toi de ce qui te regarde.

C'est le seul qui te convienne.

Il n'y a que la foi qui sauve.

Quelle girouette !

Par la porte que… tu sais bien.

Oui, quand tu en auras le plus besoin.

Tu te lasseras bien vite.

Oui, si l'amour est légitime.

Toutes tentatives sont vaines.

Il se bichonne pour venir.

Non, tu n'as plus sa confiance.

FIN

LA CARTOMANCIE FACILE

Tout vous réussira.

AVIS A NOS CLIENTES

~~~~~~~~

Mesdames et Mesdemoiselles !

Que vous croyiez sérieusement aux horoscopes, ou que vous n'y cherchiez qu'une simple amusette, il est facile de vous passer cette inoffensive fantaisie devant votre table, sans aller vous faire exploiter chez ces extralucides somnambules ou ces cartomanciens charlatans, qui se moquent de vous en escamotant vos écus.

En suivant la méthode enseignée ci-après, vous pourrez, sans difficultés, vous *tirer les cartes* à vous-mêmes ou entre amis, et avoir des réponses pour le moins aussi véridiques que celles des pseudo-nécromans. Comme vous les obtiendrez *gratis*... elles n'en seront que meilleures...

Il vous suffit d'avoir un jeu *de piquet de 32 cartes*, dont les figures ne soient pas à *deux têtes*. Vous les battez plusieurs fois, puis les tirez, et retournez l'une après l'autre, en interprétant leur langage d'après leur valeur, leur couleur, leur entourage, etc., comme nous allons vous l'expliquer.

Nota. — On appelle cartes *renversées*, celles qui se présentent la tête en bas.

LE LANGAGE DES CARTES

Valeur des cartes d'après leurs couleurs.

Les figures *rouges* représentent des personnes blondes, et les *noires*, des brunes ou châtaines.

Les Cœurs signifient bonté, bienfaisance, joie.

Les Carreaux annoncent querelles, tracasseries, retards.

Les Piques présagent ennui, maladie, décès, prison, perte d'argent.

Les Trèfles, quels que soient leur nombre et leur position dans le jeu, sont toujours d'heureux présage.

Le bien ou le mal prédit par chacune de ces cartes, prise séparément, peut être modifié par les cartes environnantes : Un trèfle, par exemple, devient moins bon entre deux piques, et un carreau moins mauvais s'il est accompagné de cœurs ou de trèfles, etc.

Signification des cartes.

CŒURS

As : Missive galante, agréable nouvelle. Souvent, il représente la maison du consultant.

Renversé. Visite amicale.

Roi : Homme blond, franc et libéral, ami de tout cœur.

Renversé. Il contrecarrera vos desseins.

Dame : Femme douce, amie affectionnée, présage très favorable.

Renversée. Déception d'amour.

Valet : Joyeux garçon, ami sincère et serviable.

Renversé. Il est vexé.

Dix : Joie, triomphe partout.

Renversé. Inquiétude légère.

Neuf : Satisfaction, succès.

Renversé. Contrariété.

Huit : Réussite en amour, félicité.
Renversé. Indifférence de l'être aimé.
Sept : Paix du cœur, pensées heureuses.
Renversé. Soucis.

CARREAUX

As : Annonce message, billets de banque, contrat avantageux.

Renversé. Mauvaise nouvelle.

Roi : Militaire, étranger dangereux, méchant, insolent, vindicatif, volage en amour, rampant et flatteur auprès de ses supérieurs.

Renversé. Danger imminent.

Dame : Femme étrangère médisante, immorale, jalouse, vénale, acariâtre, flatteuse et basse, vivant d'intrigues.

Renversée. Redoutable pour ses calomnies.

Valet : Serviteur infidèle, militaire dissolu, turbulent, ambitieux, cupide, flatteur et rampant, inconnu du consultant.

Renversé. Messager de malheur.

Dix : Changement de domicile, voyage.

Renversé. Le voyage sera malheureux.

Neuf : Retards contrariants.

Renversé. Brouilles d'amour ou d'intérieur.

Huit : Démarches galantes, petit voyage.

Renversé. Ces démarches n'aboutiront pas.

Sept : Satires, moqueries, chagrins d'amour.

Renversé. Cancans de femmes.

PIQUES

As : Plaisir, amour heureux, constance, bonheur conjugal, fortune importante, avenir brillant, avancement.

Renversé. Tristes nouvelles.

Roi : Homme déloyal, faux ami, mauvais parent, mari jaloux, brutal et avare, rival dangereux, perte d'argent, procès, voyages infructueux, contrariétés.

Renversé. Ses embûches seront déjouées.

Dame : Veuve médisante et hautaine, fausse amie, parente jalouse, méprisée et que l'on fuit.

Renversée. Ses méchancetés réussiront.

Valet : Jeune homme brun, débauché, méchant, méfiant, bavard, jaloux et avare.

Renversé. Craindre ses trahisons.

Dix : Peines de cœur, deuil, espérances déçues.

Renversé. Le chagrin ne durera pas.

Neuf : Mort ! c'est la plus mauvaise de toutes.

Renversé. Perte d'un parent ou prison.

Huit : Affliction, contrariétés, maladie.

Renversé. Mariage manqué.

Sept : Trahison d'une maîtresse.

Renversé. Peine passagère.

TRÈFLES

As : Joie, argent, espérances, succès certain. Pour une dame, cadeau galant ; pour un homme, réussite.

Renversé. La joie sera courte.

Roi : Homme loyal, serviable, ami fidèle : annonce à la jeune fille un bon mari ; au soldat, courage et avancement.

Renversé. Projets contrariés.

Dame : Femme honnête, dévouée, obligeante et discrète. Prédit aux femmes, grands succès dans le monde ; aux jeunes gens, mariage.

Renversée. Femme jalouse et impie.

Valet : Jeune homme entreprenant, rusé, fidèle, discret, ennemi des cancans.

Renversé. Flatteur inoffensif.

Dix : Succès, grandeur, fortune.

Renversé. Réussite médiocre.

Neuf : argent ou héritage.

Renversé. Petit cadeau.

Huit : Argent gagné, grande fortune, faveurs de celle qu'on aime.

Renversé. Amour déçu.

Sept : Petite somme trouvée, services reçus d'une jeune fille qu'on courtise.

Renversé. Déception d'amour et d'argent.

Valeur des cartes d'après leur entourage.

Des cartes de même valeur, l'une à côté de l'autre, forment un sens particulier.

PAR EXEMPLE :

Quatre as sortant de suite annoncent fâcheuse nouvelle, mauvaises affaires et même un emprisonnement.

Renversés. Le danger est moindre.

Trois as : C'est tout le contraire.

Renversés. Ils présagent des intrigues.

Deux as : Complot contre vous.

Renversés. Le complot échouera.

Quatre rois : Grands succès.

Renversés. Réussite moins grande, mais plus sûre.

Trois rois : Consultation pour affaire importante ou succession, réussite.

Renversés. Succès douteux.

Deux rois : Projets entre gens égaux comme fortune et capacité.

Renversés. Les projets avorteront.

Quatre dames : Noces, festins, réjouissances.

Renversées. Société équivoque.

Trois dames : Cancans, médisances.

Renversées. Ruses et calomnies.

Deux dames : Réunion joyeuse.

Renversées. Peines et tristesse.

Quatre valets : Réunion joyeuse de jeunes gens.

Renversés. Misère.

Trois valets : Cancans, faux amis.

Renversés. Querelles, mauvaise fréquentation.

Deux valets : Projets coupables.

Renversés. Prenez garde !

Quatre dix : Grand succès dans vos entreprises.

Renversés. Réussite moins grande.

Trois dix : Mœurs dissolues.

Renversés. Pas de chance.

Deux dix : Changement de situation.

Renversés. Le changement sera retardé.

Quatre neuf : Grande surprise.

Renversés. Réunion d'amis sincères.

Trois neuf : Joie, fortune, santé.

Renversés. Maladresse compromettante.

Deux neuf : Petit succès.

Renversés. Perte au jeu.

Quatre huit : Court voyage.

Renversés. Retour d'un parent ou ami.

Trois huit : Projets de mariage.

Renversés. Amourettes.

Deux huit : Amours frivoles.

Renversés. Plaisir banal suivi de petits chagrins.

QUATRE SEPT : Intrigues, pièges, menaces.

Renversés. Leurs tentatives seront vaines.

TROIS SEPT : Grossesse, maladie, vieillesse précoce.

Renversés. Courte indisposition.

DEUX SEPT : Bonnes fortunes.

Renversés. Joie insensée.

Le ROI DE TRÈFLE, loyal et serviable :

Suivi de deux *as*, des complots le menacent ;

Suivi de deux *dames*, gai rendez-vous ;

Suivi de deux *valets*, qu'il prenne garde ;

Suivi de deux *dix*, changement de position ;

Suivi d'une *dame*, mariage ;

Suivi d'une *dame* et d'un valet, amour.

Entre deux cartes similaires, il sera prisonnier.

Le DIX DE CARREAU, seul, signifie changement, voyage, etc.

Suivi de *trois sept*, maladie pendant le voyage.

Si c'est une jeune fille qui consulte, elle voyagera pour cause de grossesse.

Suivi de *trois sept* et du *roi de trèfle*, un homme loyal réparera sa faute.

Si la *dame de pique* survient, une femme mariée, une rivale jalouse empêchera l'action de l'homme loyal.

LE PETIT JEU

Concordance des horoscopes.

Cette méthode simple et facile est la plus généralement suivie.

On mêle les cartes, on les coupe ou on les fait couper par le consultant, de manière à former deux tas à peu près égaux, et on lui en fait choisir un.

Après avoir retiré et mis en réserve la première carte, on retourne le reste du paquet et on lit l'horoscope, en donnant à chaque carte la signification que nous connaissons.

Si par exemple le paquet est de quinze cartes, tirées comme suit :

AS DE CŒUR	SEPT DE TRÈFLE
NEUF DE TRÈFLE	SEPT DE CARREAU
ROI DE CŒUR	SEPT DE CŒUR
DIX DE CARREAU	AS DE CARREAU
NEUF DE CŒUR	DAME DE PIQUE
HUIT DE CŒUR	VALET DE CARREAU
HUIT DE CARREAU	AS DE TRÈFLE

La quinzième, le HUIT DE TRÈFLE, est mise en réserve.

On aura le pronostic que voici :

Chez moi, un héritage, apporté par un homme blond qui voyage, certain du succès de son amour.

La modicité de cette succession prêtera à la raillerie (sept de trèfle et sept de carreau); *mais une missive d'une veuve arrivant par la poste ou par un militaire, confirmera l'heureuse nouvelle.*

Mêlez de nouveau les quinze cartes, dont vous faites trois paquets, en mettant encore la dernière de côté. Puis, faites choisir un des paquets au consultant.

Si, par exemple, ces paquets contiennent :

Le premier : Huit de carreau, Dix de carreau, Roi de cœur, Sept de trèfle, As de carreau.

Le second : Sept de carreau, Neuf de trèfle, As de cœur, As de trèfle, Valet de carreau.

Le troisième : Sept de cœur, Dame de pique, Dix de trèfle, Valet de cœur.

Et la quinzième : HUIT DE TRÈFLE.

Vous direz :

1° *Vos tentatives galantes nécessiteront un déplacement pour lequel un homme blond vous enverra un mandat-poste ;*

2° *On rira de vous au sujet de cette somme; mais, chez vous, l'arrivée du messager causera de la joie;*

3° *Une veuve vous tranquillisera.*

La nouvelle est confirmée par les deux *cartes de surprise;* HUIT DE CŒUR et HUIT DE TRÈFLE.

N. B. — Il faut avoir soin (surtout quand on s'adresse à des esprits faibles ou superstitieux) de mitiger la signification trop cruelle de certaines cartes ; ainsi l'on traduira les pronostics : *Mort, Ruiné, Prison*, par : danger, gêne, isolement, etc., car il serait coupable de changer en supplice un jeu de pure distraction.

Tirage par trois.

Le consultant commence par choisir la carte qui doit le représenter, c'est-à-dire :

Le roi de trèfle, homme brun ; le roi de cœur, homme blond.

Le valet de pique, jeune homme brun ; le valet de carreau ou cœur, jeune homme blond.

La dame de trèfle, femme brune ; la dame de cœur, femme blonde.

Au jeu des 36 cartes, ce sont, nous l'avons dit, les *deux* qui représentent les consultants.

Au jeu de 32 cartes, on se sert d'une pièce blanche ou d'un as effacé, qu'on appelle Etteila.

Dans ce dernier cas :

Battez le jeu, faites couper de la main gauche, retournez les cartes, trois par trois ; et, toutes les fois que, dans ces trois cartes, il s'en trouve deux de la même couleur (2 trèfles, 2 piques, etc.) vous enlevez et mettez en réserve la plus forte. Si les trois cartes sont de la même couleur, on prend également la plus forte. Si elles sont de la même valeur (trois rois, trois as, etc.) on les enlève toutes les trois, et on les classe devant soi à la suite l'une de l'autre.

On opère ainsi jusqu'à épuisement du jeu, on bat et on coupe de nouveau, et on recommence trois fois, jusqu'à ce qu'on ait un nombre impair dépassant treize, mais n'allant pas au delà de vingt et un.

A chaque carte que l'on tire, on la lit à haute voix, et l'on dit, par exemple pour :

L'as de trèfle, *réussite ;*

L'as de cœur, *dans la maison ;*

Neuf de trèfle, *pour de l'argent*, etc.

Si la carte représentant le consultant ne sortait

pas, ce serait mauvais signe, et il faudrait tout recommencer.

Supposons que la personne qui consulte soit une femme blonde, représentée par la dame de cœur, et que nous avons tiré dix-sept cartes dans l'ordre suivant :

Dix de carreau,
Roi de cœur,
Huit de trèfle,
Huit de cœur,
As de cœur,
As de trèfle,
Dame de carreau,
Dame de pique,
Valet de cœur,

As de pique,
Roi de trèfle,
Dame de cœur,
Neuf de cœur,
Huit de pique,
Dix de trèfle,
Huit de carreau,
Neuf de trèfle.

Les ayant étalées en éventail, comme ci-dessous,

Nous comptons, de droite à gauche, sept cartes en commençant par la dame de cœur (la consultante) ou toute autre carte qui l'intéresse : *sa maison, affaires de cœur, argent,* etc.

Si nous comptons 7 à partir de la dame de cœur, nous arrivons à l'as de trèfle et nous disons :

« *Grande réussite d'argent.* »

En comptant 7, de l'as de trèfle, nous trouvons le neuf de trèfle, qui complète la phrase par :

« *Sur lequel on ne comptait pas.* »

Le neuf de trèfle conduit au roi de trèfle :

« *Un homme serviable s'en chargera.* »

En continuant par 7 on arrive à l'as de cœur, puis du huit de carreau au dix de trèfle et au valet de cœur ; enfin, comme on ne doit faire ainsi que trois tours, on s'arrête et l'on a :

« *Dans la maison, réussite en amour, par un gars, ami du plaisir.* »

Ce qui donne pour première phrase :

« *L'argent et l'amour vous offrent richesse et volupté.* »

Alors, on relève, on bat et l'on fait recouper les cartes (toujours de la main gauche), et l'on fait trois paquets, en plaçant :

Une carte au milieu, une carte à gauche, une carte à droite, la quatrième de côté, pour la surprise ; puis on complète les paquets jusqu'à la fin des dix-sept cartes.

On recommence trois fois cette opération, ce qui donne trois cartes de surprise ; et chaque fois, on relève les paquets, on lit ce qu'ils disent et on bat.

Tirage par sept.

Même procédé que le tirage par trois, sauf le nombre des cartes et la manière de les faire sortir.

Prenez un jeu, battez, coupez ou faites couper ; retirez les six premières cartes et tournez la septième, que vous posez devant vous. Cette opération répétée trois fois vous donne douze cartes. Si celle qui représente le consultant n'y est pas, on recommence jusqu'à ce qu'elle soit sortie.

Alors, opérez sur ces douze cartes, de droite à gauche, en commençant par celle du consultant, en comptant par sept, puis réunissez-les deux par deux en faisant trois paquets et en laissant trois cartes pour la surprise, ce qui donne, à la fin, quatre paquets de trois cartes. Par exemple :

Premier Paquet.

Neuf de pique, neuf de carreau, as de trèfle.
(*Décès, héritage retardé ou argent à toucher.*)

Deuxième Paquet.

As de pique, as de carreau, huit de trèfle.
(*Bonne nouvelle ou complot.*)

Troisième Paquet.

Sept de trèfle, sept de carreau, neuf de trèfle.
(*Amour frivole, souci d'argent.*)

Quatrième Paquet.

Valet de trèfle, dame de cœur, valet de cœur.
(*La dame blonde est recherchée par deux rivaux.*)

Ce qui veut dire :

« *Vous apprendrez un décès qui vous fera hé-*

ritière, mais on cherchera à vous frustrer. Deux rivaux se disputeront votre main. »

Les petits paquets.

En les tirant une par une, faites cinq paquets de cinq cartes.

Pour que l'oracle vous soit favorable, il faut que la carte qui vous représente se trouve dans les sept qui vous restent.

Sinon, retournez la première carte de chaque paquet, et si elle n'y est pas encore, mêlez et recommencez ; si au troisième tour votre carte n'a pas paru, c'est d'un très mauvais augure.

Réussites.

Quand on veut savoir si on réussira dans une entreprise, si votre épouse sera fidèle, si vous vous marierez, etc..., on fait une *réussite ;* mais elle ne répond qu'à une seule question à la fois, et par *oui* ou *non.*

Généralement les femmes, et surtout dans un certain monde, affectionnent ce petit jeu de hasard qui flatte leurs désirs ; et la moins crédule est toujours satisfaite quand les cartes répondent : *Ça réussira!*

Le nombre de ces réussites est incalculable; nous nous occuperons des principales.

N. B. — Inutile de répéter qu'avant chaque réussite on bat les cartes et l'on coupe ou fait couper de la main gauche.

Réussite progressive des quatre as.

On tourne 13 cartes, et après avoir retiré les as, on remêle et on recommence deux fois de suite. Si, dans ces trois fois, les quatre as ne sortent pas, la réussite est manquée.

Étant posé cette question : « Toucherai-je de l'argent? »

Si les quatre as sortent du premier coup, c'est qu'on en touchera beaucoup de suite.

S'ils sortent dans les deux premiers, vous en toucherez bientôt.

S'ils n'arrivent que dans les trois coups, vous en toucherez, mais moins et avec retard.

Réussites dites Patiences.

On se sert aussi pour les *Patiences* d'un simple jeu de piquet, et on les exécute de diverses façons.

Première Manière.

Faites huit paquets et retournez la première carte de chacun ; puis enlevez, deux par deux, toutes celles qui ont la même valeur : *deux rois, deux huit, deux valets,* etc.

A mesure qu'un paquet est dégarni de la carte retournée, on retourne la suivante, et on continue en enlevant deux par deux les cartes équivalentes.

Quand on a épuisé les huit paquets, si les deux dernières cartes retournées qui restent ne sont pas semblables, la réussite est manquée.

Deuxième Manière.

On fait huit paquets de trois, et quatre de deux cartes.

On peut aussi n'enlever que les cartes équivalentes de couleurs contraires, ainsi deux *sept de pique* et *de cœur*, un *roi de trèfle* et un *roi de carreau*, ainsi de suite.

Réussite par couleurs diverses.

Ayant coupé votre jeu en deux parties égales, vous en choisissez une, en disant : « *noires!* »

Relevez le paquet et comptez. S'il contient plus de noires que de rouges, c'est bon signe.

Si vous avez dit : « *rouges!* » vous réussirez si ce sont elles qui sont en plus grand nombre.

Cela ressemble à pile ou face : ainsi, on peut prendre tout le jeu dans la main et tirer les cartes une à une, en disant : *rouge* ou *noire;* on les retourne, on met de côté celles qui répondent à la couleur nommée, et si leur nombre excède celui des autres, c'est encore d'un bon augure. Enfin, coupez le jeu en deux parties à peu près égales, et si dans celle qu'on choisira on peut composer une dix-huitième, à couleurs contraires, on réussira dans ses projets.

La dix-huitième se compose de huit cartes commençant par l'as et finissant par le sept :

As, Roi, Dame, Valet, Dix, Neuf, Huit, Sept

FIN

TABLE DES MATIÈRES

L'ORACLE

	Pages.
Invitation	V
Manière de consulter	VI
Questionnaire	IX à XXII
Cadran zodiacal	XXIII
Tableaux indicateurs	XXV à XXVIII
Réponses de l'Oracle	1 à 220

LA CARTOMANCIE FACILE

Avis à nos clientes	223
Valeur des cartes	224
Signification des cartes	225

Le Petit Jeu.

Concordances des horoscopes	233
Tirage par trois	235
Tirage par sept	239
Les petits paquets	241
Réussites et Patiences	241
Réussite par couleurs diverses	244

A LA MÊME LIBRAIRIE

Volumes grand in-18 à 2 francs

BRANTOME. Vie des dames galantes. Édit. revue. 1 vol.

CAGLIOSTRO. Le grand interprète des songes, par le dernier de ses descendants. 1 vol.

DELORD et HUART. Les Cosaques. Relation charivarique, comique. 100 vignettes par CHAM. 1 vol.

DUNOIS (ARMAND). Le Secrétaire des Familles et des Pensions, contenant : 1° les règles du style épistolaire ; 2° des exercices sur les sujets de lettres. 1 vol.

— Le Secrétaire universel, modèles de lettres sur toutes sortes de sujets, modèles d'actes sous seing privé avec des instructions détaillées sur ces actes ; choix de lettres des écrivains les plus célèbres. 1 beau vol., 422 p.

— Le Secrétaire des compliments, lettres de bonne année, lettres de fêtes, compliments divers, par ARMAND DUNOIS. 1 vol.

FRAISSINET. Le Japon, Histoire et descriptions, mœurs. 1 carte. 2 vol.

LAMARTINE. Raphaël. Pages de la vingtième année, 3° édition. 1 vol.

LAMBERT. Le Galant Secrétaire, encyclopédie à l'usage des amants. 1 vol.

LUCAS. Curiosités dramatiques et littéraires. 1 vol.

MAGUS. L'Art de tirer les cartes. Illus. 150 grav. 1 vol.

MERLIN. Le grand Livre des Oracles. 1 vol.

MULLER. La Politesse, manuel des bienséances et du savoir-vivre. 1 vol.

PHILIPON DE LA MADELAINE. Manuel épistolaire à l'usage de la jeunesse, nombre d'exemples puisés dans les meilleurs écrivains. 17° édition. 1 vol.

PREVOST. Histoire de Manon Lescaut et du chevalier des Grieux. Notice par J. JANIN. 1 vol.

REGNAULT. Histoire de Napoléon I°, 8 gravures. 1 vol.

Nouveau Secrétaire des amants. Recueil complet de lettres à l'usage des amoureux. 1 vol.

Volumes grand in-18 à 1 fr. 50

BALSAMO. Les Petits mystères de la destinée, illustré. 1 vol.

BARÊME OU COMPTE FAITS en francs et centimes. 1 v. in-32.

BELLOC. Alphabet de la Grand'mère, causerie d'une grand'mère avec sa fille pour lui enseigner, en moins de trois mois, à bien lire. 1 vol.

BOCHET. Le Livre du Jour de l'An. Recueil de compliments et de lettres pour fêtes et anniversaires. 1 vol.

CAGLIOSTRO. L'interprète des songes, par le dernier de ses descendants. 1 vol.

DUNOIS. Le Petit Secrétaire français. 1 vol.

— Petit Secrétaire des compliments, lettres de fête. 1 vol.

ESMAEL. Manuel de cartomancie, ou l'art de tirer les cartes mis à la portée de tous. 122 figures. 1 vol.

MARTIN. Le Langage des fleurs. 1 vol.

MERLIN. Le Livre des Oracles. 1 vol.

MULLER. Petit traité de la Politesse française. 1 vol.

PÉRIGORD. Le Trésor de la Cuisinière et de la Maîtresse de maison. 7° édition revue. 1 vol.

LE PETIT SECRÉTAIRE DES AMANTS. 1 vol.

ROBERT. Les Tours de cartes. 1 vol.

— Les gais et curieux tours d'escamotage anciens et modernes. 1 vol.

— Les tours de physique amusante anciens et modernes. 1 vol.

DICK DE LONLAY. Le Siège de Tuyen-Quan, 20 gravures, 1 vol.

— Les Combats du général de Négrier au Tonkin. 30 grav. 1 vol.

— La Marine française en Chine. l'amiral Courbet et « Le Bayard ». 40 grav. 1 vol.

Récits, faits de l'histoire de France. Cartes, gravures. 1 vol.

Récits, faits de l'histoire de France. Temps modernes. grav. 1 vol.

HUMBERT. Le Fablier de la jeunesse, ou choix de LA FONTAINE, FLORIAN, vignettes. 1 vol.

Volumes in-32, dit Cazin, à 1 franc

CHAUVERON et S. BERGER. Du travail des enfants mineurs. 1 vol.

CONSTANT. Adolphe. 1 vol.

GODWIN. Caleb Williams. 3 vol.

EUGÈNE SUE. Arthur. 4 vol.

REVEL (TH.). Manuel des Maris. 1 vol.

MAITRE PIERRE. Vie de Napoléon, par MARCO DE SAINT-HILAIRE. 1 vol.

VOLTAIRE. Épîtres, stances et odes, 2 vol.

— Temple du goût. 1 vol.

SAINT-REAL. Œuvres. 2 vol.

DUCIS. Œuvres. 3 vol.

DESTOUCHES. Œuvres. 3 vol.

J. MEUGY. De l'extinction de la prostitution. 1 vol.

Les Allopathes et les Homœopathes devant le Sénat, par DUPIN et BONJEAN. 1 vol.

Les Mois, poème en douze chants, par ROUCHER. 2 vol.

La Natation, Art de nager appris seul avec figures, par P. BRISSET. 1 vol.

GIRARDIN. Dossier de la guerre 1870-1871. 1 vol.

BONJEAN. Conservation des oiseaux. 1 vol.

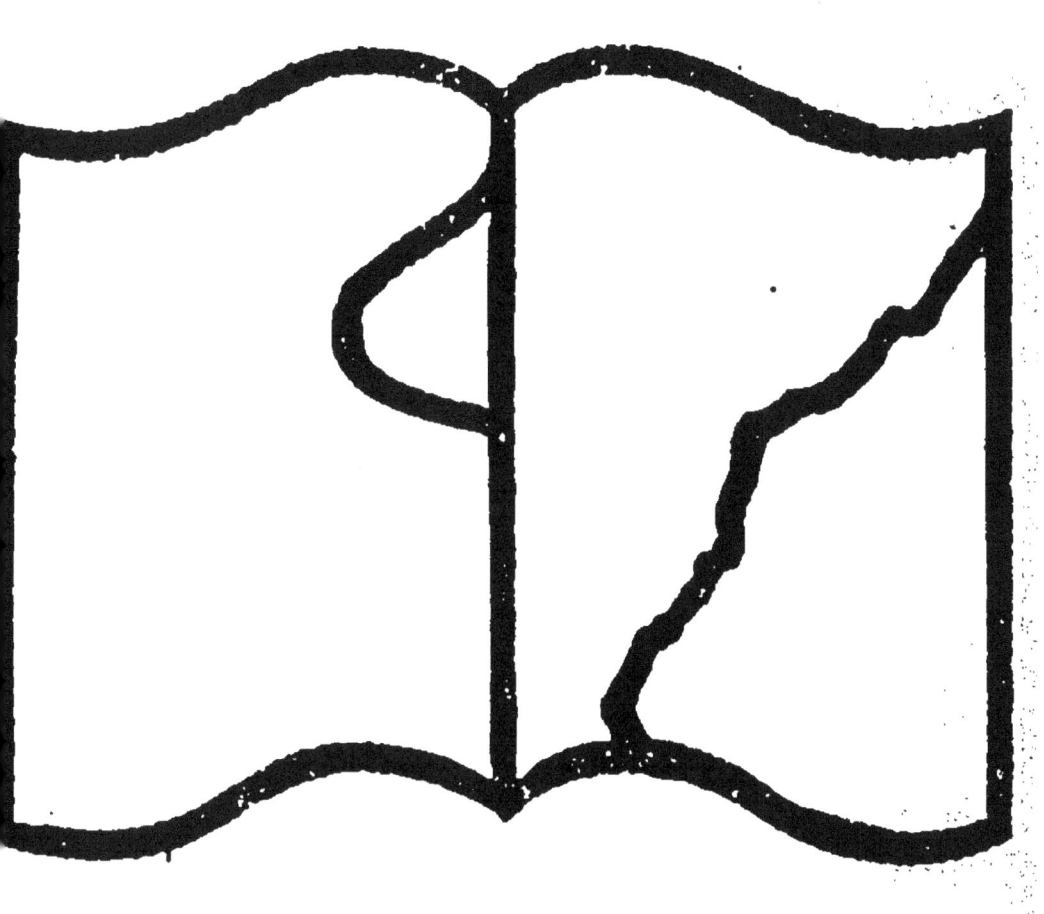

Texte détérioré — reliure défectueuse
NF Z 43-120-11

www.ingramcontent.com/pod-product-compliance
Lightning Source LLC
Chambersburg PA
CBHW071137160426
43196CB00011B/1918